职业教育·城市轨道交通类专业
新形态一体化系列教材

城市轨道交通客运组织

主　编　慕　威
副主编　刘继光　薛　亮
　　　　姜春霞　刘小玲
主　审　金福来

人民交通出版社股份有限公司
北　京

内 容 提 要

本书是职业教育城市轨道交通类专业新形态一体化系列教材之一。本书以模块形式编写,将客运组织工作分解为几大关键学习模块,对应车站客运组织工作几大典型工作任务,将每个典型工作任务再进行单项工作任务分解,对应每个具体学习任务点,使"知识点与工作任务相匹配,技能训练与工作任务相融合"。主要内容包括:客运组织基础知识、车站及车站主要设施设备、车站日常运作、车站票务工作、车站日常客流组织、车站换乘作业组织、车站大客流组织、车站突发事件客流组织及应急处理等八个模块。

本书适用于职业教育城市轨道交通运营管理专业,也可供城市轨道交通相关从业人员学习阅读。

图书在版编目(CIP)数据

城市轨道交通客运组织/慕威主编. — 北京:人民交通出版社股份有限公司,2024.1
ISBN 978-7-114-19154-1

Ⅰ.①城⋯ Ⅱ.①慕⋯ Ⅲ.①城市铁路—轨道交通—客运组织—高等职业教育—教材 Ⅳ.①U239.5

中国国家版本馆 CIP 数据核字(2023)第 257107 号

职业教育·城市轨道交通类专业新形态一体化系列教材
Chengshi Guidao Jiaotong Keyun Zuzhi

书　　名:	城市轨道交通客运组织
著 作 者:	慕　威
责任编辑:	司昌静
责任校对:	孙国靖　宋佳时
责任印制:	刘高彤
出版发行:	人民交通出版社股份有限公司
地　　址:	(100011)北京市朝阳区安定门外外馆斜街 3 号
网　　址:	http://www.ccpcl.com.cn
销售电话:	(010)59757973
总 经 销:	人民交通出版社股份有限公司发行部
经　　销:	各地新华书店
印　　刷:	北京市密东印刷有限公司
开　　本:	787×1092　1/16
印　　张:	17.5
字　　数:	426 千
版　　次:	2024 年 1 月　第 1 版
印　　次:	2024 年 1 月　第 1 次印刷
书　　号:	ISBN 978-7-114-19154-1
定　　价:	49.00 元

(有印刷、装订质量问题的图书,由本公司负责调换)

前言

为贯彻落实《国务院关于印发国家职业教育改革实施方案的通知》(国发〔2019〕4号)等文件精神,满足城市轨道交通大发展对复合型技术技能人才的迫切需要,对接国家职业技能标准、国家专业教学标准和"1+X"证书评价标准,推进"1+X"证书、"岗课赛证"融通等人才培养改革,编写团队与沈阳地铁深入合作,调研了北京、上海、广州、深圳、杭州等地城市轨道交通运营企业,融入企业最新的岗位标准及运营规范,企业专家全程参与大纲制订、教学内容审定等工作,开发城市轨道交通客运组织相关教学资源,编写了"理实结合+任务训练"的活页式、工作手册式教材。

1. 编写特点

(1) 立德树人,"双元"开发

以习近平新时代中国特色社会主义思想为指导,全面融入社会主义核心价值观,立足城市轨道交通运营管理实践和经验,推进"三教"改革,将"三全育人"理念、职业标准与课程标准有效对接,融入本书编写全过程。在充分调研的基础上,校企"双元"合作开发,以培养和提高站务员和客运值班员岗位工作能力为目标,从职业岗位(群)的核心能力要求来设计本书结构,以站务员和客运值班员岗位工作标准和流程设计本书内容。本书编写注重学生职业道德及精益求精的"工匠精神"的培育,编、审都有具有管理及施工经验的企业人员参与,旨在培育具有工匠精神,服务于交通强国建设的紧缺型城市轨道交通运营管理人才。

(2) 配套资源,动态更新

为适应"互联网+职业教育"发展需求,最大限度地调动学习者的学习积极性,本书以创新编写方法、丰富教学资源为目标,在每一模块都配有可视化教学资源,通过相关学习平台,可使学习者及时、准确地掌握各模块要达到的技能目标。同时,在提升学生实际操作能力的基础上,以知识结构安排合理、重点突出、内容实用、能够动态调整为原则,充分考虑城市轨道交通行业新规范、新标准、新技术的快速发展与更新,动态更新相关内容。

(3) 以生为本,学做一体

遵循教育教学规律和人才培养规律,以学习者为中心,从适岗要求出发,与站务员"1+X"职业技能等级证书相关职业技能要求接轨,突出实践技能的培养,体现教育教学改革先进理念。适应"岗课赛证"融通等人才培养改革,对城市轨道交通运营企业站务员岗位典型工作任务进行了任务化改造,实施"学与做"一体化的任务式教学。设置"学习任务(知识点)+训练任务(技能训练)"两大模块,针对企业岗位技能要求,重点开发综合实训演练任务,实施校企双元、学做交替教学模式,提升学生客运组织核心专业能力。

2. 教材特色与创新

(1) 以任务为主线,深化"学做一体"教学原则

本书力求理论教学与客运组织工作实际紧密结合,注重培养学生的职业能力和职业素养。本书以模块形式编写,将客运组织工作分解为几大关键学习模块,对应车站客运组织工作几大典型工作任务,将每个典型工作任务再进行单项工作任务分解,对应每个具体学习任务点,形成"知识点与工作任务相匹配,技能训练与工作任务相融合"的新型活页式、工作手册式教材。本书内容的编排深入浅出,符合高职学生的认知规律。本书的学习安排从初学者的学习基础和认知特点出发,由城市轨道交通运营概述的基本知识过渡到典型城市轨道交通车站客运组织工作,内容循序渐进、梯度明晰、序化适当,适用于按需教学、活学活用。

(2) 对接职业标准,整合教材内容与体例

本书对接城市轨道交通运营管理规范、城市轨道交通服务员职业标准和城市轨道交通站务员"1+X"职业技能等级证书考核标准,将城市轨道交通客运组织岗位的典型工作任务所要求的理论知识、实践技能和职业素养进行有机整合,序化后形成了8个模块,突出了"模块引领、任务驱动、学做结合"的高职教育特色。在核心模块设置学习任务和训练任务,学习任务下设学习引导、知识导航(知识梳理、知识运用、能力迁移与拓展)、知识重点三个部分,有利于教师和学生把握知识要点和进行拓展思考;训练任务(技能训练)包括训练目标、训练内容、训练准备、训练流程,有利于师生开展动手训练。除此之外,还设置了拓展知识、案例分析等内容,能够丰富教学内容,活跃学生思维。

(3) 创新教材形式,配备数字化资源

"城市轨道交通客运组织"是一门实践性很强的专业核心课程。本书采用任务驱动、案例教学、网络学习等相结合的手段,使学生熟悉城市轨道交通客运组织的工作内容和工作程序,熟练掌握城市轨道交通客运组织基本技能,了解城市轨道交通客运组织相关的管理知识等;培养学生透过现象分析问题和解决问题的能力,养成认真、严谨的工作作风。本书进行了体例创新,形式灵活,实用性强;拥有丰富的数字化资源,包括教学资源(电子教材、电子教案、电子课件)、助学资源(微课、视频、动画、图片)、资料库(案例库、试题库)等,还在学习通平台开设了在线课程,便于开展线上线下混合式教学。

3. 编写分工

本书由辽宁省交通高等专科学校慕威担任主编,辽宁省交通高等专科学校刘继光、薛亮、姜春霞、刘小玲担任副主编。具体编写分工如下:慕威编写模块3、模块4;薛亮编写模块6;刘继光编写模块1;姜春霞编写模块2、模块5;刘小玲编写模块7、模块8。参与编写的还有辽

宁省交通高等专科学校孟博翔(模块2)、孙波(模块8)。慕威负责教材提纲的编制和全书统稿工作。全书由沈阳地铁集团有限公司运营分公司金福来审定。

本书的编写引用了大量国内外学者发表的有关城市轨道交通的文献,以及沈阳、北京、上海、广州等地城市轨道交通运营企业的运营资料。在此谨向有关专家及单位表示衷心感谢!感谢人民交通出版社股份有限公司编辑的大力支持和鼓励!

由于编者水平有限,书中难免存在不足之处,敬请读者批评指正。

作　者

2023 年 3 月

数字资源索引

序号	资源名称	所在页码	序号	资源名称	所在页码
1	客运组织工作基本认知	004	34	导乘设施	054
2	运营管理模式	008	35	公务电话、专用电话系统功能演示	055
3	北京地铁组织架构	012	36	闭路电视监视系统的组成演示	056
4	柏林地铁组织架构	014	37	闭路电视监视系统的功能演示	056
5	广州地铁组织架构	014	38	车站管理基本制度	061
6	我国香港地区地铁组织架构	014	39	客运值班员交接班记录本	061
7	上海地铁组织架构	014	40	行车值班员交接班记录本	061
8	沈阳地铁组织架构	014	41	行车日志(行车值班员使用)	066
9	地下车站基本结构演示	019	42	车站开关站工作	072
10	车站管理用房——车站控制室	020	43	票务系统概述	080
11	地下车站平面布局设计演示	022	44	车票的发展历程	089
12	高架车站基本结构演示	022	45	现金的来源	104
13	高架车站平面布局设计演示	023	46	现金安全存放区域	106
14	地面车站基本结构演示	023	47	客运值班员收益工作流程	111
15	地面车站平面布局设计演示	024	48	票务报表的功能及制作	120
16	城市轨道交通线路的分类	030	49	车站票务系统的功能及操作	129
17	线路结构演示	030	50	普通票务事务处理	135
18	城市轨道交通线路的道岔	031	51	客流基础知识	155
19	自动售票机功能演示	034	52	客流的时间分布特征分析	169
20	自动检票机功能演示	035	53	客流的空间分布特征分析	174
21	半自动售票机功能演示	036	54	进站客流组织	179
22	全封闭型站台门	036	55	出站客流组织	184
23	全高站台门	037	56	换乘方式	190
24	半高站台门	037	57	换乘站的形式	192
25	定位门	038	58	城市轨道交通与其他交通方式的换乘	202
26	垂直电梯	041	59	北京南站换乘枢纽	207
27	自动扶梯	043	60	车站大客流组织措施	213
28	自动人行道功能演示	043	61	车站突发事件报告程序	236
29	轮椅升降机功能演示	044	62	车站失火应急处理办法	245
30	FAS系统的构成——探测与报警设备	045	63	乘客电扶梯受伤应急处理办法	253
31	FAS系统的构成——监控及消防设备	046	64	水灾应急处理办法	258
32	FAS系统的构成演示	048	65	雨天应急处理办法	261
33	车站级FAS火灾确认程序	049			

目 录
CONTENTS

模块 1　客运组织基础知识 ··· 001
　　学习任务 1　客运组织工作基本认知 ··· 002
　　学习任务 2　客运组织架构 ·· 004
模块 2　车站及车站主要设施设备 ··· 017
　　学习任务 1　车站基本构成 ·· 018
　　学习任务 2　车站设备 ·· 029
模块 3　车站日常运作 ··· 058
　　学习任务 1　车站行政管理 ·· 059
　　※训练任务 1　车站交接班工作技能训练 ··· 061
　　※训练任务 2　车站各岗位作业标准与程序技能训练 ························· 066
　　学习任务 2　车站日常运作管理 ·· 071
　　※训练任务 3　车站开关站工作技能训练 ··· 072
　　※训练任务 4　车站巡查工作技能训练 ··· 075
模块 4　车站票务工作 ··· 078
　　学习任务 1　票务系统管理 ·· 080
　　※训练任务 5　售票员售票技能训练 ··· 084
　　学习任务 2　车票管理 ·· 087
　　※训练任务 6　车票的加封技能训练 ··· 096
　　学习任务 3　票务政策管理 ·· 098
　　学习任务 4　现金管理 ·· 103
　　※训练任务 7　车站备用金配备技能训练 ··· 105
　　※训练任务 8　现金的加封技能训练 ··· 108
　　※训练任务 9　车站票款收益技能训练 ··· 110
　　学习任务 5　票务备品管理 ·· 112
　　※训练任务 10　常见票务工器具认知、使用技能训练 ······················· 114

※训练任务 11　常见票务钥匙认知、使用技能训练 …… 116
学习任务 6　票务报表和票据管理 …… 117
※训练任务 12　票务报表填写技能训练 …… 120
※训练任务 13　票务管理系统应用技能训练 …… 129
学习任务 7　乘客票务事务处理 …… 130
※训练任务 14　普通票务事务处理技能训练 …… 135
※训练任务 15　自动售票机卡币、卡票或找零不足处理技能训练 …… 143
※训练任务 16　列车晚点处理技能训练 …… 147

模块 5　车站日常客流组织 …… 151
学习任务 1　客流概述 …… 153
学习任务 2　客流调查与预测 …… 157
※训练任务 17　客流调查技能训练 …… 159
学习任务 3　客流分析 …… 166
※训练任务 18　客流分析技能训练 1 …… 169
※训练任务 19　客流分析技能训练 2 …… 175
学习任务 4　车站日常客流组织原则及办法 …… 177
※训练任务 20　车站日常客流组织技能训练 …… 185

模块 6　车站换乘作业组织 …… 187
学习任务 1　换乘概述 …… 188
学习任务 2　换乘分析及改善 …… 193
※训练任务 21　换乘分析及换乘客流组织技能训练 …… 197
学习任务 3　城市轨道交通与其他交通方式换乘 …… 199
学习任务 4　换乘站客流组织 …… 202
※训练任务 22　换乘案例分析技能训练 …… 205

模块 7　车站大客流组织 …… 209
学习任务 1　车站大客流概述 …… 210
※训练任务 23　大客流组织与调整技能训练 …… 213
学习任务 2　节假日客流组织 …… 217
学习任务 3　大型活动中的客流组织与管理 …… 220
※训练任务 24　大型活动客流组织案例分析技能训练 …… 226

模块 8　车站突发事件客流组织及应急处理 …… 233
学习任务 1　车站突发事件的处理概述 …… 234
学习任务 2　车站突发事件客流组织方法 …… 237
※训练任务 25　车站和隧道疏散组织工作技能训练 …… 237

※训练任务26　车站和列车清客组织工作技能训练 …………………………………… 239
※训练任务27　车站和列车隔离组织工作技能训练 …………………………………… 241
学习任务3　车站突发事件应急处理办法 …………………………………………………… 242
※训练任务28　车站(运营期间)失火应急处理技能训练 …………………………… 249
※训练任务29　乘客受伤事故处理的技能训练 ……………………………………… 252
※训练任务30　炸弹及不明气体、物体恐吓/袭击事件应急处理的技能训练 ……… 255
学习任务4　车站自然灾害应急处理办法 …………………………………………………… 257
※训练任务31　车站水灾应急处理的技能训练 ……………………………………… 258
※训练任务32　车站地震应急处理的技能训练 ……………………………………… 259
※训练任务33　车站恶劣天气应急处理的技能训练 ………………………………… 260
学习任务5　车站站台事故应急处理办法 …………………………………………………… 262
※训练任务34　站台紧急停车按钮被触发应急处理的技能训练 …………………… 262
※训练任务35　列车内乘客报警按钮被触发紧急处理的技能训练 ………………… 263
※训练任务36　车站停电处理的技能训练 …………………………………………… 264
※训练任务37　乘客物品掉落轨道处理的技能训练 ………………………………… 266
参考文献 ……………………………………………………………………………………… 268

模块1 客运组织基础知识

学习引导

城市轨道交通客运组织工作是城市轨道交通车站站务员、客运值班员和值班站长岗位的主要工作之一,通过本模块的学习,应能够掌握城市轨道交通客运组织的概念、工作特点、工作宗旨和基本要求,拓展了解不同城市轨道交通运营企业的运营管理模式和组织架构,以及城市轨道交通车站管理组织架构,从微观和宏观两个层面全面掌握城市轨道交通客运组织工作的重要内容。

知识导航

知识梳理	知识运用	能力迁移与拓展
城市轨道交通客运组织的概念	找出概念中的关键词,深刻理解城市轨道交通客运组织工作的重要意义	
城市轨道交通客运组织工作的特点	与常规铁路客运组织工作进行对比分析,理解城市轨道交通客运组织工作的特点	
城市轨道交通客运组织工作的宗旨	结合行业特点,认知城市轨道交通客运组织工作的宗旨	查找并观看《4分钟,回顾中国城市轨道交通40年变迁》,感受我国城市轨道交通发展的光辉历程,领悟城市轨道交通客运组织工作的重要性
城市轨道交通客运组织工作的基本要求	结合你所在或所熟悉的城市,补充城市轨道交通客运组织相关工作要求	
城市轨道交通运营企业组织架构	结合你所在或所熟悉的城市,补充相关城市轨道交通运营企业组织架构	
城市轨道交通运营管理模式	结合拓展知识,分析研判城市轨道交通运营管理模式的未来发展方向	
城市轨道交通车站管理组织架构	结合你所在或所熟悉的城市,补充相关城市轨道交通车站管理组织架构	

学习任务 1　客运组织工作基本认知

知识重点

1. 城市轨道交通客运组织的概念。
2. 城市轨道交通客运组织工作的特点和宗旨。
3. 城市轨道交通客运组织工作的基本要求。

知识点 1　客运组织的概念

城市轨道交通的主要任务是通过合理的客运组织来完成大容量的乘客运输工作。城市轨道交通客运组织是指通过合理配置客运有关设备、设施,对客流采取有效的分流或引导措施来组织客流运送的过程。

客运组织工作是城市轨道交通运营生产的重要组成部分,客运服务质量直接反映城市轨道交通运营企业的管理水平。客运组织工作必须实行统一领导、分级管理的原则,运营控制中心(OCC)负责全线的客运组织工作,车站的客运组织由车站站长或值班站长负责。客运组织工作需建立健全各项工作制度,运营、乘务、维修等各部门之间密切配合,共同维护好站、车秩序,完善服务细节,提升工作效率和服务质量。

知识点 2　客运组织工作的特点

城市轨道交通客运组织工作的特点如下。
(1)客运组织服务的对象是市内交通乘客,不提供行李包裹托运服务。
(2)全日客流分布在时间上有较为明显的高峰(一般为早、晚高峰)和低谷特征,高峰时段客流量集中,时间性强,在空间上又有不同的区间客流分布。
(3)全年客流分布在时间上按季、月、周、节假日有较大起伏。

知识点 3　客运组织工作的宗旨

城市轨道交通客运组织工作的宗旨如下。

1. 安全

为保证乘客安全乘车,要制定并严格执行各项安全制度,采用先进的安全控制系统,定期检查所有的运营设备,保证其处于良好状态。

2. 准时

运营生产各部门相互配合,严格按照列车运行图组织工作,确保列车按运行图规定的时间行车。

3. 迅速

运营生产各部门相互配合,提高列车运行速度,缩短列车运行间隔时间,减少设备故障,确保乘客快捷到达目的地。

4. 便利

车站内外导向标志明显,地下通道、出入口与地面其他交通工具衔接紧密,方便乘客换乘。

5. 文明

客运服务人员应严格遵守职业道德,礼貌待客,耐心、正确地解答乘客问题,主动、热情地为乘客服务,发挥车站文明窗口作用。

知识点4 客运组织工作的基本要求

城市轨道交通客运组织工作主要在车站完成。车站客运作业包括售检票作业、回答乘客问询、客流疏导、站台服务等。车站是城市轨道交通对乘客服务的"窗口",车站客运作业直接面对乘客,客运服务的质量直接影响市民对城市轨道交通的满意度,也反映了城市轨道交通运营企业的管理水平。客运组织工作的基本要求如下。

1. 站容整洁

车站内外应明亮、整洁,各种设备和设施摆放整齐、有序;站台、站厅、通道及出入口墙壁光洁,地面无痰迹和废物;卫生间清洁、卫生。

2. 导向标志清晰、完备

车站内外应有清晰、完备的导向标志系统,为乘客全过程、不中断地提供导向信息。车站外应有明显标志引导乘客进站,在车站出入口应设置醒目的地铁标志;乘客进站后应有指示客服中心、进站方向、紧急出口等的引导标志;在站台应设置列车运行方向、换乘方向等导向标志。此外,还应设置示警性和服务性导向标志,如地铁运营线路图、列车运行时刻表、票价信息、卫生间、车站周边公交线路与公共设施指南等。

3. 优质服务

客运服务人员应遵守职业道德,规范地为乘客提供服务。对老、弱、病、残、孕等需要帮助的乘客应主动、热情地提供协助,耐心、正确地回答乘客提出的问询,帮助乘客解决疑难问题。应经常征询乘客的意见,及时完善服务细节,不断提高客运服务水平。

4. 遵章守纪

客运服务人员应认真执行各项客运规章制度,服从命令,听从指挥。执行客运工作任务时,客运服务人员应按规定着装并佩戴标志,仪表整洁,体现良好的精神风貌。

5. 掌握客流规律

客运组织工作基本认知

分析客流统计资料,掌握车站客流在时间、空间上的分布与变动规律,对可预见的大客流做好充分的准备工作,及时应对。

6. 联劳协作

客运作业人员应与运营控制中心、列车司机、故障维修部门、公安、消防等加强联系,密切配合,协同工作,确保列车按运行图运行,保障行车安全与乘客安全。

学习任务2 客运组织架构

知识重点

1. 城市轨道交通运营管理模式。
2. 城市轨道交通运营企业组织架构。
3. 城市轨道交通车站管理组织架构。

知识点1 运营管理模式

城市轨道交通运营管理模式在世界各国呈现出多样化的趋势。由于世界各个城市发展城市轨道交通的历史条件和经营环境不同,故形成了各种各样的城市轨道交通运营管理模式。按资产属性及运营企业性质划分,世界城市轨道交通的运营管理模式主要分为以下四种。

1. 官办官营模式

1) 无竞争条件下的官办官营模式

(1) 特点

无竞争条件下的官办官营模式,线路为政府所有,一家单位独家经营,或两家及以上单位按行政区域划分经营范围。运营者由政府指定,政府给予相应的补贴。伦敦、纽约、北京、广州、柏林、巴黎的地铁运营管理都属于这种模式。

欧美国家多采用无竞争条件下的官办官营模式,主要是因为欧美国家的城市轨道交通系统客流密度较小,少有盈利的可能性。这些城市一般由非营利性的公共团体代表政府管理城市轨道交通;票价带有极大的福利性,运营收入不能抵偿运营成本,主要靠补助金支持日常开销。

(2)案例

纽约的地铁系统在纽约大都会运输管理局(New York Metropolitan Transportation Authority, NYMTA)的管理之下。该机构是纽约州政府的下属机构,负责管理纽约市内的公共交通系统,董事会成员基本由纽约州政府指定,其余由纽约市市长或郊区各县的官员指定。1950年至1995年,纽约所有城市轨道交通系统的资金补助都来自市政府、州政府和联邦政府的拨款;运营费用占总拨款的65%,不足的部分由州政府和联邦政府用税收收入补贴。

2)有竞争条件下的官办官营模式

(1)特点

有竞争条件下的官办官营模式,线路为政府所有,两家或两家以上的运营单位通过招投标方式获得经营权。

官办官营是一种带有计划性质的市场竞争。在此模式下,政府作为业主给企业的补助较为优厚;官办性质的企业不能过分重视盈利,所以票价应具有福利性;但是这种模式由于创造了一定的竞争环境,所以客观上提高了企业的主观能动性。

(2)案例

韩国首尔采用了这种模式。首尔的城市轨道交通系统由政府出资修建,并委托国有企业运营;在同一个城市内有两家以上的城市轨道交通运输企业,它们通过招投标的方式获得新线路的建设及经营权。

首尔地铁由9家公司经营:1号线至4号线由Seoul Metro(原首尔特别市地下铁公社,2005年10月27日改为今名)负责运营;5号线至8号线由首尔特别市都市铁道公社负责运营;9号线由首尔地下铁9号线株式会社负责运营;仁川国际机场铁路由仁川国际空港铁道公社负责运营;新盆唐线由新盆唐线株式会社负责运营;仁川地铁1号线、2号线由仁川交通公社负责运营;龙仁轻电铁由龙仁轻电铁株式会社负责运营;议政府轻电铁由议政府轻电铁株式会社负责运营;中央线、盆唐线、京义线、京春线、水仁线等由韩国铁道公社负责运营。此外,韩国铁道公社亦参与运营1号线、3号线、4号线在首尔市外的部分。首尔的城市轨道交通网络包括首尔地铁和首尔铁路系统两部分,分别由首尔首都圈地铁公司(Seoul Metropolitan Subway Corporation, SMSC)、首尔快速城市轨道交通公司(Seoul Metropolitan Rapid Transit Corporation, SMRT)和韩国国家铁路公司(Korean National Railroad Corporation, KNR)三家国有公司运营。地铁公司从运输税务系统得到补助金,但每年仍有亏损。燃料税是运输税务系统资金的主要来源。为弥补亏损,首尔市政府不得不注入额外的资金发行债券。地铁系统的不动产和注册是免税的,也不用上缴公司所得税、城市建设税和营业税。

2. 官办民营模式

1)官办半民营模式

(1)特点

官办半民营模式的特点是线路为政府所有,由政府股份占主导地位的上市公司经营。

(2)案例

我国香港特别行政区的地铁运营管理采用这种模式。香港地铁公司是一家上市公司,它的第一大股东为香港特区政府。虽然是市场化运作,但是香港特区政府为香港地铁公司提供担保,从多个方面管理其经营。因此,香港地铁不能算是完全民营的模式,只能算作半民营。

香港特区政府委任有关人员组成香港地铁公司董事局后,让其按商业原则运作,特区政府主要靠法律手段规范市场主体的行为。2000年以来,香港特区政府又对香港地铁公司进行股份制改造,让高管及员工持股。该公司10%的股份通过上市私有化。

2)官办全民营模式

(1)特点

官办全民营模式的特点是线路为政府所有,由民间股份公司占主导地位的上市公司经营。

(2)案例

新加坡的地铁运营管理属于这种模式。新加坡快速城市轨道交通公司(Singapore Mass Rapid Transit Corporation,SMRT)负责新加坡地铁的运营,其最大股东为一家私人企业。新加坡国土运输局(Land Transport Authority,LTA)拥有城市轨道交通的所有权和建设权,并承担建设费用。

LTA是新加坡城市轨道交通系统的建设者和所有者,同时是运输规则的制定者。它制定规则确保城市轨道交通系统的正常运营和养护维修等。LTA通过与SMRT签订租借合同授予SMRT地铁线路的经营权,并对SMRT的运输行为进行约束。

新加坡地铁采用了一种把建设和运营分开的管理模式,所有线路都由LTA建设完成,建成后交给运营公司使用。其主要特点有如下几个:

①地铁作为福利设施,由政府负担建设费用。

②淡化运营公司的职能,运营公司无线路的所有权,政府不干涉运营收入,也不对运营开支进行补贴。

③运营公司完全民营,第一大股东为私人投资公司。

④由政府指定运营水平和规则,以保证城市轨道交通的公共福利性质。

3. 公私合营模式

(1)特点

公私合营模式为由多种经济成分构成的模式。线路归政府和地方公共团体所共有,同样由政府和地方公共团体共同组织人员经营。

(2)案例

日本东京的城市轨道交通系统就引入了多种经济成分,其有政府投资、商业贷款、民间投资、交通债券等多种形式,充分开拓了融资渠道。

以日本帝都高速交通营团(Teito Rapid Transit Authority,TRTA)为例,它的资本金由日本政府和东京都政府分摊,运营补助金50%以上来自地方公共团体,贷款源于政府的公共基金、运输设备整备事业团的无息贷款、民间借入金、交通债券等。日本政府对帝都高速交通营团的控制在于对高层人员的任免(其董事长由东京都政府任命)。帝都高速交通营团的管理委员会是真正的实权机构,它决定收支预算、营业计划、资金计划等。管理委员会共有5名成员,其中4名由日本国土交通省任命,1人由出资的地方公共团体推荐。

4. 私办私营模式

（1）特点

私办私营模式的特点是线路由私人集团投资兴建，由私人集团经营，政府无权干涉私人工作。

（2）案例

泰国曼谷轻轨的建设和运营由一家私人企业控股的公司——曼谷大众交通系统公共有限公司（BMTA）负责。泰国政府通过合同形式对轻轨开展建设和运营，以及对 BMTA 的股本结构进行约束，如特许经营协议规定，票价在 10～40 泰铢（2023 年，1 泰铢约为 0.198 元人民币）范围内等。

这种模式能最大限度地激发私人投资者的兴趣，但在票价、线路走向等敏感问题上，政府与私人投资者不可避免地会发生冲突，政府难以保证城市轨道交通作为公共福利事业的本质。城市轨道交通的投资回收期长，私人投资者要做好在前几年亏损的情况下偿还贷款利息的心理准备。这种模式会使私人投资者严格控制建设和运营成本。

总体而言，欧美国家城市轨道交通线路几乎是国家政府或市政府所有，由政府机构直接运营或交给公有性质的企业运营；而亚洲国家城市轨道交通的运营情况就比较复杂。

5. 不同模式的适用性

通过上述分析发现，城市轨道交通的运营管理模式在世界各国呈现出多样化的格局。不同的运营管理模式是在不同的社会环境下发展起来的，在具体选择时应立足城市实际状况，设计和选择适合具体城市的运营管理模式，以有利于城市轨道交通持续、健康、稳定发展。不同模式均存在优势与不足，有自己的适用范围。

（1）强调地铁福利性质的城市，如纽约、新加坡，其政府承担了过多的责任，都存在后续投资困难的危机；选择盈利性的城市，如曼谷，难以保证城市轨道交通项目的有序发展；而在我国香港特别行政区、日本东京、韩国首尔，城市轨道交通发展已逐渐步入良性循环，城市轨道交通的福利性和盈利性得到较好的融合，基本上能够自给自足，以线养线，政府的角色也在逐渐淡出。

（2）客流量和线路类型是影响城市轨道交通运营管理模式的重要依据。结合世界主要大城市轨道交通的客流密度（表 1-1）进行分析，可以初步得出如下结论。

世界主要大城市轨道交通客流密度 表 1-1

城市	伦敦	巴黎	纽约	柏林	我国香港地区	首尔	东京	曼谷	新加坡	上海
客流密度[万人/(km·d)]	0.6	1.5	0.8	0.77	2.86	1.75	2.87	1.7	1.3	1.64

①当客流密度为 0～1.5 万人/(km·d)时，城市轨道交通运输缺乏盈利所需的必要客流，因此需要在政府的扶持下存活。这种类型的城市轨道交通系统适于采用官办官营的管理模式。

②当客流密度为 1.5 万～2.5 万人/(km·d)时，城市轨道交通系统基本具备平衡运营成本所需的客流且能略有盈利，因此可考虑采用有竞争条件下的官办官营模式、公私合营模式、官办半民营模式。

③当客流密度超过 2.5 万人/(km·d)时，可采用官办半民营模式、官办全民营模式。

运营管理模式

④当城市轨道交通系统的业主(政府)独自承担建设费用,而不从运营收入中抵扣,且客流密度大于1万人/(km·d)时,可尝试采用官办全民营模式。

⑤考虑到市中心修建城市轨道交通的成本和物业开发的难度,市中心城市轨道交通线路不宜采用私办私营的管理模式,必须有公共资本参与。私办私营模式最适用于市郊铁路。在市郊铁路的条件下,当客流密度超过1.7万人/(km·d)时就可采用私办私营模式。

活学活用

1. 说明你所在城市或所在省份的城市轨道交通运营管理采用的是哪种类型的模式。
2. 搜集世界城市轨道交通运营企业的运营管理资料,分析其运营管理的特点。

拓展知识

运营管理模式介绍

1. BOT(Build-Operate-Transfer,建造—运营—移交)模式

这种模式最大的特点就是将基础设施的经营权有期限地抵押以获得项目融资,或者说是基础设施国有项目民营化。在这种模式下,首先由项目发起人通过投标从委托人手中获取某个项目的特许权,随后组成项目公司并负责项目的融资,组织项目的建设,管理项目的运营,在特许期内通过对项目的开发运营以及当地政府给予的其他优惠来回收资金以还贷,并取得合理的利润。特许期结束后,应将项目无偿地移交给政府。在BOT模式下,投资者一般要求政府保证其最低收益率,一旦在特许期内无法达到该标准,政府应给予特别补偿,见图1-1。

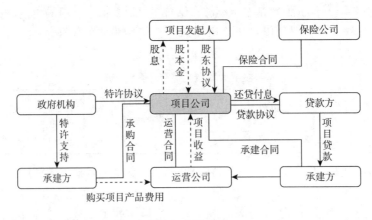

图1-1 BOT模式

2. BT(Build-Transfer,建设—移交)模式

BT 模式是基础设施项目建设领域中采用的一种投资建设模式,指项目发起人通过与投资者签订合同,由投资者负责项目的融资、建设,并在规定时限内将竣工后的项目移交给项目发起人,项目发起人根据事先签订的回购协议分期向投资者支付项目总投资及确定的回报,见图 1-2。

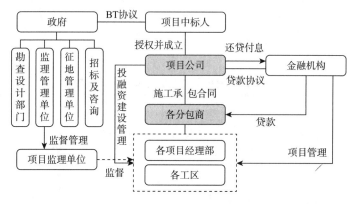

图 1-2　BT 模式

3. TOT(Transfer-Operate-Transfer,转让—经营—移交)模式

TOT 模式是一种通过出售现有资产以获得增量资金进行新建项目融资的新型融资方式,在这种模式下,私营企业用私人资本或资金购买某项资产的全部或部分产权或经营权,然后购买者对项目进行开发和建设,在约定的时间内通过项目经营收回全部投资并取得合理的回报,特许期结束后,将所得到的产权或经营权无偿移交给原所有人,见图 1-3。

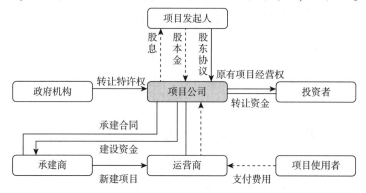

图 1-3　TOT 模式

4. TBT 模式

TBT 模式就是将 TOT 模式与 BOT 模式组合起来,以 BOT 为主的一种融资模式。在 TBT 模式中,TOT 的实施是辅助性的,采用它主要是为了促成 BOT。TBT 的实施过程如下:政府通过招标将已经运营一段时间的项目和未来若干年的经营权无偿转让给投资人;投资人负责组建项目公司去建设和经营待建项目;项目建成开始经营后,政府从 BOT 项目公司获得与项目经营权等值的收益;按照 TOT 和 BOT 协议,投资人相继将项目经营权归还给政府。TBT 模式

实质上是政府将一个已建项目和一个待建项目打包处理,获得一个逐年增加的协议收入(来自待建项目),最终收回待建项目的所有权益。

5. PPP(Public-Private-Partnerships,政府和社会资本合作)模式

一般而言,PPP模式主要应用于基础设施等公共项目。政府针对具体项目特许新建一家项目公司,并对其提供扶持,然后,项目公司负责进行项目的融资和建设,融资来源包括项目资本金和贷款;项目建成后,由政府特许企业进行项目的开发和运营,而贷款人除了可以获得项目经营的直接收益外,还可获得通过政府扶持所转化的效益。

几种模式的比较见表1-2。

政府市政建设中引进社会资本的模式比较　　　　　表1-2

项目	新建	在建	已建
轨道交通	公共私营合作制	股权融资或股权融资+委托运营	融资租赁、资产证券化、股权转让
城市道路	建设—移交(BT)模式		
综合交通枢纽	交通枢纽和经营性开发项目一体化捆绑建设		
污水处理	建造—运营—移交(BOT)模式	委托运营或转让—经营—移交(TOT)模式	委托运营或转让—经营—移交(TOT)模式
固废处置	政府和社会资本合作(PPP)模式、股权合作等	转让—经营—移交(TOT)模式	转让—经营—移交(TOT)模式
镇域供热	建造—运营—移交(BOT)模式		

知识点2　运营企业组织架构

1. 城市轨道交通运营企业对组织架构的要求

1) 乘客服务的要求

城市轨道交通运营企业最根本的任务是满足广大市民出行的需要。首先要求运营企业能够根据客流的变化、设备的条件,充分发挥轨道交通系统最大的潜力,编制好运营计划,最大限度地满足广大市民出行及乘车的需要,尽量缩小行车间隔,增大行车密度,使设计运能充分发挥出来;其次,运营企业应充分利用现有设备,不断进行必要的更新改造,创造优良的环境、舒适的乘车条件、优质的服务,安全、快捷、舒适地运送乘客,满足乘客的乘车需求。

2) 自身发展的要求

城市轨道交通运营企业为了自身生存发展的需要,追求经济效益,就必须采取多种有效措施吸引客流,以增加票款和其他收入。编制企业年度、季度、月度计划,加强企业管理、降低成

本,努力做到运营初期少用财政补贴,做到收支平衡,力争有盈利。

3) 设备保障的要求

优良的运营服务质量除了依靠一线工作人员的辛勤劳动、提供优质的服务以外,还必须依靠二线的设备保障。这就要求对所有的行车设备,包括电动列车、信号、通信、供电、自动售检票系统(AFC)、车站机电设备、线路、土建等设备、设施加强维护和检修。将计划修与动态修相结合,确保设备的正常使用。并对设备进行必要的更新改造,不断提高客运服务设施的科技含量,以最先进的客运服务设施来确保服务质量的提升。

4) 安全管理要求

城市轨道交通运营企业必须把安全放在第一位,不断强化安全意识,建立各级安全运营机构,加强安全监督检查,制定积极有效的安全措施,经常组织演练和安全教育,并做好考核。

5) 人才引进要求

城市轨道交通运营企业要加强人力资源的管理,引进优秀人才,满足运营需要;并加强对员工的考核和再教育,努力提高全体员工的生产技能,培养员工敬业爱岗的精神,创造独特、和谐的企业文化。

6) 行业管理要求

城市轨道交通运营企业必须有行政管理部门和企业发展策划部门。

7) 综合管理要求

城市轨道交通运营企业必须有党群系统,以加强思想政治教育,激发员工的工作热情,塑造企业文化,努力建设成为国内一流的城市轨道交通运营企业。

2. 我国城市轨道交通运营企业的特点

目前,我国城市轨道交通运营企业已达40多家,还有很多运营企业正在筹建之中,这些运营企业在成立之初以及在发展过程中,无不为建立现代化企业的目标不断努力探索。任何一种模式有其优点,也会有其缺点,重要的是它必须符合企业的发展要求。先进的运营组织理念不是一成不变的,需要努力探索。多年来,各运营企业都将城市轨道交通的发展规律与本企业的具体实际相结合,走出了一条具有自身特色的现代运营企业道路。

1) 网络化运营的运营企业的组织架构及其特点

(1) 北京市地铁运营有限公司

北京市地铁运营有限公司成立于1970年4月15日,是北京市市属大型国有独资公司,是国内最早成立的城市轨道交通运营企业,开通运营了我国第一条地铁。该公司主营业务涵盖轨道交通运营服务和轨道交通增值服务。轨道交通运营服务包含轨道交通客运、设备设施维修、城轨车辆修理、技术研发;轨道交通增值服务包含地铁广告传媒、民用通信、地铁商业、文化创意等增值服务。截至2021年底,该公司在职员工33073人,运营17条线路,运营里程538km,运营车站330座,换乘车站69座。北京市地铁运营有限公司组织架构如图1-4所示。

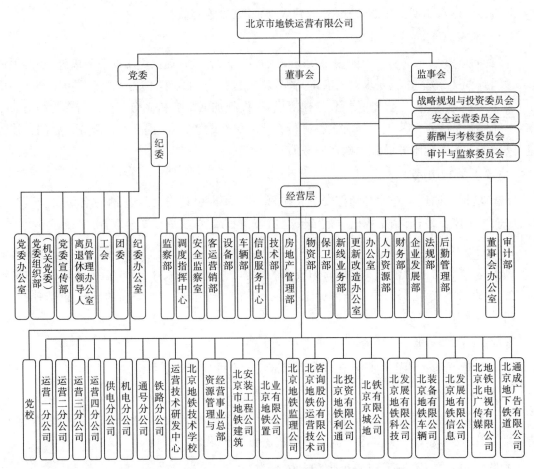

图1-4 北京市地铁运营有限公司组织架构

北京地铁车站组织架构

（2）特点

网络化运营的运营企业采用垂直式管理,运营企业所经营的线路已形成网络化运营,具有以下特点。

①运营的线路多,运营线路长、车站多。

②日均客流量大,换乘客流量也大。

③建设了统一的清分管理中心和运营应急指挥及协调中心。

④设备系统制式复杂,资源共享的潜力很大。

⑤运营过程中需要协调的工作量十分巨大,要求运营组织的执行层专业分工明确,专业化分工更细,管理的面不宜过宽。

⑥公司管理层的管理职能更加突出。

⑦控制中心的地位提升、对决策指挥能力要求更高。

⑧对单线设计的各运营线路的设施及系统应从网络化运营、资源优化共享的角度出发,逐步改造、调整和完善。

2)运营规模不大的轨道交通运营企业的组织架构及其特点

(1)东莞市轨道交通有限公司

东莞市轨道交通有限公司成立于2009年7月21日,经营范围包括城市轨道交通项目的建设、维护、经营、开发和综合利用。东莞城市轨道交通线网以组团式空间为布局依托,共规划R1、R2、R3、R4四条线路,总长度194km,贯穿全市20个镇街,连接6个片区,对接省市多条交通干道。东莞市轨道交通有限公司组织架构如图1-5所示。

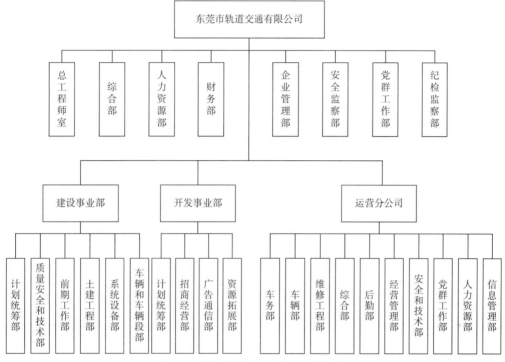

图1-5 东莞市轨道交通有限公司组织架构

(2)特点

①该类运营企业的组织架构层次少,便于政令畅通,减少中间环节。

②控制中心和票务清分单独设置,有利于统一指挥和集中管理。

③根据管理范围,按运营系统和设备系统划分生产部门,考虑了管理幅度、专业技术和人员构成情况。

④由于分设多个生产部门,在轨道交通这样多专业、多部门联合生产的要求下,它们之间必定有许多共性问题要管理,有许多个性问题要协调,而这类企业公司层面管理和协调的力度不足,会加重决策层的工作压力。

⑤该类组织架构的控制中心的定位比较低,难以树立指挥权威,不利于运营生产的统一集中指挥。

3)正在向网络化运营过渡的运营企业的组织架构及其特点

(1)南京地铁运营有限责任公司

南京地铁运营有限责任公司于2012年9月11日成立。该公司受南京地铁集团有限公司委托,负责现有地铁线路的运营管理、乘客服务及设施设备的维修保养,同时担负起网络化运营的筹备任务。截至2022年底,南京地铁已开通运营线路11条,包括1、2、3、4、10、S1、S3、S6、S7、S8及S9号线,均采用地铁系统,共191座车站(换乘站重复计算),地铁线路总长448.8km,构成覆盖南京全市11个市辖区及句容市的地铁网络,是我国第一个区县全部开通地铁的城市。南京地铁运营有限责任公司组织架构如图1-6所示。

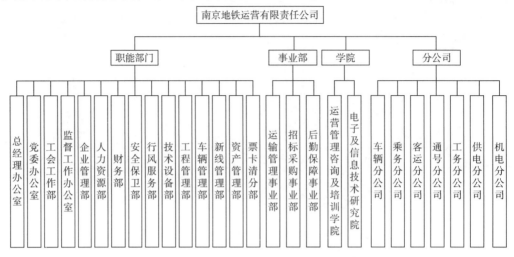

图1-6 南京地铁运营有限责任公司组织架构

(2)特点

①该组织架构的层次少,便于政令畅通,减少了中间环节。

②根据管理范围的大小,划分成四个分支机构,有利于作用的发挥和专业管理水平的提高。

③按专业划分分公司,由于该阶段设备成倍增加,制式不尽相同,技术更为复杂,对部门经理和管理人员的要求也高,不仅要求其精通专业技术,还要求其熟悉现代化企业管理。

④该公司即将迈入网络化运营的时期,线路间、多专业之间的管理力度和协调量必然加大。这种模式下强化企业内部机制固然有利于企业内的正常运作,但由于管理层作用不明显,有时会分散决策层更多的精力,这时管理层仅起到协调作用。

> **活学活用**
> 1. 说明你所在城市或所在省份的城市轨道交通运营企业的组织架构是哪种类型。
> 2. 查询我国其他城市轨道交通运营企业的组织架构,分析其特点。

知识点3　车站管理组织架构

车站是城市轨道交通系统的重要组成部分,是企业与服务对象的主要联系环节。车站管理的核心任务是安全、迅速、方便地组织客流集散,并做好行车组织工作。随着城市轨道交通车站设备设施的不断发展变化,我国各大城市轨道交通车站的设备设施及岗位设置不尽相同,各客运岗位的工作职责及作业程序也存在很大差异。一般来说,车站常驻人员有站务运营人员、保安人员、保洁人员、设备维修人员、地铁公安人员等。

城市轨道交通车站以安全、高效地输运乘客为宗旨,车站应根据行车计划、施工计划、客运组织计划等生产任务的要求建章立制,合理设置岗位及组织排班,并有序安排各岗位员工履行职责,协调运作。以沈阳地铁运营分公司为例,采取值班站长、中心站站长二级负责制(图1-7),除了由中心站站长对所属车站(一般负责3~5个车站)各项工作全面负责外,每站还设4名值班站长跟班管理。通常设置中心站站长、中心站副站长、值班站长、行车值班员、客运值班员、售票员、站台安全员等岗位。值班站长负责当班期间车站的行车安全、客运服务、票务、环境清洁、事件处理、人员管理等工作。在值班站长的指挥下,各岗位工作人员按照岗位职责和工作流程开展工作。

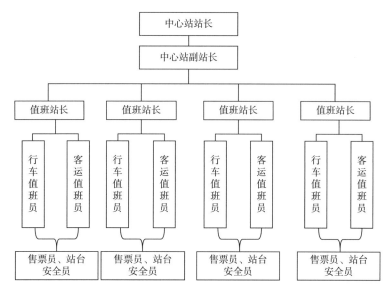

图1-7　沈阳地铁运营分公司车站管理组织架构

除车站的站务工作人员外,城市轨道交通车站通常还有维修、商铺、公安等外单位(部门)驻站人员。车站日常运作以车站运输组织为核心,维修人员、商铺人员、公安人员等应以服务于车站运输组织为前提开展工作。

活学活用

1. 说明你所在城市或所在省份的城市轨道交通运营企业的车站管理组织架构。
2. 查询我国其他城市轨道交通运营企业的车站管理组织架构,分析其特点。

模块2

车站及车站主要设施设备

学习引导

城市轨道交通车站是从事城市轨道交通客运组织工作的重要场所,车站主要设施设备是开展车站客运组织工作的工具。作为从事车站客运组织工作的站务人员,了解车站构成和设施设备功能是从事客运组织工作的基础。通过本模块的学习,应能够掌握城市轨道交通地下车站、高架车站和地面车站基本结构和平面布局,拓展了解车站设施技术参数。掌握城市轨道交通车站行车设备、AFC系统及有关设备、站台门系统、站内客运设备、火灾自动报警系统、导乘设施、电话系统、闭路电视监视系统等车站设备的功能,全面掌握客运组织设施设备的重要内容。

知识导航

知识梳理	知识运用	能力迁移与拓展
地下车站基本结构和平面布局	根据你所在或所熟悉城市的城市轨道交通地下车站结构,结合所学知识,铺画地下车站的平面结构图	城市轨道交通运营企业必须贯彻安全生产的方针,坚持"高度集中,统一指挥"的原则,各单位、各岗位间要发扬协作精神,充分体现联动作用,实现安全、高效、便捷、舒适的运营目标。日常运行计划由列车运行图体现,列车运行图由运营管理部门编制,是行车组织工作的基础。所有部门和单位必须根据列车运行计划的规定,组织本部门、本单位工作,保证运行计划的实现。 通过学习"城市轨道交通车站及车站主要设施设备"相关内容,深入理解车站和车站主要设施设备对于主要运营思想的保障作用
高架车站基本结构和平面布局	根据你所在或所熟悉城市的城市轨道交通高架车站结构,结合所学知识,铺画高架车站的平面结构图	
地面车站基本结构和平面布局	根据你所在或所熟悉城市的城市轨道交通地面车站结构,结合所学知识,铺画地面车站的平面结构图	
城市轨道交通车站行车设备	通过学习,说明行车设备在"高度集中,统一指挥"运营思想中的重要意义	
城市轨道交通车站AFC系统及有关设备	思考快速发展的AFC系统的功能是否有本质变化	

续上表

知识梳理	知识运用	能力迁移与拓展
城市轨道交通车站站台门系统	想一想,半高站台门的使用范围及主要功能与全高站台门有什么不同?	
城市轨道交通车站站内客运设备	去城市轨道交通车站观察不同的电梯系统的所在位置和使用注意事项	
城市轨道交通车站火灾自动报警系统	思考一下,火灾自动报警系统只在城市轨道交通车站使用吗?	
城市轨道交通车站导乘设施	去城市轨道交通车站寻找导乘设施并分类	
城市轨道交通车站电话系统	谈谈你对城市轨道交通车站电话系统重要性的认识	
城市轨道交通车站闭路电视监视系统	车站闭路电视监视系统设置的关键要素是什么?	

学习任务 1　车站基本构成

知识重点

1. 地下车站、高架车站、地面车站的基本结构。
2. 地下车站、高架车站、地面车站平面布局的基本要求。
3. 车站设施的基本技术参数。

车站是城市轨道交通系统最重要的现代建筑类型,它是乘客上下车、换乘的场所,也是列车到发、通过、折返、临时停车的地点,同时具有购物、聚会及作为城市景观的功能。车站也是空间建筑物与工程结构的结合,反映城市轨道交通系统的特色。所以车站的结构和布局等因素,不仅影响运营效益,也关系城市的运转。

知识点 1　地下车站基本结构和平面布局

1. 地下车站基本结构

地下车站一般包括车站主体(站厅、站台、设备用房、运营管理用房等)、出入口及通道、通风道及风亭(仅地下车站设置)和其他附属建筑物,如图2-1所示。

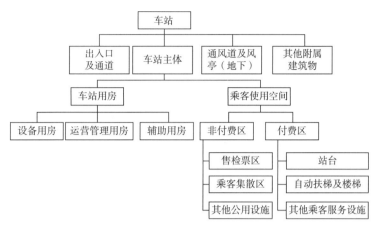

图 2-1 城市轨道交通地下车站基本构成

1) 车站主体

车站主体是列车的停车点,它不仅是供乘客上下车、集散、候车的地方,一般也是办理运营业务和设置运营设备的地方。车站主体根据功能的不同,可分为乘客使用空间和车站用房。

(1) 乘客使用空间

乘客使用空间是直接为乘客服务的场所,又可分为非付费区和付费区。

地下车站基本结构演示

非付费区是乘客购票并正式进入车站前的活动区域。它一般应有较宽敞的空间和售检票位置,根据需要还可设银行自动取款机、公用电话、商业店铺等设施。非付费区的最小面积一般以能容纳高峰小时 5min 内聚集的客流量的水平来推算。

付费区包括站厅的一部分、站台、楼梯和自动扶梯、导向标志等,它是为乘客候车服务的设施。对于一般的城市车站来说,通常非付费区的面积应略大于付费区。

(2) 车站用房

车站用房包括运营管理用房、设备用房和辅助用房。

① 运营管理用房。

运营管理用房是车站运营管理人员使用的办公用房,主要包括车站控制室、票务室、站长室、会议室、公安保卫室(警务室)等。

a. 车站控制室。

车站控制室是车站运营与管理的中心(图 2-2)。通常设在站厅层,位置较高,便于对站厅层售票、检票、楼梯和自动扶梯口等客流较多的部位进行监视。车站控制室主要设备有综合后备盘(Integrated Backup Panel,IBP)、综合控制台(车站监控计算机)、防灾报警设备、各种通信电话、车站广播设备、事件报表打印机等。综合控制台可监控操作列车自动监控系统(Automatic Train Supervision,ATS)、自动售检票系统(Automatic Fare Collection System,AFC)、环控系统(Building Automation System,BAS)、火灾自动报警系统(Fire Alarm System,FAS)、乘客信息系统(Passenger Information System,PIS)、闭路电视监视系统(Closed Circuit Television,CCTV)、广播系统(Public Address,PA)、通信告警系统、办公系统(Office Automation,OA)等多个子系统,如图 2-3 所示。

图 2-2　车站控制室布局

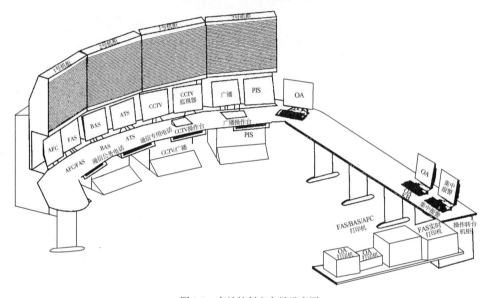

图 2-3　车站控制室布局示意图

IBP 的主要功能是实现车站控制室各系统的紧急后备控制操作。IBP 上设置紧急控制按钮、状态指示灯等,对重要设备进行应急监控,其控制级别高于各系统操作站。IBP 可为以下控制功能提供后备控制操作,它们包括但不限于:信号系统(Signal System,SIG)的紧急停车、扣车和放行,牵引供电系统紧急停电,环控通风排烟系统和消防联动控制以及阻塞模式下的控制,站台门系统(Platform Screen Doors,PSD)紧急开门控制,AFC 闸机释放控制,门禁系统(Access Control System,ACS)的释放,防淹门(Flood Gate,FG)的控制,消防水泵的停止控制等。

车站控制室内还设有消防联动控制盘、各类打印机、行车备品柜及文件柜等设备设施。车站控制室是车站级的控制指挥中心,是车站站务人员的主要工作场所,由值班站长负责,设 24 小时专人值班,一旦发生事故,必须立即向控制中心汇报。

b. 票务室。

票务室是车站票务工作的心脏,是现金、车票、票务物资的集散地。票务室内有存放现金、有值车票的保险柜以及票筒、手提金库、点钞机、验钞机、点币机、便携式查询机、票务台账等票务工器具。该房间也可作为车站人员开展票务结账、清点钱箱、结算报表填写等票务工作的场所。为保证

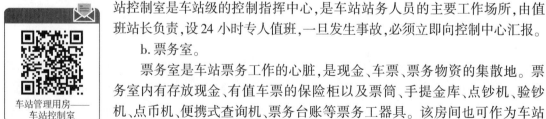

车票和票款的安全,票务室一般要安装防盗门和门禁系统,同时要安装具备录像功能的闭路电视监控器。票务室实行严格的准入制度,严格限制进入该房间人员的范围和进入时间,房门须时刻保持锁闭状态。

c. 站长室。

站长室是车站站长在车站办公的场所,与车站控制室相邻并设门连通。

d. 公安保卫室(警务室)。

公安保卫室(警务室)是车站警务人员办公的场所。一般设在站厅层乘客较多的一端,紧邻车站控制室。

②设备用房。

设备用房是保证列车正常运行、保证车站良好环境条件和在事故灾害情况下保障乘客安全所需的用房。它是直接或间接为列车运行和乘客服务的,可分为弱电设备房和强电设备房。车站里的弱电系统通常指综合监控系统、通信系统、信号系统和 AFC 系统,弱电设备房主要包括:综合监控设备室、通信设备室、通信电源设备室、信号设备室、信号电源室、商业移动通信机房、站台门设备控制室等。车站里的强电系统主要是指高压牵引供电系统,强电设备房主要有牵引降压混合变电所、降压变电所、33kV 高压开关柜室等。这些设备用房应根据需要安装空调系统和气体灭火系统。

设备用房是整个车站运营的心脏所在,由于这些用房与乘客没有直接关系,所以一般布设在离乘客较远的地方。此类房间多用于摆放系统设备,工作人员并不长时间停留。

③辅助用房。

辅助用房是为保证车站内部工作人员正常工作和生活所设置的用房,主要包括卫生间、更衣室、休息室、茶水间等。

车站用房应根据运营管理需要设置,在不同车站只配置必要房间,尽可能减少用房面积,以降低车站造价。

2) 出入口及通道

车站出入口及通道的主要作用在于吸引和疏散客流,车站出入口位置都应在城市轨道交通沿线主要街道交叉路口或附近,尽量扩大服务半径、方便乘客。车站出入口布置应与主客流的方向一致,宜与过街天桥、过街地道、地下街、邻近公共建筑物相结合或连通,统一规划、同步或分期实施。

3) 通风道及风亭

通风道及风亭是为满足地下车站通风要求而设置的。由于地下车站四周封闭,空气不流通,客流量大,机电设备多,站内湿度较大,空气较为浑浊,为了及时排除车站内的污浊空气,给乘客创造一个舒适的乘车环境,需要在车站内设置通风与空调系统。

风亭具有将地面新鲜空气送入地铁站内的作用;冷却塔的作用则是将挟带废热的冷却水在塔内与空气进行热交换,使废热传输给空气并散入大气。风亭的位置应根据周边环境及城市规划要求合理布置。

2. 地下车站平面布局

地下车站平面布局包括车站控制中心的位置(站位)、车站的外轮廓范围以及出入口和风亭的确定等,地下车站平面布局原则如下。

(1) 站厅层布置应分区明确,依据出入口的位置和数量、楼梯与自动扶梯的位置和数量、售检票系统的位置和数量以及换乘要求对客流进行合理的组织,避免或减少进出站客流的交叉。

(2) 站台层布置时,需以车站上下行远期超高峰小时设计客流量来计算站台宽度,根据线路走向及换乘要求确定站台形式。

地下车站平面布局设计演示

(3) 车站出入口应设置于道路两边红线以外或城市广场周边,须具有标志性或可识别性,以利于吸引客流、方便乘客。有条件的出入口还可考虑地面人行过街的功能。出入口规模应适应远期预测客流量的通过能力,并考虑与其他交通的换乘和接驳大型公共建筑所引起的客流量。

(4) 车站主要服务设施应包括自动扶梯、电梯、售票机、检票机、空调通风设施等。

知识点2　高架车站基本结构和平面布局

1. 高架车站基本结构

高架车站主要是根据车站所在位置和设置的站房来确定车站形式,与采用的线路铺设方式也有较大关系。高架车站可分为岛式站台车站和侧式站台车站两种形式。岛式站台车站中,双方向客流可以同站台乘降,站台利用率较高,但线路结构复杂,站台宽度也较侧式站台的任一侧要宽,从而需要较多的集中的空间,可能造成地面土地利用困难。

侧式站台车站双方向客流流线分开考虑,不易造成客流的混乱;站台在建筑空间上可以适当分散处理,如横列或纵列处理等;有时也容易与地面客流及换乘方向结合。因此,实际工程中,高架车站较多地采用侧式站台形式,以尽可能减小车站宽度,降低车站造价。图2-4是侧式站台的布置图,图2-5为某一设置在道路中间的高架双层车站示意图。

高架车站基本结构演示

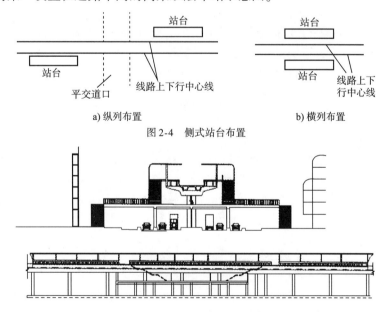

图2-5　高架双层车站示意图

2. 高架车站平面布局

高架车站平面设计与地下车站有相同之处,但也有不同之处。相同之处在于站台候车方式、站台长度(根据车辆编组确定)、售票检票方式等;不同之处在于分别位于地上和地下,客流行进的方向和站厅、站台的组织顺序正好相反。

高架车站的站台层在最上层,客流经站厅层检票后向上到达站台层候车。由于车站建于地面以上,具有空间开放的条件,不需要设置庞大的空调机房而大大缩小了设备用房的面积。高架车站因线路走向的不同,有设于城市交通干道中央的,也有设于城市交通干道一侧的。高架车站站台的候车形式同样有岛式和侧式两种,一般以侧式站台候车为主,以利于城市架空桥道铺设。

设于城市交通干道中央的高架车站,客流需经道路两侧的人行天桥或地道进入车站的站厅层,其人行天桥和地道可兼作过街的通道。

高架车站主体分为站厅层和站台层两层。在站厅层设置客流出入大厅及售检票厅,利用回栏分隔付费区及非付费区,其过街人行天桥及地道的出入口必须设于非付费区内,运营管理用房及设备用房尽量设置于一端。由于站台候车方式不同,故站厅层楼梯位置及组合方式不同,同时也影响到运营管理用房的布置及检票口的位置设置。

知识点3 地面车站基本结构和平面布局

1. 地面车站基本结构

地面车站一般分为单层、双层或结合周围环境开发的多层车站。其形式主要根据功能要求和环境特点确定。图 2-6 为某地面车站示意图。

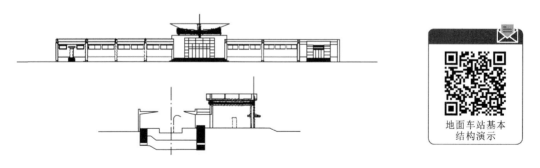

图 2-6 某地面车站示意图

图 2-7 是法国里昂改造后的帕雷里(Parilly)地铁车站示意图。它采用的是半地下形式,较好地结合了车站附近的地形条件。

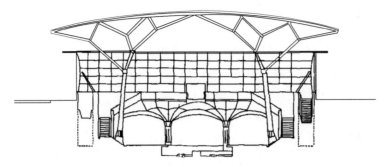

图 2-7　法国里昂改造后的帕雷里地铁车站示意图

2. 地面车站平面布局

当城市轨道交通线路在市区边缘或郊区时,由于地面交通量不大,为降低成本,可以考虑将城市轨道交通车站设置在地面,尤其是有轨电车和轻轨系统。地面车站设计的重点是考虑乘客及行人穿越道路时的干扰以及安全问题。

地面形式的城市轨道交通主要基于既有的街道,因此线路设计相对简单,重点是处理与道路交通的关系和先行权的问题。地面车站设计时,要规划好乘客进出车站的流线,在此基础上应尽可能简洁,缩小站房面积,降低车站造价。

地面车站平面布局设计演示

知识点 4　车站设施技术参数

1. 站台

1) 站台长度

站台长度计算应采用客流控制期列车编组数的有效长度加停车误差。

(1) 有效长度

无站台门的站台有效长度应为列车首末两节车辆驾驶室门外侧之间的长度;有站台门的站台有效长度应为列车首末两节车辆尽端客室门外侧之间的长度。

(2) 停车误差

无站台门时应取 $1\sim2\mathrm{m}$;有站台门时(含缓装)应取 $\pm0.3\mathrm{m}$ 以内。

2) 站台宽度

站台宽度应按下列公式计算,并不得小于表 2-1 所规定的数值。
岛式站台宽度:

$$B_\mathrm{d} = 2b + n \cdot z + t \tag{2-1}$$

侧式站台宽度:

$$B_\mathrm{c} = b + z + t \tag{2-2}$$

$$b = Q_\text{上} \cdot \rho/L + b_\alpha \tag{2-3}$$

$$b = Q_\text{上、下} \cdot \rho/L + M \tag{2-4}$$

式(2-3)、式(2-4)取大者。

式中：b——侧站台宽度(m)；

n——横向柱数；

z——纵梁宽度(含装饰层厚度)(m)；

t——每组楼梯与自动扶梯宽度之和(含与纵梁间所留空隙)(m)；

$Q_{上}$——远期或客流控制期每列车超高峰小时单侧上车设计客流量，换乘车站含换乘客流量(换算成高峰时段发车间隔内的设计客流量)(人)；

$Q_{上、下}$——远期或客流控制期每列车超高峰小时单侧上、下车设计客流量，换乘车站含换乘客流量(换算成高峰时段发车间隔内的设计客流量)(人)；

ρ——站台上人流密度，取 $0.33\sim0.75\text{m}^2/$人；

L——站台计算长度(m)；

M——站台边缘至站台门立柱内侧距离(m)，无站台门时取0；

b_α——站台安全防护带宽度，取0.4m，采用站台门时用 M 替代 b_α 值。

设置在站台层两端的设备和运营管理用房，可伸入站台计算长度内，但不得超过一节车辆的长度，侵入侧站台的计算宽度不应小于表2-1中规定的最小净宽，并应满足距梯口或通道口的距离不得小于8m的要求。

站台上的楼梯和自动扶梯宜纵向均匀设置，并应满足站台计算长度内任一点距最近梯口或通道口的距离不得大于50m的要求。

采用站台门系统的车站结构立柱可设在站台边缘，但必须满足限界和站台门设置及相应的监控要求。

距站台边缘400mm处应设不小于80mm宽的纵向醒目的安全线。采用站台门系统可不设安全防护宽度和安全线。

车站建筑各部位的最小宽度如表2-1所示。

车站建筑各部位的最小宽度　　　　　　　　　　　　　　表2-1

名称		最小宽度(m)
岛式站台		8
岛式站台的侧站台		2.5
侧式站台(长向范围内设梯)的侧站台		2.5
侧式站台(垂直于侧站台开通道口设梯)的侧站台		3.5
站台长度不超过100m且楼、扶梯不伸入计算长度	岛式站台	5
	侧式站台	3.5
通道或天桥		2.4
单向楼梯		1.8
双向楼梯		2.4
与自动扶梯并列设置的楼梯(困难情况下)		1.2
消防专用楼梯		1.2
站台至轨道区的工作梯(兼疏散梯)		1.2

3)站台高度

站台高度是指站台面距轨面的高度。站台按高度可分为低站台、中站台和高站台,其选择需要与车型匹配。一般将900mm高的站台称为高站台,650mm高的站台称为中站台,400mm高的站台称为低站台。

高站台的站台高度与车厢地板高度相同,一般适用于流量较大、车站停车时间较短的场合,对残疾人、老年人上下车很有利。考虑到车辆满载时弹簧的挠度,高站台的设计高度一般低于车厢地板面50~100mm。低站台适用于流量不大的场合。

车站建筑各部位的最小高度如表2-2所示。

车站建筑各部位的最小高度   表2-2

名称	最小高度(m)
站厅公共区(地面装饰层面至吊顶面)	3
地下车站站台公共区(地面装饰层面至吊顶面)	3
地面、高架车站站台公共区(地面装饰层面至风雨棚)	2.6
站台、站厅管理用房(地面装饰层面至吊顶面)	2.4
通道或天桥(地面装饰层面至吊顶面)	2.4
楼梯和自动扶梯(踏步面沿口至吊顶面)	2.3

除了上述主要参数外,车站其他设施,如通道、自动扶梯、检票口及人行道等,也需要满足一定的能力要求。

2. 车站大厅

车站大厅(简称站厅)的作用是将进出车站的乘客迅速、安全、方便地引导到站台乘车或使下车乘客迅速离开车站,因而它是一种过渡空间。一般地,站厅内要设置售检票及问询窗口等设施,其在一定程度上会形成乘客聚集,因此站厅要起到分配和组织人流的作用。站厅应有足够的面积,除考虑正常所需购票、检票及通行面积外,尚需考虑乘客短暂停留及特殊情况下紧急疏散的情况。

站厅的面积主要由远期车站预测的客流量大小和车站的重要程度决定,目前还没有固定的计算方法,一般根据经验和类比分析确定。

3. 售检票设施

售票可分为人工售票、半人工售票及自动售票三种。人工售票与半人工售票的尺度相同。半人工售票的方式为人工收费找零、机器出票,售票机是主要售票设备。人工售票亭、自动售票机数量按高峰小时进站客流量(上、下行)或出站客流量总量、超高峰小时系数和售检票机售检票能力计算。随着票务形式的改变和社会售票点的增多,如部分票面采用储值磁卡、公交IC卡等,售票点不局限于地铁车站内,可在地下商场或地面各便利店出售,这样站厅内的售票机(亭)数量将大大减少。

4. 楼梯及通道

自动扶梯和楼梯台数及宽度以出站客流乘自动扶梯向上到达站厅层考虑。根据目前的经济条件,楼梯及通道尺寸以向上出站客流乘自动扶梯、向下进站客流走楼梯(步行梯)的模式设置。在实际使用中,步行梯也有向上疏散客流的功能。在有条件设置上、下行自动扶梯的情况下,步行梯的宽度可适当调整,相当部分的进站客流将被自动扶梯分担,因此步行梯宽度将缩小。车站各部位的最大通过能力如表 2-3 所示。

车站各部位的最大通过能力　　　　表 2-3

部位名称		每小时通过人数(人)
1m 宽楼梯	下行	4200
	上行	3700
	双向混行	3200
1m 宽通道	单向	5000
	双向混行	4000
1m 宽自动扶梯	输送速度 0.5m/s	6720
	输送速度 0.65m/s	≤8190
0.65m 宽自动扶梯	输送速度 0.5m/s	4320
	输送速度 0.65m/s	5265
1m 宽自动扶梯停运作步行梯		2770
0.65m 宽自动扶梯停运作步行梯		1390
人工售票口		1200
自动售票机		300
人工检票口		2600
自动检票机	三杆式　　　非接触 IC 卡	1200
	门扉式　　　非接触 IC 卡	1800
	双向门扉式　非接触 IC 卡	1500

5. 车站照明设施

照明在城市轨道交通车站室内环境中起着相当重要的作用,它不仅能够保证城市轨道交通系统运行所需的照度要求,而且在光照艺术处理下,可增添人们对地下空间的亲和感。在城市轨道交通车站中,照明灯具按布置方式可分为整体照明、局部照明和灯箱照明。

整体照明是城市轨道交通车站照明的主要形式,它要考虑布置方式及照明灯具的形式,一般以长条形日光灯为主,具有较好的显色系数,也可组合其他形式的荧光灯和一些筒灯布置。灯具尽量以直接照明的方式布置,这样有利于提高光照效率和便于维修更换。灯具的布置形式要和顶面用材形式有机结合,这样才能取得较好的光照艺术效果。

局部照明是指特定视觉工作用的,为照亮某个局部而设置的照明。

灯箱照明在地铁中应用较多。广告灯箱的引进增加了车站的光照度,同时增添了车站内部的色彩和人文气氛。指示标识灯箱则是城市轨道交通车站功能的重要信息亮点,人们通过它的指引,可以安全无误地完成旅程。指示标识灯箱的艺术造型又是体现现代化地铁车站室内环境的元素之一。

6. 无障碍设计

为体现"以人为本"的设计理念，城市轨道交通车站内应实施无障碍设计。针对城市轨道交通车站位置的不同，可采取两种不同的设计方法：一种是车站位于道路地面以下，出入口位于道路的两侧，残疾人乘坐的轮椅可挂在楼梯旁设置的轮椅升降台下至站厅层，然后经设置于站厅的垂直升降梯下到站台；另外也可以直接在地面设置垂直升降梯，经残疾人专用通道到达站厅，然后经设置于站厅的垂直升降梯下到站台。对于盲人，设置有盲道，自垂直升降梯门口铺设盲道通至车厢门口。另一种是车站建于街坊内的地下，车站的垂直升降梯可直接升至地面，在地面直接设有残疾人出入口，以方便残疾人的使用。

7. 设备用房和管理用房

车站用房面积受组织管理体制、设备的技术水平等制约，变化较大。它一般根据工程的具体特点和要求，由各专业根据本专业的技术标准和设备选型情况，结合本站功能需要确定。

8. 风亭、风道及其他附属建筑物

风亭、风道及其他附属建筑物的面积取决于当地气候条件、环控通风方式、车站客流量等因素，由环控专业计算确定。风亭、风道的设置除要与周围环境相结合外，还应着重考虑内部的工艺流程，将尽可能多的设备安置在风道内，缩短地下车站的长度。

9. 车站防灾设计

车站防灾包括车站紧急疏散、车站消防和车站防洪（涝）。

(1) 车站紧急疏散

车站内所有楼梯、自动扶梯和出入口宽度总和应能满足远期高峰小时设计客流量在紧急情况下，6min 内将一列车满载乘客和站台上候车乘客（上车设计客流）及工作人员疏散到安全地区。此时车站内所有自动扶梯、楼梯均开上行，其通过能力按正常情况下的 90% 计算。垂直升降梯不计入疏散能力内。车站设备用房区内的步行梯在紧急情况下也应作为乘客紧急疏散通道，并纳入紧急疏散能力的计算。车站通道、出入口处及附近区域，不得设置和堆放任何有碍客流疏散的设备及物品，以保证疏散的畅通性。

(2) 车站消防

车站内应划分防火分区，中间公共区（售检票区或站台）为一个防火分区，设备用房各为一个防火分区。有物业开发区的车站，物业开发区为独立的防火分区。每个防火分区内设两个独立的可直达地面的疏散通道。所有的装修材料均按一级防火要求控制。

(3) 车站防洪（涝）

车站防洪（涝）设计按有关设防要求执行。地面车站应考虑防洪要求。

10. 车站装修

车站装修根据交通建筑的特点，即以速度、秩序、安全、通畅、易识别性等为前提，力求简洁明快，体现交通建筑的特色。装修设计既要考虑全线车站的统一性，还要有各自的个性。所选择的装修设计手法、材料、机理、色彩力求与地面环境、车站规模以及站内环境相协调，同时改

善地下封闭空间的沉闷和压抑感。

车站装修所运用的装修材料具有不燃、无毒、经济耐久及便于清洗的性能,在公共区人流集中的地方,同时具有足够的强度和抗冲击性。地面及楼梯装修材料采用防滑、耐磨材料。按需要在设备与运营管理用房及公共区考虑采用具有吸音、防潮性能的装修材料。

学习任务2　车站设备

知识重点

1. 城市轨道交通车站行车设备的基本组成、分类。
2. 城市轨道交通车站 AFC 系统的基本结构和功能。
3. 城市轨道交通车站站台门系统的分类、作用和控制方式。
4. 城市轨道交通车站站内客运设备的基本组成、故障处理。
5. 城市轨道交通车站火灾自动报警系统的基本构成和工作方式。
6. 城市轨道交通车站导乘设施的基本组成和功能。
7. 城市轨道交通车站电话系统的分类和功能。
8. 城市轨道交通车站闭路电视监视系统的基本组成和功能。

知识点1　行车设备

1. 线路

1)线路的分类

线路和车站是城市轨道交通系统的重要组成部分。城市轨道交通系统的线路按其在运营中的作用,可分为正线、辅助线和车场线。

(1)正线

正线是贯穿所有车站、区间,供列车日常运行的线路。正线包括车站正线和区间正线。车站两端墙间的线路称为车站正线,连接两相邻车站的线路称为区间正线。

(2)辅助线

辅助线是为列车提供折返、停放、检查、转线及出入段作业的线路,包括折返线、渡线、停车线、联络线。

①折返线。

折返线是在线路两端终点站(对于环线,也需要设两个终点站)或者准备开行折返列车的区间站设置的专供列车折返掉头的线路。

②渡线。

渡线是在上、下行正线之间(或其他平行线路之间)设置的连接线,通过一组联动道岔达到转线的目的。

③停车线。

停车线是一般设置在端点站,专门用于停车,并进行少量检修作业的尽端线。城市轨道交通线路运输量大、列车间隔小,为保障列车正常运行,每隔3~5个车站加设渡线或停车线。

④联络线。

联络线是城市轨道交通线路之间为调动列车等作业方便而设置的连接线路。

(3)车场线

车场线是指车辆基地(车辆段)内的各种作业线,包括检修线、试验线、洗车线。

①检修线。

检修线设在车辆基地检修库内,是专门用于检修轨道交通车辆的作业线,设有地沟,配有架车设备和检修设备。

②试验线。

试验线设在车辆基地,是用于对检修完毕的轨道交通车辆进行运行状态检测的线路。为达到必要的运行速度,试验线须有一定长度标准和平纵断面特点。

城市轨道交通线路的分类

③洗车线。

洗车线是用于清洗车辆的作业线。

2)线路的组成

城市轨道交通系统的线路与铁路的线路结构基本相同,由下部基础和上部建筑组成。

(1)下部基础

①路基。

路基采用取土填筑办法,按规定断面尺寸夯实形成。

②道床。

城市轨道交通系统采用无砟轨道结构较多,最普遍的结构为混凝土整体道床。

(2)上部建筑

①轨枕。

轨枕是承垫于钢轨之下,用于支承钢轨,并将钢轨压力和应力传递给道床的部件。

线路结构演示

②钢轨。

钢轨是轨道结构的主要组成部分,采用"工"字形宽底座断面,由轨头、轨腰、轨底组成。城市轨道交通正线宜选用60kg/m的重型钢轨,车场线一般选用50kg/m的钢轨。

③扣件。

扣件是用于连接钢轨与轨枕的零件,它主要是将钢轨固定在轨枕上,保持轨距并阻止钢轨纵横向移动,能起到减振作用。

2. 道岔

轨道交通车辆由一条线转向或越过另一条线路时的设备称为道岔。道岔由转辙器、连接部分、辙叉、护轨等组成。常见的道岔有以下几种,如图2-8所示。

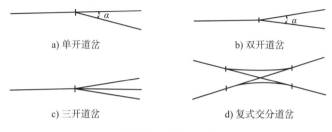

图2-8 道岔的种类

1) 单开道岔

单开道岔是指将一条线路分岔成两条线路,即一条直线(主线)、一条曲线(侧线)。

2) 双开道岔

双开道岔是指将一条线路分岔成两条不同方向的曲线线路。

3) 三开道岔

三开道岔是指沿一股直线钢轨(主线)对称分支,同时衔接的有三条线路,即一股直线钢轨、两股曲线钢轨。

4) 复式交分道岔

两条线路平面交叉,引渡列车由一条线路跨越另一条线路的设备称为交叉。在菱形交叉的两侧,各增添两副转辙器和一股连接曲线,就形成复式交分道岔。车辆通过交叉设备时,只能沿原线路继续运行,不能转线。

城市轨道交通线路的道岔

知识点2 AFC系统及有关设备

自动售检票系统(AFC)是以磁卡或智能卡为车票介质,利用自动售票机、半自动售票机、自动检票机、自动查询机等终端设备,通过计算机网络实现轨道交通运营中的自动售票、自动检票、自动收费、自动统计的封闭式票务管理系统。

1. AFC系统的基本结构

AFC系统通过对计算机技术、现代通信网络技术、自动控制技术、智能卡技术、大型数据库技术、传感技术、移动支付、统计和财务等专业知识的综合运用,大大降低了票务工作人员的劳动强度,减少了逃票现象的发生,使乘车收费更趋于合理,提高了地铁运营的效率和收益。同时,AFC系统还可以大大减少现金流通,避免人工售票、检票过程中产生的各种漏洞和弊端,并便于对客流量、运营收入等综合业务信息进行汇总分析,增强了客流分析预测的能力,提高了运营单位的经营管理水平。

城市轨道交通 AFC 系统一般有五层结构,如图 2-9 所示。第一层为清分系统层,第二层为各个线路中央计算机系统层,第三层为车站计算机系统层,第四层为车站终端设备层,第五层为车票层。当前 AFC 系统售检票支付形式变得更加智能化。2020 年,出于防疫安全考虑,各城市加大力度宣传推广非现金支付方式,提倡无接触购票和过闸,促进了扫码过闸成为主要乘车过闸的方式。在售检票支付形式上,乘客使用手机在售票机上扫码购票已经成为购票的主要方式,大大减少了现金的使用。AFC 专委会统计数据显示,截至 2021 年,虽然市场中大量存在使用储值票和移动支付方式过闸,但单程票还是有不小的数量,特别是在大城市和旅游热门城市。2021 年,全国各地单程票售出总量达 10.14 亿张。用手机扫二维码过闸机已经是主要的进站方式,2021 年各城市扫码过闸总量超过 67 亿人次,通过互联网支付或互联网方式购买实体票的总量超过 7.73 亿人次。

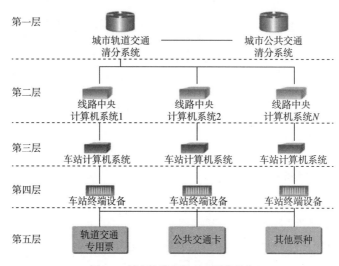

图 2-9　城市轨道交通 AFC 系统结构

1)清分系统层

清分系统层,即综合中央计算机系统层,安装在票务中心,其主要功能如下。
(1)统一 AFC 系统内的各种运行参数。
(2)对各线路上传的交易数据进行汇总、分析、处理,确保实现各运营线路的独立核算。
(3)向运营网络内各线路中央计算机系统下传清分数据、黑名单等信息。
(4)对线网内所有车票进行管理、编码、定义、分拣和调配。
(5)进行数据挖掘,辅助各业务部门进行分析决策。

> **拓展知识**
>
> **车票的编码和分拣**
>
> 车票的编码和分拣通过编码/分拣机实现。新采购的票卡需要通过编码/分拣机进行初始化处理后,才能投入使用。
>
> 车票编码是指对车票进行某种功能的批量处理,如初始化、预赋值、注销、更新等操作。车

票编码将改变车票内某一字段或某几个字段的数据。

车票分拣是指将一批车票按照某个或某几个特征值分开,分别存放到不同的票箱内。车票分拣操作一般不改变车票的内容。

2) 线路中央计算机系统层

线路中央计算机是各条线路 AFC 系统的管理控制中心,它安装在各线路的运营控制中心。其主要功能如下。

(1) 将需要清分的信息上传给清分系统,接收清分系统下传的清分数据和黑名单等信息。

(2) 采集线路内各车站计算机系统的交易数据和设备运营状态信息,进行财务和客流统计。

(3) 向车站计算机系统下传参数和控制命令。

3) 车站计算机系统层

车站计算机大都安装在车站 AFC 机房、车站控制室和车站票务室,一般由一台或两台工业级计算机、监视器、网络模块和紧急控制模块组成。其主要功能如下。

(1) 采集和储存车站终端设备的车票交易数据、寄存器数据、状态数据、收益管理数据和维护管理数据等,并将数据上传给线路中央计算机系统。

(2) 接收和储存线路中央计算机系统下达的系统运行参数和控制指令,并下传至车站终端设备。

(3) 实时监控车站自动售检票系统设备和网络运行情况,具有系统自动诊断、设备控制、故障告警等功能。

(4) 对本车站的客流、车票和现金收益进行统一管理,具有报表统计分析、相关业务查询、报表打印等功能。

(5) 负责车站级系统参数的维护和系统运作模式的控制。

(6) 紧急情况下,可按下紧急按钮或通过操作车站计算机来启动紧急运行模式,控制车站所有进、出站闸机,便于乘客快速疏散。

4) 车站终端设备层

车站终端设备是指安装在各车站的站厅、直接为乘客提供售检票服务的设备。其主要功能包括进/出站自动检票、车票发售、补票、充值、车票查询,接收车站计算机系统下达的命令、参数和文件,存储所有交易数据并将其上传到车站计算机系统。

5) 车票层

车票是乘客进出站的凭证,其形式主要有单程票、储值票两大类。

2. AFC 系统有关设备

1) 自动售票机

自动售票机(Ticket Vending Machine,TVM)位于车站的非付费区,乘客可以选择用现金(纸币、硬币)或有足够余值的储值票(一卡通)在自动售票机上购买不同票价的单程票以及对储值票(一卡通)进行加值。

(1) 自动售票机的基本功能

自动售票机的基本功能是通过乘客的自助式操作完成自动售票。乘客自助购票的基本过程包括购票选择、接收购票资金、自动出票及找零等过程,必要时还可以打印购票凭证等。自动售票机的主要功能包括:

①接收乘客的购票选择,并在购票过程中给出提示信息及操作指导。

②接收乘客投入的现金(或储值票、信用卡等其他付费介质)并自动完成识别,对无法识别的现金(或储值票、信用卡)予以退还。

自动售票机功能演示

③自动计算乘客投入的现金金额及购票金额,自动找零。

④自动完成车票校验、车票发售及出票。

⑤接收车站计算机系统下发的参数和控制命令,并执行相应的操作。

⑥存储并上传交易信息。

⑦对本机接收的现金及维护操作进行管理。

⑧在与车站计算机系统通信中断时,能继续工作并保存数据,而且能在通信恢复后自动上传未传送的数据。

(2) 自动售票机的工作模式

自动售票机主要有五种工作模式。在相应的工作模式下,运行状态显示屏和乘客显示器上会有明显的提示信息。一般来说,自动售票机的各种工作模式可以通过自动售票机本身或车站计算机系统进行设置与切换。

①正常服务模式。

在该模式下,自动售票机具有完整的售票和找零功能。

②降级服务模式。

在该模式下,自动售票机可以提供服务,但部分功能不能使用。降级服务模式主要包括无找零模式、只收硬币模式、只收纸币模式。在降级服务模式时,自动售票机会自动将此信息上报到车站计算机系统。

③暂停服务模式。

当自动售票机出现故障不能售票时,自动售票机会自动转换为暂停服务模式,并将信息上传至车站计算机系统。

④维修模式。

该模式可通过自动售票机内部维护面板或移动维护终端进行设置。在该模式下,自动售票机停止售票服务。

⑤关闭服务模式。

当接收到线路中央计算机系统、车站计算机系统启动关闭运行模式指令时,或每天运行结束后,自动售票机自动转换为关闭服务模式。在该模式下,自动售票机停止车票发售,并进入节能状态,但仍保持与车站计算机系统的通信连接状态。

2) 自动检票机

自动检票机(Automatic Gate, AG),是实现乘客自助进出站检票交易的设备。

（1）自动检票机的分类

①进站检票机。

进站检票机设置在车站的入口处，用于对进站乘客所持车票的有效性进行检查和判断，并作出相应的处理或发出相应的警告和提示。

②出站检票机。

出站检票机为乘客出站检票使用，可对出站乘客所持车票的有效性进行检查和判断，并作出相应的处理或发出相应的警告和提示。

③双向检票机。

双向检票机同时具备进站检票机和出站检票机的功能，可根据运营需要，通过车站计算机系统本地操作对其功能进行设定。

（2）自动检票机的功能

自动检票机的基本功能是对乘客所持的车票进行检验，并完成进站或出站的交易处理。进入付费区时检查车票的合法性并记录进入的地点和时间；离开付费区时检查车票和进站信息的合法性及付费区内的停留时间，完成车票扣款操作。自动检票机的主要功能如下：

①自动对车票进行有效性检验，对有效车票进行相应处理后放行乘客，对持无效车票的乘客拒绝放行；

②对车票处理结果给出明确的提示信息；

③对通道的通行状态给出明确的指示；

④对特殊车票的使用给出明确的提示；

⑤对需要回收的车票执行回收操作；

⑥对各部件的工作状态进行自动监测，并向车站计算机系统上报工作状态；

⑦存储并上传交易信息；

⑧接收紧急按钮信号并控制设备的操作。

自动检票机功能演示

（3）自动检票机的工作模式

自动检票机根据具体情况可设置成不同的工作模式，其工作模式有：紧急打开、正常进出、进出码免检放行、超时乘车免检放行、车费免检放行、时间免检放行、日期免检放行、退出服务以及测试模式。

3）半自动售票机

半自动售票机（Booking Office Machine, BOM）通常安装在售补票亭或车站乘客服务中心内，用于现场人工辅助发售、赋值有效车票，具有售票、补票、退票、查询、更新等功能。

①车票发售功能。

可以发售单程票、储值票、纪念票等各种票卡。

②车票分析功能。

对车票的有效性进行分析，查询历史交易记录和车票状态等。

半自动售票机功能演示

③票务处理功能。

对无法正常进出站的车票进行票务更新,发售进出站票,受理车票挂失、车票续期等其他服务。

④接收车站计算机系统下达的各种参数及指令,同时向车站计算机系统上传交易数据。

⑤具有离线(在线)状态自动检测切换的能力。

4) 验票机(TCM)

(1) 固定式验票机

固定式验票机安装在非付费区,用于给乘客检查车票的余值、有效使用时间等。乘客把车票靠近固定式验票机的读卡区,车票的信息将被读卡器读入,并将车票类型、剩余票值、有效日期和车票最近的几次交易记录(由系统设定交易次数的显示)显示在液晶屏上,这些信息将在液晶屏上保留若干秒(由系统设定)。如果车票无效,TCM 就会指示乘客到售票处查询。

(2) 便携式检票机

便携式检票机(又称手持式检票机,PTCM)多用于车站出现大客流或自动检票机出现故障的情况,具有验票和检票功能。在使用过程中需要设置付费区或非付费区。一般来说,由工作人员通过功能键进行费区切换,完成验票、进站检票、出站检票功能。

知识点3 站台门系统

站台门(Platform Screen Doors,PSD),是指安装在站台边缘,将列车运行区域和站台候车区域隔离开的一套机电设备系统。

早在 20 世纪 60 年代,彼得格勒(现俄罗斯圣彼得堡)的地铁系统已采用类似站台门的钢门来保证乘客的安全。随后 1983 年法国自动捷运系统(VAL)的里尔地铁(Lille Metro)为列车站台特别定制自动滑门,成为世界上最早安装玻璃站台门的地铁系统。其后,欧洲及亚洲多个地区的地铁系统相继采用站台门,站台门系统成为当时地铁系统的安全标准之一。

我国较早安装站台门系统的是广州地铁 2 号线,随后,上海、深圳、天津、北京等城市的地铁也安装了站台门。

1. 站台门的分类

从各国安装的站台门类型来看,主要有全封闭型和半封闭型两种。

1) 全封闭型站台门

全封闭型站台门

全封闭型站台门是自上而下的玻璃隔墙和活动门,沿着车站站台边缘和两端头设计,把站台候车区与列车进站停靠区分隔开,是具有密封性能的站台门,如图 2-10 所示。这种类型的站台门也称屏蔽门,多用于天气较炎热地区地铁线路的地下车站,主要功能是提高车站站台的安全性,降低能耗及加强环境保护。

图 2-10　香港地铁全封闭型站台门

2) 半封闭型站台门

半封闭型站台门是不封顶的玻璃隔墙和活动门,有全高和半高两种形式。

(1) 全高站台门

全高站台门的门体高度超过人体高度,门体顶部与站厅顶部之间有一段不封闭空间,不具有密闭性能,一般用于地下车站,如图 2-11、图 2-12 所示。与全封闭型站台门相比,两者结构基本相同,只是全高站台门的上部不封闭。

图 2-11　北京地铁全高站台门　　　　图 2-12　沈阳地铁全高站台门

(2) 半高站台门

半高站台门的门体高度不超过人体高度,不具有密闭性能,一般用于地面车站和高架车站,如图 2-13、图 2-14 所示。图 2-13 为香港迪士尼线的半高站台门,为了不遮挡米老鼠车窗,其站台门高 1.1m,并后退了 30cm。

全高站台门　　　半高站台门

图 2-13　香港迪士尼线半高站台门

图 2-14　北京地铁 13 号线半高站台门

> **· 拓展知识 ·**
>
> ## 定　位　门
>
>
> 定位门
>
> 　　在早期的一些未安装站台门系统的地铁中，为方便乘客在固定的位置候车，尽快上下车，会在站台上安装半高型玻璃门作为定位门，规范站台乘车秩序。图 2-15 为韩国地铁定位门。
>
> 　　请思考：
>
> 　　定位门的主要作用是什么？能起到安全防护的作用吗？
>
>
>
> 图 2-15　韩国地铁定位门

2. 站台门的作用

（1）列车进站时配合列车车门动作打开或关闭滑动门，为乘客提供上、下列车的通道。

（2）隔断了站台侧公共区空间与轨道侧空间，从而消除了人员跌落轨道的安全隐患以及列车司机驾车进站时的心理恐慌。

（3）隔离了列车运行时所产生的噪声、活塞风，保证了站内乘客有良好的候车环境。

（4）避免了活塞风造成的站内空调冷量的损失，节省了运营成本。

（5）减少了设备容量及数量、土建工程量等投资建设成本，产生了良好的经济效益。

3. 站台门的控制方式

站台门的控制系统主要由中央接口盘(PSC)、就地控制盘(PSL)、就地控制盒(LCB)、远程监视设备(PSA)、门控单元(DCU)、通信介质及通信接口等设备组成。一般来说,除线路两端车站外,其余车站均设有中央接口盘,用来控制站台两侧所有的站台门。每侧站台门都有一套独立的逻辑控制子系统,确保一侧站台门的故障不影响另一侧站台门的正常运行。

站台门的控制有系统级控制、站台级控制和手动级控制三种形式,其中以手动级控制为最高优先级,系统级控制为最低优先级。

1) 系统级控制

系统级控制是指信号系统通过中央接口盘来控制站台门。PSC 由单元控制器和监视系统构成。每个单元控制器控制一侧站台,各单元控制器都配备有与相应侧信号系统进行接口的设备。监控主机监视站台门系统,接收和发送站台门的信息。

2) 站台级控制

站台级控制是指通过两侧站角的就地控制盘或者通过综合后备盘(IBP)上的站台门开关对站台门施行的紧急控制。就地控制盘如图 2-16 所示。

图 2-16 就地控制盘

(1) 就地控制盘

每侧站台的发车端均设置 PSL,安装在端门内,供列车司机在驾驶室瞭望或离开驾驶室进行操作。就地控制盘上一般设有关闭锁紧状态指示灯、互锁解除状态指示灯、互锁解除钥匙开关、开关门钥匙开关等。

①关闭锁紧状态指示灯。该指示灯用来提醒司机所有站台门是否关闭且锁紧。一般来说,当所有门单元关闭并锁紧时,该指示灯亮;否则,该指示灯将熄灭。

②互锁解除状态指示灯。当强制执行互锁解除钥匙开关时,该指示灯被点亮。

③互锁解除钥匙开关。此开关为自动复位的钥匙开关,即当转动的力释放后,钥匙通过自动复位功能自动回到正常位置。操作互锁解除钥匙开关,可将"互锁解除"信号送到信号系统,信号系统发送强制发车信号,允许列车离站,一般在站台门故障时使用。

④开关门钥匙开关。该开关设有开门位、关门位等挡位,通过旋转开关到达各自位置,可以向该侧所有滑动门发出开/关门命令。

(2）综合后备盘

IBP 以每侧站台门为独立控制对象，一般设在车站控制室内。在车站发生紧急情况时（如火灾），可以操作 IBP 上的开门按钮打开滑动门，该命令属于紧急状态下的紧急开门命令，优先级高于 PSL 控制和系统级控制。正常情况下，站台门打在自动位。

3）手动级控制

手动级控制也称就地控制，是通过每个门单元的 LCB 来进行开关门操作或者由工作人员通过钥匙进行开关门操作。

每个滑动门都配有一个就地控制盒，便于工作人员就地操作。就地控制盒一般设"自动""关门""开门""隔离"四位钥匙或设"自动""隔离""手动"三位钥匙。以三位钥匙为例，当转换开关处于"手动"位置时，维修人员可操作站台门顶箱内的开关门按钮进行手动操作；当转换开关处于"自动"位置时，允许门控单元接收中央接口盘的开门命令与关门命令；当转换开关处于"隔离"位置时，单个滑动门单元与系统隔离，隔断本单元的电力供应，其不影响整个系统的正常工作，便于维修。如果是四位钥匙，当转换开关处于"开门"或"关门"位置时，门控单元不执行来自中央接口盘的命令。

知识点 4　站内客运设备

1. 电梯

电梯是一种垂直运送人或物的起重机械。在城市轨道交通车站，电梯主要为携带大、重行李的乘客和残疾人提供服务。

1）电梯的安全保护装置

（1）安全回路

在电梯运行前必须关紧轿门；如果厅门锁或轿门锁的任何安全开关被打开，轿厢会自动停止运行。

（2）紧急通信装置

紧急通信装置安装在轿厢内部，按下按钮，可以和车站控制室工作人员取得联系。

（3）安全靴和照片传感器

如果碰到障碍物，电梯门会重新打开。由于电梯有照片传感器，即使没有碰到任何东西，检验到有障碍物时，电梯门也会自动打开。

（4）超载装置

该装置是为防止电梯超载而设置的。当电梯超载时，会发出警报声，提示电梯超载，以保障乘客安全。

（5）安全钳

若轿厢向上、下运行时出现断绳、打滑、超速、失控情况，限速器会断开安全钳开关，切断曳引机电源使之制动，并拉起安全钳拉杆使安全钳钳头卡住导轨，防止轿厢下坠。

（6）缓冲器

缓冲器是电梯最后一道安全保护装置，当电梯失控撞向底坑时，能吸收和消耗电梯的能量,使其安全减速停在底坑。

2)电梯常用的运行模式

(1)自动运行模式

自动运行模式是城市轨道交通车站电梯最常用的一种运行模式,轿厢内操作板和门厅呼叫按钮都可以控制电梯。

(2)司机操作模式

司机操作模式是指有专门的运行员在电梯内运行电梯的模式,在该种模式下,电梯运行方向可以改变,由操作者通过呼叫登记。

(3)独立运行模式

在独立运行模式下,将取消所有的门厅呼叫,只可以在轿厢内控制。当电梯停稳时,门会自动打开。但若要关闭门,需要按住操作板上的"关闭"按钮,直到轿门完全关闭,如果在门关闭期间松开按钮,门会重新打开。

(4)消防运行模式

在消防运行模式下,所有的轿厢和门厅呼叫都会被取消,电梯将自动行驶到车站疏散层,开门放人后停运,直至消防运行模式恢复。

3)电梯发生故障时的救援

当系统错误或者断电时,如有乘客被困在电梯轿厢内,就需要进行紧急营救。紧急营救必须由受过电梯紧急营救培训的人员进行。作为车站工作人员,主要任务是安抚乘客和配合救援。具体做法如下。

(1)接到求救信息后要与乘客沟通,确认电梯内人员数量和人员情况,上报故障报警中心,并提醒乘客在接到指示之前不得进行任何操作(如扒开轿门等)。

(2)通过电梯内的通信装置稳住乘客情绪,注意与乘客沟通,安慰乘客,让乘客保持镇静,并告知乘客维修人员将马上进行维修。

(3)故障电梯应立即停用,并在厅门前放置暂停服务牌。

(4)等待专业救援人员进行维修和救援。

2. 自动扶梯

自动扶梯是带有循环运动梯路向上或向下倾斜输送乘客的固定电力驱动设备,一般采取小于或等于30°的倾角。自动扶梯具有连续输送功能,能够在短时间内输送大量旅客,每座车站应至少有一个出入口设上、下行自动扶梯,站台至站厅应至少设一处上、下行自动扶梯。其主要特点有:输送能力大,生产效率高;可设置上下行,满足不同需要;在断电和电源故障时,可作普通楼梯使用。如果自动扶梯发生了机械故障,则不能作为普通楼梯使用。

1)自动扶梯的结构

自动扶梯的外部结构主要包括扶手带、旁板、围裙板(也称保护裙板)、梯级、梳齿板和踏板。

2)自动扶梯的日常操作

(1)日常启动

①启动前的检查。

检查自动扶梯踏板、扶手带、梳齿板和保护裙板部分,除去夹在里面的碎纸、小石子、口香糖等。确认自动扶梯周围的安全设施(三角区护板、围挡、防止进入的栅栏、安全提示标志等)有无破损等异状。

②启动时的要点。

a.确认自动扶梯梯级或踏板上没有乘客。

b.鸣响警笛提醒周围人自动扶梯即将运转不要靠近。

c.用钥匙启动自动扶梯,自动扶梯运行。

d.观察有无异常声响和振动,确认正常后,乘坐一次。

(2)日常停止

每天运营结束后都需要停止自动扶梯的运行,具体要点如下:

①在停止自动扶梯之前,须确认有无异常声响或振动。

②打开通知自动扶梯停止的警报开关鸣响警笛,不要使人进入自动扶梯的乘梯口。

③在确认自动扶梯附近或自动扶梯踏板上无人后再用钥匙停止自动扶梯。

④一天的运行结束后,要认真检查自动扶梯踏板、扶手带、梳齿板和保护裙板并清扫。为防止将停止中的自动扶梯当楼梯用,应采取措施,用栅栏等挡住乘梯口以防有人进入。

(3)日常检查

根据城市轨道交通运营企业的相关规定,车站工作人员需要对自动扶梯进行定期检查和日常巡查,检查项目主要包括以下几类:

①紧急停梯按钮。

检查按下按钮,自动扶梯是否停止(定期测试)。

②梯级。

检查是否有异物,螺钉是否松动,梳齿板及梯级面板是否有断裂或者损伤。

③乘客舒适感。

检查乘搭时,是否感觉自动扶梯运行顺畅、平稳且安静,检查扶手带和梯级是否同步。

④扶手带。

检查是否异常膨胀或老化,是否附有口香糖,有无污垢,如有则擦拭干净。

(4)紧急停梯操作

出现异常状况时,可以启用紧急停梯按钮,让自动扶梯停止运行,在按下按钮之前,应先大声通知乘客"紧急停止,请抓住扶手"。紧急停梯按钮大都设置在自动扶梯的下方,以防乘客误操作。如果自动扶梯距离较长,有时会在其中间设置一个紧急停梯按钮。

3)自动扶梯常见问题处理

自动扶梯常见的故障有卡异物、异常停梯、反转、异响、漏油等。无论发生何种故障,都需要专业维护人员到现场进行维护和处理,作为车站的站务人员只需进行必要的配合即可。自动扶梯常见问题处理方式如下。

(1)当发现自动扶梯有异响、运行异常时,应及时关闭自动扶梯。

(2)若出现自动扶梯急停,要立即到现场查看是否有乘客受伤,是否有异物。确认符合开放条件后方可重新启动。

(3)当故障发生时,现场的工作人员必须保证及时停梯并疏散自动扶梯上的乘客。

(4)若自动扶梯无法启动,可用钥匙多试几次,若仍无法启动,则应报机电人员维修,报告故障自动扶梯编号和故障现象。

（5）当自动扶梯停止使用时,要在自动扶梯出入口位置设置相应的提示牌和安全围栏(上、下方都需要设置),并向乘客做好宣传解释工作。

（6）自动扶梯不能使用,将导致步行梯或通道的压力增加,在重点时段,要在通道、站厅等位置提前对客流进行控制。

（7）当客流压力很大时,可将自动扶梯临时作为步行梯使用,但由于自动扶梯梯阶较高,故需提醒乘客注意。

自动扶梯

课堂交流

1. 请同学们收集近年来发生的地铁电梯、自动扶梯事故,分析地铁电梯、自动扶梯发生事故的原因。

2. 针对事故发生的原因进行分析,作为车站工作人员可以采取哪些措施来减少事故的发生?

3. 自动人行道

自动人行道是一种循环运行的(板式或带式)走道,为水平或倾斜角度不大于12°的输送乘客的固定电力驱动设备(图2-17),具有连续工作、运输量大、水平运输距离长的特点。在城市轨道交通车站中常有采用,比如客流量比较大的换乘站的换乘通道中,往往安装自动人行道来迅速疏散乘客。自动人行道没有像自动扶梯那样阶梯式梯级的构造,结构上相当于将梯级拉成水平(或倾斜角不大于12°),且结构较自动扶梯简单。

自动人行道功能演示

图2-17　北京地铁13号线与5号线换乘通道里的自动人行道

4. 轮椅升降机

轮椅升降机是安装于车站站台到站厅和地面到站厅步行梯一侧,提供给坐轮椅的乘客上下楼梯使用的设备,主要由轮椅平台、驱动机、导轨、控制柜、充电装置、低电源蜂鸣器、安全装置组成,类似一个简易的小电梯。轮椅升降机弥补了部分车站无垂直电梯或垂直电梯不能到达地面的不足,如图2-18所示。

轮椅升降机的导轨是镶嵌在通道出入口的墙壁上的,随着楼梯的坡度向下或向上延伸,一直下到地下或升到地面。轮椅升降机在不使用时可以折叠起来靠着墙壁放置,不会占用通道出入口处的空间。

图 2-18 轮椅升降机

轮椅升降机功能演示

轮椅升降机设置处宜设置摄像监视装置,接受环控系统的监视,并应设置与车站控制室可视对讲的装置。乘客如需使用,须呼叫车站工作人员进行操作。乘坐轮椅的残障人士在使用时,轮椅四个轮子可以被固定在台板上,按动开关后就可以控制轮椅升降机运行,安全方便。

知识点 5　火灾自动报警系统

火灾自动报警系统(FAS)是城市轨道交通重要的安全设施之一,对地铁消防起着至关重要的作用。

1. 地铁火灾的特点

火灾会产生大量的烟、有毒气体、有毒物质和热辐射。地铁客流量大、设备集中,车站大都为地下车站,这给火灾的扑救带来了很大的困难。具体有如下三个方面的特点。

(1)排烟困难、散热慢

根据国内外资料,因地铁火灾造成的人员伤亡,绝大多数是烟雾中的有毒气体熏倒、中毒或窒息所致,所以,有效排烟已成为地铁火灾救援的重要措施。地铁车站大都为地下车站,无法通过开启门窗进行散热和排烟。由于烟的迅速聚集,有限的人员出入口会变成"烟囱",热烟运动方向与人员疏散方向一致,而通常烟的扩散速度比人群疏散速度快得多,致使乘客无法逃脱烟气流危害。

(2)安全疏散困难

发生火灾时,各种可燃物质燃烧会产生大量烟气和有毒气体(如一氧化碳等),不仅严重遮挡视线,使能见度大大降低,还会使人中毒、窒息。由于车站站内结构复杂多样,乘客疏散距离长,路径复杂,再加上乘客逃生意识差、人员拥挤等,地铁内火灾疏散变得更加困难。

(3)扑救困难、危害大

地下车站发生火灾时,一般只能看见浓烟从出口冒出,无法确切知道火灾究竟发生在哪一个区域,消防人员对火灾大小无法判断,再加上车站结构复杂,不易接近着火点,就容易造成扑救困难。

2. 火灾自动报警系统的构成

城市轨道交通的火灾自动报警系统主要由火灾探测设备、手动报警设备、火灾报警控制器、消防及控制设备、气灭系统组成。火灾自动报警系统对地铁车站(公共区、设备区、设备房、电缆廊道等)、区间隧道、控制中心、车辆段、停车场等进行全范围监控。

FAS系统的构成——探测与报警设备

(1) 火灾探测设备

火灾探测设备是指可以根据火灾参数触发火灾报警信号的设备。它主要包括智能光电感烟探测器(图2-19)、智能感温探测器(图2-20)、线形感温电缆、红外对射式感烟探测器(图2-21)、红外火焰探测器(图2-22)等。火灾探测设备分布在站厅、站台、一般设备用房和运营管理用房等,对保护区域进行火灾监视。

图2-19　智能光电感烟探测器　　　　图2-20　智能感温探测器

图2-21　红外对射式感烟探测器　　　　图2-22　红外火焰探测器

(2) 手动报警设备

手动报警设备主要包括手动报警按钮(图2-23)、消火栓报警开关(图2-24)、消防电话(图2-25)等。在站厅层、站台层、出入口通道、设备区等区域均设有手动报警按钮。报警区域内每个防火分区,至少设有一个手动报警按钮。从一个防火分区内的任何位置到最邻近的一个手动报警按钮的步行距离不大于30m。在上述区域内,若设有消火栓箱,则手动报警按钮一般安装在靠近消火栓箱处,明显可见。

图 2-23　手动报警按钮

图 2-24　消火栓报警开关

图 2-25　消防电话及消防电话插孔

> **拓展知识**
>
> **防 火 分 区**
>
> 　　防火分区是指采用具有一定耐火能力的分隔设施划分出的、能在一定时间内防止火灾向同一建筑的其余部分蔓延的局部区域。常用的防火分隔物有内外墙体、楼梯、防火墙、防火门、防火卷帘、防火水幕等。

(3) 火灾报警控制器

火灾报警控制器是火灾自动报警系统的指挥中心,它可以接收火灾探测设备、手动报警按钮的报警信号,并将其转换为声光报警信号,提示报警部位,记录报警信息。火灾报警控制器设在车站控制室内,如图 2-26 所示,一般有"手动"和"联动"两个挡位。

(4) 消防及控制设备

①消防设备。

消防设备主要包括消火栓系统、灭火器、防火卷帘、防火门、防烟排烟系统、空调通风系统等,如图 2-27 ~ 图 2-31 所示。其中,消火栓是消防供水设施的终端,在灭火时提供较高压力的水源供直接灭火或为消防车供水。灭火器是在火灾初期用来灭火的设备。防火卷帘、防火门等是用来划分防火分区的设备。

FAS 系统的构成——监控及消防设备

图2-26 火灾报警控制器

图2-27 消火栓机柜

图2-28 灭火器箱

图2-29 灭火器

图2-30 防火卷帘

图2-31 排烟风机

②控制设备。

控制设备主要包括室内消火栓系统的控制装置、防烟排烟系统及空调通风系统的控制装置。此外，还包括常开防火门、防火卷帘的控制装置，电梯回降控制装置，以及火灾应急广播、消防通信设备、火灾应急照明与疏散指示标志的控制装置等的部分或全部。

（5）气灭系统

城市轨道交通采用的气灭系统，主要包括卤代烃类气体灭火系统和惰性气体灭火系统。气灭系统大都安装在重要电气设备房内，由机械管网部分和控制系统部分组成。机械管网部分主要包括气瓶（图2-32）、管道、喷嘴、瓶头阀、选择阀等；控制系统部分主要包括控制主机和气体灭火控制器（图2-33）。一般来说，车站重要电气设备房外都会设置气体灭火控制器，用来控制该设备房内的气灭设备。

图2-32　气灭系统中的气瓶

FAS系统的构成演示

图2-33　气体灭火控制器

当气灭系统保护区的火灾探测设备探测到火灾参数时，车站控制室内火灾报警控制器报警，工作人员须赶往现场查看火灾情况。如火灾属实，则需按下设备房外紧急启动按钮，气灭系统喷气灭火。有些地铁车站的气灭系统在启动30s左右之后才开始喷气，主要是为了防止设备房内工作人员窒息和气灭系统的误启动。

3. 火灾自动报警系统的控制模式

城市轨道交通的火灾自动报警系统一般为两级管理、三级控制模式。两级管理是指在地铁运营控制中心设置消防指挥中心，在各车站、车辆段、主变电所等处设置防灾控制室；三级控制为中央级、车站级及就地级控制。

4. 火灾自动报警系统的工作过程和火灾确认方式

1) 车站火灾自动报警系统的工作过程

（1）当火灾探测设备探测到火灾参数或手动报警设备被触发时，车站控制室内的火灾报警控制器会发出声光报警。

（2）车站工作人员听到报警后应第一时间派人去现场确认火情。

（3）如火灾属误报，则切断报警。

（4）如火灾属实且火势较大或无法控制，则根据需要在火灾报警控制器上确认火灾，启动消防联动，如图2-34所示。消防联动是指在火灾模式下通过某种方式（自动化系统程序或者消防联动控制盘）启动相应的一系列消防措施。

2) 车站火灾自动报警系统的火灾确认方式

（1）车站控制室内的火灾报警控制器会发出声光报警。

（2）车站工作人员听到报警后应第一时间派人去现场确认火情。

（3）如火灾属误报，则切断报警。

（4）如火灾属实且火势较小，一般使用灭火器现场灭火。

（5）在火势较大或无法控制时启动消防联动，如图2-35所示。

车站级FAS火灾确认程序

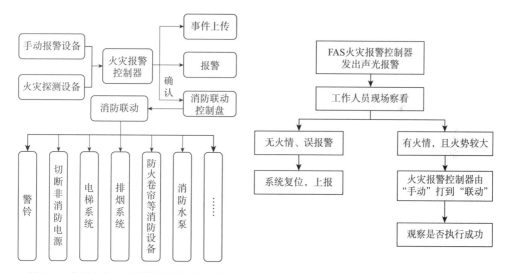

图2-34 车站火灾自动报警系统的工作过程　　图2-35 车站火灾自动报警系统的火灾确认方式

知识点6　导乘设施

导乘设施的主要功能是引导乘客安全、顺畅、快速地完成城市轨道交通乘车活动，避免乘客滞留引起车站拥堵。在紧急疏散时，导乘设施还可以清晰地引导乘客顺利离开危险区。导乘设施主要包括导向标志系统、广播系统和乘客信息系统。

1. 导向标志系统

1）导向标志的分类

城市轨道交通车站导向标志由反映特定服务信息内容的图形、文字、符号、颜色、几何形状等元素组成。按照导向标志功能的不同，可分为方向性标志、示警性标志和服务性标志。

（1）方向性标志

方向性标志是明示目的地前进方向的标志。在地铁车站内，任何一处可能使乘客产生疑惑的分岔处均要设置一种或多种明确的方向性标志。此外，在电梯、出入口、售票处、检票处、卫生间等有特殊用途的地方也需要设置方向性标志，如图 2-36 所示。

图 2-36　方向性标志

（2）示警性标志

示警性标志是提醒乘客有危险或禁止乘客不合理行为的标志。在有安全隐患的地方或需要禁止乘客某种行为时，均会设置一种或多种明确的示警性标志，如自动扶梯三角区的"小心碰头"，站台上的"禁止倚靠站台门""禁止吸烟""当心触电"等。示警性标志如图 2-37 所示。

图 2-37　示警性标志

（3）服务性标志

服务性标志主要包括地铁线路图、车站周围公共设施（如停车场、公交站点、商业设施等）的导向标志等。服务性标志如图 2-38 所示。

图 2-38　服务性标志

2）导向标志的设计原则

（1）位置适当原则

导向标志应当设置于容易看到的位置，方便乘客看到和做出选择。导向标志设置常见的错误包括：

①导向标志的位置过低，在地铁客流量高峰时，乘客无法看到导向标志。

②导向标志被地铁内其他设备遮挡，乘客看不到导向标志。

③导向标志和广告、商业标志放在一起，乘客看不清导向标志。

（2）连续性原则

连续性原则是指连续地设置导向标志，加强乘客的认知与记忆。地铁车站通道长、方向多，导向标志需要连续设置，指导乘客到达目的地，其间不能出现标志视觉盲区。除此之外，各标志之间的距离要适当安排，过长则视线缺乏连贯及序列感，过短则会造成视觉过度紧张，可视性差。在无岔路的直通道，一般 20～30m 应重复设置一次，以免乘客产生"是否正确"的疑问。这样对城市轨道交通车站不熟悉的乘客就可以一直看到标志，并知晓自己的方向是否正确。

（3）一致性原则

一致性原则是指导向标志要尽量设置在相同位置。例如固定在天花板上的方向性标志，无论是同一个车站，还是一个城市所有的车站如无特殊情况都应设置在一致的位置，这样乘客就不需要搜寻整个空间，而只需注视部分固定的区域即可，省去了寻找标志的麻烦。

（4）安全性原则

车站在发生火灾时，烟雾积聚会遮挡部分导向标志，所以在疏散通道应设置发光的疏散导向标志，这样能对安全疏散起到很好的辅助作用。

2. 广播系统

广播系统是将各种语音信息传送到用户的一种通信方式，它具有快速响应的能力。城市轨道交通中使用的广播系统不同于大型娱乐中心、铁路车站、民航机场等地的广播系统，它可以通过控制中心的操作终端指挥整条线路的广播，使整条线路上的每个车站的广播系统既独立又成为统一的整体。

1）广播系统的分类

根据广播对象的不同，广播系统可分为对乘客广播和对运营人员广播。

(1)对乘客广播

对乘客广播主要作用是向乘客及时通报地铁运行信息(如列车到站、离站、线路换乘等),播放音乐改善候车环境,紧急情况时组织、疏散和安抚乘客。

(2)对运营人员广播

对运营人员广播主要作用是发布有关通知,紧急召唤检修、抢修人员等。

2)广播系统的优先级

广播系统由控制中心和车站两级控制。正常情况下以车站广播为主;在事故抢险、组织指挥时,以控制中心广播为主。控制中心广播优先级高于车站广播。

(1)控制中心广播

控制中心工作人员可以通过控制中心广播控制终端对全线任意一个车站或多个车站、任意车站的任一选区或多个选区进行话筒、语音、线路等广播。其中,控制中心广播的优先级顺序是环控调度员高于行车调度员,行车调度员高于维护调度员。

(2)车站广播

车站工作人员可以通过车站广播控制终端对本站所有管辖范围的全选区、多个选区或单个选区进行话筒、语音、线路广播和背景音乐广播。车站广播终端设备设置在车站控制室内。车站广播包括现场广播和预先录制广播。其中预先录制广播又包括紧急广播、最后班车广播、服务中止广播、站台自动广播、背景音乐广播等。

3)广播用语

在运营过程中遇到特殊情况时,工作人员需要进行现场人工广播来发布实时信息。常见的特殊情况及其广播用语如下。

(1)运营延误。广播用语是:"由于设备故障,本次列车的运营将受到延误。由此给您带来的不便,敬请原谅。"

(2)列车退出服务,到站清客。广播用语是:"各位乘客,本次列车将停止运营服务。请您携带好随身物品,在站台等候下次列车,谢谢您的合作。"

(3)区段运行(短交路)。广播用语是:"各位乘客,本次列车的终点站是××站,请去往××方向的乘客等候下次列车,谢谢您的合作。"

(4)列车通过车站不停车。广播用语是:"本次列车将在××站通过不停车,去往××站的乘客请在站台等候后续列车。由此给您带来的不便,敬请谅解。"

(5)封站。广播用语是:"各位乘客请注意,奉上级指示,现在××线××站至××站列车的运营服务将暂停。去往受影响车站的乘客,请按照指示标志转乘××公司提供的免费接驳专用车,由此给您带来的不便,敬请谅解。"

3. 乘客信息系统

乘客信息系统(PIS)是依托多媒体网络技术,以计算向乘客提供信息服务的系统。

乘客信息系统通过控制中心、广告制作中心、车站控制等系统,对所需的信息实施编辑、制作和传递,并通过车站或列车上的显示器为乘客及工作人员提供以运营信息为主、商业广告为辅的多媒体综合信息显示,如图2-39所示。正常情况下,乘客信息系统主要播放实时列车运营信息、出行信息、政府公告、公益广告等多媒体资讯;在火灾等紧急情况下,优先播放紧急疏散、防灾等文本和图像信息,告知和引导乘客,起到辅助防灾、救灾的作用。

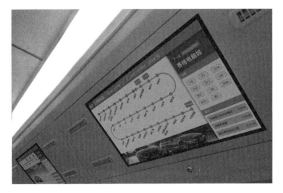

图2-39 乘客信息系统

1) 乘客信息系统的功能

(1) 信息播出功能

乘客信息系统播出的信息主要包括:

① 乘客引导信息、乘客须知、列车到达时间等;

② 重要通知和突发事件通知;

③ 各种广告信息和便民信息;

④ 转播电视节目等。

(2) 预设紧急信息功能

乘客信息系统可以预先设定多种紧急灾难告警模式(如火警、恐怖袭击等),并设定每种模式的警告信息及各种警告发布参数,方便自动或人工触发进入告警模式。当指定的灾难发生时,PIS就会进入紧急灾难告警模式。此时,相应的终端将显示乘客警告信息以及人流疏导信息。

(3) 实时显示功能

屏幕上不同区域的信息可根据数据库信息的改变而随时更新。实时信息的更新可以采用自动方式或手动方式。实时信息包括数字电视、网上新闻、天气和通告等。工作人员可以即时编辑指定的提示信息,并发布至指定的终端显示屏,提醒乘客注意。除此之外,工作人员还可以设定实时信息的发布形式,发布高优先级的信息。高优先级的信息可以打断原来正在播放的信息内容,并及时显示。

(4) 时钟显示功能

PIS可以读取时钟系统的时钟基准,并同步读取整个PIS所有设备的时钟,确保终端显示屏幕显示时钟的准确性。屏幕可以在播出各类信息的同时提供时间显示服务。在没有安装时钟的地方,通过播放时间列表,可以显示多媒体时钟。

(5) 多种形式及多语言支持播出功能

PIS会将信息分为四种形式播出,包括紧急状态信息、重要信息、预定信息和一般信息。

PIS 支持简体中文、繁体中文、英文混合输入、保存、传输和显示,也支持 Windows XP 操作系统支持的文字的导入、保存、传输和显示。

(6)权限管理功能

PIS 是一个面向公众的信息系统,分布范围广、节点众多,因此信息安全性十分重要,做好对操作员权限的管理便成了重要工作之一。每个站台的操作员工作站均受运营控制中心的操作员控制,运营控制中心的操作员可设定每一车站的操作员工作站以及其信息录入权限。

2) 信息显示的优先级

乘客信息系统每天都给乘客提供大量的信息,确保乘客安全、顺畅地到达目的地。根据各种信息的紧急情况,乘客信息系统设置了信息显示的优先级,具体如下:

(1)紧急灾难信息的优先级最高,然后依次是列车服务信息、旅客导向信息、站务信息、公共信息和商业信息。

导乘设施

(2)高优先级的信息可中断低优先级信息的播出;当高优先级信息触发时,低优先级信息被中断而停止播出。

(3)如果出现紧急信息,自动进入紧急信息播出状态,其他信息播放终止,乘客信息系统以醒目的方式提示乘客紧急疏散,直到警告解除为止。

(4)相同优先级的信息,按信息产生的先后顺序播放。

知识点 7　电话系统

电话系统主要为城市轨道交通的管理、运营和维修人员提供通话服务,可分为公务电话系统和专用电话系统。

1. 公务电话系统

公务电话系统多用于完成行政管理通话功能,分布在每个车站及公司本部、车场、控制中心等区域,以满足城市轨道交通对内及对外的通话。

2. 专用电话系统

专用电话系统多用于完成运营通话功能,为站内各有关部门、相邻车站、轨旁提供与车站值班员之间的直达通话,主要包括调度电话、站间电话和轨旁电话。

(1)调度电话

调度电话为城市轨道交通的调度人员,如行车调度员、维护调度员、环控调度员、电控调度员等提供专用的直达通话,配有维护终端和数字录音等设备,如图 2-40 所示。城市轨道交通调度电话由调度总机、调度台和调度分机组成。其中,调度总机和调度台设置在控制中心,为调度人员提供专用的通信服务;调度分机配置在车辆段和各车站的控制室。

一般来说,各系统中心调度员与各站相应系统分机、各调度之间可以直接通话,而各分机间不允许通话;必需的分机间通话需要由调度台转接。调度员可呼叫和应答某个被调用户,也可以呼叫和应答多个被调用户。

(2) 站间电话

站间电话是供相邻车站值班员相互联系的直通电话,设置在站台端门内和车站控制室,电话两头的任何一方摘机即可与对方通话。其通话范围局限于两个相邻车站值班员之间,不允许越站通话。

(3) 轨旁电话

轨旁电话安装在隧道内,主要满足系统运营和维护及应急需要,是列车司机和维护人员在紧急情况下及时联系车站及相关部门的电话,如图 2-41 所示。

公务电话、专用电话系统功能演示

图 2-40　调度电话

图 2-41　轨旁电话

知识点 8　闭路电视监视系统

闭路电视监视系统(CCTV)如图 2-42 所示,主要为控制中心和车站工作人员提供有关列车运行、车站客流情况以及防灾的视觉信息。它是提高行车指挥透明度的辅助通信工具,也是确保地铁行车组织安全的重要手段。当车站出现灾情时,CCTV 可作为防灾调度的指挥工具,向控制中心调度管理人员、车站工作人员以及司机提供车站客流、列车出入站及乘客上下车等情况的现场实时图像信息,以保证城市轨道交通系统正常安全运行。

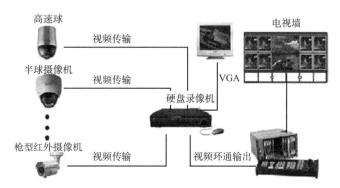

图 2-42　闭路电视监视系统

1. 闭路电视监视系统的组成

一般来说,闭路电视监视系统由前端设备、传输部分和终端设备组成。前端设备(图2-43)用于获取被监控区域的图像,一般由摄像机和镜头、云台、编码器、防尘罩等组成;传输部分由视频放大器、编码器(图2-44)等组成,用于将摄像机输出的视频(有时包括音频)信号馈送到中心机房或其他监视点;终端设备用于显示和记录、进行视频处理、输出控制信号、接收前端传来的信号等。

图2-43　前端设备

闭路电视监视系统的组成演示

图2-44　编码器

2. 闭路电视监视系统的功能

闭路电视监视系统的功能演示

闭路电视监视系统为控制中心和车站两级组网,两级均可对该系统内的图像进行监视和控制,监视功能相对独立,系统内各控制终端优先级确定为先用先控。其主要功能是图像显示及录像,具体如下。

(1)闭路电视监视系统的图像可同时在本站和控制中心显示(图2-45),中央控制室和车站控制室可根据预先设置程序,在室内监视器上自动按顺序循环显示图像。

图2-45　控制中心闭路电视画面

（2）控制中心工作人员能够远程通过计算机控制终端遥控全线车站任何一台球形一体化摄像机的转动及其变焦镜头的焦距调节，可以在大屏幕上固定显示任意一幅或几幅图像。

（3）车站工作人员能够控制本站一体化摄像机的转动及其变焦镜头焦距的调节，在室内监视器上监控本车站的设备和客流情况。

（4）司机可监视本侧站台乘客乘降情况。

（5）闭路电视监视系统可以对监控范围的视频进行录像，并将录像保存至规定时间。

模块3

车站日常运作

学习引导

　　城市轨道交通车站日常运作是城市轨道交通客运组织工作的重要组成部分，车站各岗位工作人员在掌握车站管理基本制度、车站各岗位职责的基础上，才能按要求和各自的岗位职责完成包括车站开关站、车站巡查等车站日常运作工作，保证车站日常工作正常有序开展，进而做好车站客运组织工作。通过本模块的学习，应能够掌握车站管理基本制度、车站各岗位职责、车站开关站工作、车站巡查工作的重要内容。

知识导航

知识梳理	知识运用	能力迁移与拓展
车站管理基本制度	搜集你所在或所熟悉城市的轨道交通运营企业的车站管理基本制度，比较其相同点和不同点，并谈谈你的观点	通过学习"车站日常运作"相关内容，特别是车站管理基本制度和车站各岗位职责相关内容，深入理解城市轨道交通运营企业"半军事"化管理的意义，并谈谈其是如何实现的
车站各岗位职责	搜集你所在或所熟悉城市的轨道交通运营企业的车站各岗位职责，比较其相同点和不同点，并谈谈你的观点	
车站开关站工作	通过学习，你认为车站开关站工作中最重要的内容是什么？	
车站巡查工作	通过学习，说说你对车站巡查工作重要意义的认识	

学习任务 1　车站行政管理

📝 知识重点

1. 城市轨道交通车站管理基本制度。
2. 城市轨道交通车站排班制度、交接班制度、巡视制度、钥匙管理制度、车站控制室管理制度、考评管理制度等的基本内容。
3. 中心站站长岗位职责。
4. 值班站长、行车值班员、客运值班员、站务员岗位职责。

知识点 1　车站管理基本制度

城市轨道交通车站作为直接向乘客提供运输服务的一线组织机构,需要组织严密、管理规范。城市轨道交通车站有一套完整的排班制度、信息汇报制度、会议制度、交接班制度、巡视制度、文件管理制度、钥匙管理制度、车站控制室管理制度、考评管理制度等。这些管理制度保障了城市轨道交通车站日常的工作秩序。

1. 排班制度

城市轨道交通车站是 24h 作业的,运营时间内服务乘客,非运营时间内进行设备保养、维修。因此,需要按照工作要求,对车站各岗位实行定员定岗,实施轮班制。城市轨道交通车站通常采用四班二倒制,车站各岗位人员按自己所在班次,根据排班表的安排上岗。排班时应注意以下事项。

(1) 要以乘客服务优先为原则。
(2) 要严格遵守有关劳动法律法规,严格执行公司排班与考勤相关规定。
(3) 车站排班应均匀、合理,员工排班原则上每周工时不能超过 48h,且不低于 32h。
(4) 按各站核定的定员定岗标准执行,不能擅自增加或减少岗位。
(5) 要根据员工业务情况及新老情况进行搭配。
(6) 在特殊情况下,如遇临时改变行车计划、大客流等情况,应及时上报并调整排班。

2. 信息汇报制度

车站每天有大量信息需要向外反馈,必须有清晰的汇报流程,以确保信息的反馈及时、有效并得到合理的处理。通常汇报信息包括一般信息和紧急信息。一般信息可以每天汇总,按照规定逐级反映到相关部门处理;紧急信息由当班的值班站长根据事件情况,按照规定向相关负责人进行汇报,并做记录。

3. 会议制度

车站会议的内容是传达近期工作重点，总结班组运营情况，培训专业知识等。通常班组会议内容包括：

(1) 公司文本、制度的重温及考核；
(2) 典型事故案例讨论及培训；
(3) 基础理论培训及考核；
(4) 实际操作培训及考核；
(5) 应急演练培训与考核。

4. 交接班制度

城市轨道交通车站在班组交接之前要开车站交接班会，交接内容要清晰详尽，使接班人员能清楚掌握上一班发生的重要事务，不得遗漏。接班人员对交接的工作要有跟进，有落实，保证不同班组间工作信息的有效传达。车站员工交接班时，接班人员须到作业岗点与交班人员进行对口交接。

5. 巡视制度

城市轨道交通车站作为一个开放型的公共场所，服务对象具有流动性、临时性、复杂性、不确定性等特点。为保障运营时间内各种设施设备正常运行，车站工作人员需要在日常工作中进行巡视，以保证场所、设施和设备、人身及财产的安全。城市轨道交通车站通常对车站工作制定巡视制度，明确各岗位巡视的范围和巡视的要求，实行巡点签到、登记记录等制度，确保不漏巡、不跳巡。

6. 文件管理制度

文件是城市轨道交通车站日常管理中涉及内容最多的一项，也是生产信息传递的重要形式。文件、规章是城市轨道交通车站日常运作的指挥棒。为规范车站文件的分类、归档、更新以及保管和使用等内容，城市轨道交通车站一般都制定文件管理制度，由车站专人负责文件分类、归档、管理等工作。

7. 钥匙管理制度

城市轨道交通车站的结构布局通常比较复杂，设有多个设备房以满足正常运营的需要。为保障设备的正常运作，防止闲杂人员进入，通常都有严格的专人负责、专人锁门的管理要求。日常工作中，设备维修人员以及设备使用人员经常需要进出设备房，因此要保证车站设备房的钥匙状态正常、良好。车站任何房间的开启必须得到车站的同意，由使用人员向车站借用钥匙，用完及时归还，并做好记录。

8. 车站控制室管理制度

车站控制室是监督、指挥车站运作的核心场所，车站控制室内集中了车站设备控制系统和行车指挥系统等重要设备，必须严格管理。车站控制室必须24h有人值守，因工作原因进入车站控制室必须佩戴有效证件并说明原因；车站控制室的值班人员作为车站控制室的负责人，负责车站控制室的安全。

9. 考评管理制度

在车站日常管理过程中,为了调动车站员工的积极性,提高工作效率,提升服务水平,维护正常的生产秩序,需要建立员工绩效评价体系。车站应按照考评规定对员工日常工作进行考评。对员工的工作量、完成工作任务的质量、工作态度、岗位技能、安全与纪律等进行评价。车站员工月度考评情况作为员工月度绩效工资评定依据,全年考评情况作为员工日常工作表现纳入员工年终绩效考评。车站员工对考评有异议的,可以向考评小组提出反馈意见。

车站管理基本制度

训练任务1　车站交接班工作技能训练

(一)训练目标

(1)掌握车站交接班工作的基本流程,掌握不同班组之间的交接班工作技能。
(2)掌握车站交接班工作的基本内容,掌握不同岗位人员之间的交接班工作技能。

(二)训练内容

1. 车站交接班会作业技能训练

(1)按照车站交接班会作业的标准流程,正确完成车站交接班会作业过程。
(2)正确填写车站交接班记录本。

2. 车站各岗位交接班作业技能训练

(1)按不同岗位人员交接班作业标准流程,正确完成车站各岗位人员的交接班作业过程。
(2)正确填写各岗位人员的交接班记录本。

(三)训练准备

(1)模拟车站(车站控制室、票务室、客服中心)。
(2)各岗位人员交接用器具。
(3)各岗位人员交接班记录本(示例扫二维码获取,也可按当地城市轨道交通运营企业相关要求进行设计)。

客运值班员交接班记录本

行车值班员交接班记录本

(四)训练流程

1. 车站交接班会作业技能训练

(1)角色扮演,14名学生分别扮演两个班组的值班站长、行车值班员、客运值班员、站务员、保洁人员、保安人员和安检人员。

(2)由扮演值班站长的学生主持车站交接班会。

会议时间:控制在15min之内。

会议地点:车站控制室防火观察窗外站厅。

会议参加人员:所有交接班员工。

会议内容(可按不同城市轨道交通运营企业相关要求调整,示例如下):

①参加交接班会的员工立岗,值班站长检查员工的仪容仪表。

②站务部的相关会议精神。

③重要文件、通知的传达。

④运营信息的传达。

⑤按照分公司和站务中心下发的月度安全培训计划,进行班前安全培训、安全提问,班组人员签字确认。

⑥对于无法参加交接班会的员工,必须及时传达交接班会会议记录。

2. 车站各岗位交接班作业技能训练

(1)角色扮演,8名学生分别扮演两个班组的值班站长、行车值班员、客运值班员和站务员。

(2)分别由扮演值班站长、行车值班员、客运值班员和站务员的学生两人一组,互换进行相关岗位交接班作业技能训练。

1)值班站长交接班训练

交接地点:车站控制室。

参加人员:两个班组的值班站长。

交接内容(可按不同城市轨道交通运营企业相关要求调整,示例如下):

①车站当值期间所发生的设备运行情况、行车作业情况、人员管理、通知通报、客服情况、物资情况、施工情况以及上级检查情况等。

②当班期间新的传阅文件,交接时不得有任何遗漏。

③当班期间的各种工作的进度以及完成情况。

④行车设备、办公设备、服务设备情况。

⑤办公区的各个办公室卫生情况。

⑥外委项目跟踪情况。

⑦车站施工、钥匙等情况。

2)行车值班员交接班训练

交接地点:车站控制室。

参加人员:两个班组的行车值班员。

交接内容(可按不同城市轨道交通运营企业相关要求调整,示例如下):

①检查各行车通告执行情况和是否有临时性指示。

②清点各种行车备品的数目及状态。

③交班行车值班员将当值期间所发生的任何与行车有关的事情进行交接,包括行车作业情况、列车晚点情况、故障及处理情况等。

3)客运值班员交接班训练

交接地点:票务室。

参加人员:两个班组的客运值班员。

交接内容(可按不同城市轨道交通运营企业相关要求调整,示例如下):

①清点各种票务备品的数目及状态。

②交班客运值班员根据记录将当值期间所发生的任何与票务有关的事情进行交接,包括设备故障、问题票处理、各种报表的领取/上交、各种车票的领取/上交、支票的收取情况、票务及财务的新规定等。

③接班客运值班员与交班客运值班员在票务室核对车站备用金、库存车票、问题票、车站AFC钥匙及相关报表等,并给站务员发放备用金及预制车票以备上岗使用。

④交班客运值班员交接当班期间领导临时交代的工作任务以及完成情况。

⑤检查AFC系统及有关设备运行情况,尤其是当设备出现故障时应认真交接设备处理情况、上报情况,不得有任何遗漏。

4)站务员交接班训练

交接地点:客服中心、票务室。

参加人员:两个班组的站务员。

交接内容(可按不同城市轨道交通运营企业相关要求调整,示例如下):

①检查交接所涉及的各种设备。

②接班站务员与交班站务员进行对口交接,交接的项目和内容要相互签字。

③接班站务员到票务室向客运值班员领取备用金、预制车票以及相关备品。

④交班售票员退出系统,收取票款后回票务室在客运值班员的监督下对票款进行结账,并填写相关报表。

⑤接班售票员登录系统,放好备用金进行售票工作。

知识点2　车站各岗位职责

1. 中心站站长岗位职责

1)指导所管辖范围内的车站工作

(1)行车、客运和票务管理。组织执行车站行车组织方案,开展车站客运和票务工作,编制日常及节假日客运组织方案,定期做好车站行车、客运和票务的计划、检查与总结工作。

(2)乘客服务管理。监督车站乘客服务工作,为乘客提供优质服务,受理并处理乘客投诉、来信、来访;汇总服务案例,总结服务技巧,提高员工服务质量。

(3)安全管理。贯彻实施各项安全管理制度和措施,遇突发事件、事故时组织所辖车站员工执行相应的应急处理程序,定期进行安全工作总结和员工安全教育。

2)班组管理工作

对所辖车站员工进行管理考核,负责车站与驻站部门、接口单位建立联劳协作关系,协调车站相关工作。负责制订车站培训及演练计划,定期进行员工教育,掌握员工思想、工作状况,按车站实际情况安排并开展培训工作,定期检查培训效果,进行培训总结。

2. 值班站长岗位职责

负责本班行车、客运和票务管理,乘客服务,事故处理,设备日常管理,员工管理,安全管理,员工培训,委外人员管理等工作。

1)行车、客运和票务管理

(1)服从行车调度员指挥,执行行车调度命令。

(2)监督行车值班员接发列车。

(3)对行车值班员监控和操作 ATS 情况进行抽检。

(4)按客运方案组织乘客购票乘车。

(5)在突发、紧急情况下,组织车站运作。

(6)根据需要巡站检查和指导各个岗位的工作。

(7)确保车票、现金安全。

(8)监督票务流程的执行,监督票务系统运作情况。

2)乘客服务

(1)满足乘客的服务需求。

(2)处理乘客投诉、来访、纠纷等。

(3)根据服务标准解决与乘客有关的问题,提供优质服务。

(4)处理、汇总当班期间的服务事件、服务问题,并及时向站长汇报。

(5)对站内的服务设施进行巡视,发现故障情况及时报修和登记。

3)本班组的员工管理

(1)按规定在交接班前组织交接班员工召开交接班会。

(2)合理安排岗位,协调岗位工作。

(3)对当班员工进行监督、检查、考核。

(4)对当班员工进行培训、教育,掌握员工思想状况。

4)安全管理

(1)确保行车、车站员工及乘客的安全。

(2)确保车站收益安全、设备运行安全。

(3)监督车站治安安全、消防安全工作。

(4)负责监控和管理夜间站内的施工安全和防护。

(5)负责每 2h 全面巡视车站一次。巡视的重点内容包括:消防设备设施的状态;站台门的状态;自动扶梯运行情况;站台、站厅、通道、出入口设备设施的状态;等等。

(6)进行车站各项安全检查。

(7)及时向站长汇报安全情况。

5)员工培训

(1)组织实施车站培训工作,检查评定培训效果。

(2)定期对培训工作进行总结,提出改进意见或建议。

(3)负责组织本班员工业务培训。

3. 行车值班员岗位职责

(1)在值班站长的领导下,主管行车组织工作。

(2)负责监控和操作ATS工作站、LCP盘、BAS、FAS等设备,通过CCTV监视各区域情况。

(3)ATS工作站停用时负责组织现场人工排列进路。

(4)办好各项施工登记和注销手续。

(5)在线路施工和工程列车开行时安排好安全防护工作,负责车站施工作业登记、施工安全监控、施工负责人管理等工作。

(6)及时将应急信息向站务部汇报,做好与行车调度员的信息沟通传递工作。

(7)协助值班站长管理站务员。

(8)做好对乘客的应急广播。

4. 客运值班员岗位职责

(1)在值班站长的领导下,主管车站客运、票务管理,组织站务员从事客运服务工作。

(2)负责车票的发放、回收及保管工作。

(3)负责车站营收统计工作,包括各种票务收益单据填写及保管。

(4)车站收益解行的实施和安全。

(5)协助值班站长管理站务员,处理乘客事务。

(6)监督站务员在岗工作情况。

(7)在非运营时间内统计当日营收情况。

(8)紧急情况下,协助值班站长处理紧急事务。

5. 站务员岗位职责

1)站台安全员

(1)上岗时,必须携带相应的钥匙和备品。

(2)随时注意站台乘客动态,防止乘客在关门时冲上、下车夹伤,监督司机按规范动作关门。

(3)向乘客宣传不要倚靠站台门,维护站台秩序,组织乘客有序乘降。

(4)检查站台乘客候车动态,发现有违反车站规定的行为要及时制止;帮助乘客,回答乘客询问。关注老年人及行动不便的乘客,指引其走楼梯,必要时帮助其上车、乘自动扶梯。

(5)列车到达间隔巡视整个站台,发现问题及时采取相应处理措施。站台巡视内容包括:

消防设备设施的状态;消火栓、灭火器箱上的封条是否完好,对于破封的要检查里面的设备是否齐全;站台门的状态,包括站台门上的顶箱前盖板是否锁闭,站台门和端墙门是否正常关闭等;自动扶梯运行是否正常,包括自动扶梯有无异响,梯级上有无异物(有异物时及时清理)等;站台其他设备设施的状态,如自动扶梯处栏杆、线路导向标志、站台候车椅等的状态是否良好(是否松动)。

(6)车门(或站台门)关闭时,确认其运作情况,发现车门(或站台门)未关好时第一时间通知司机,并及时向车站控制室汇报,负责切除故障站台门。

(7)必要时,按规定或应司机要求确认站台安全后向司机显示"好了"信号。

(8)站台安全员与司机之间有互联互控的责任,发生异常情况时呼叫司机,司机必须回应;司机要求车站协助时,车站须及时向司机提供协助,如人工驾驶列车的监控、车门故障时随车防护等。

2)售票员

(1)负责当班售票亭的售票工作。

(2)处理与乘客相关的票务事务。

(3)对填写的报表与当班的票款负责。

(4)对本班售票亭内的卫生和安全负责。负责本班售票亭内设备、备品的管理,售票亭门窗随时处于锁闭状态。

训练任务2　车站各岗位作业标准与程序技能训练

(一)训练目标

(1)掌握值班站长作业标准与程序,能够模拟完成值班站长日常作业。

(2)掌握行车值班员作业标准与程序,能够模拟完成行车值班员日常作业。

(3)掌握客运值班员作业标准与程序,能够模拟完成客运值班员日常作业。

(4)掌握站务员作业标准与程序,能够模拟完成站务员日常作业。

(二)训练内容

(1)按照各岗位作业标准与程序,正确完成车站各岗位作业模拟训练过程。

(2)正确填写各岗位工作记录与表单(示例扫二维码获取,也可按当地城市轨道交通运营企业相关要求设计)。

行车日志(行车值班员使用)

(三)训练准备

(1)模拟车站(车站控制室、站厅、站台、客服中心、票务室)。

(2)各岗位人员日常使用器具。

(3)各岗位人员日常使用记录本、表单。

(四)训练流程

(1)值班站长作业标准与程序(表3-1)。

值班站长作业标准与程序

表 3-1

时间	作业标准与程序
班前	1. 与前一班值班站长进行交接，熟知上一班的运营情况。 2. 检查、清点钥匙、行车备品、对讲设备以及文书、票据等。 3. 检查相关登记表格填写情况，主要检查内容见下表： | 序号	项目	主要检查内容
---	---	---
1	安全事项	行车、消防、设备、施工等安全工作
2	通知	公司及站务部各项与车站工作相关的通知通报
3	客运服务	乘客投诉、纠纷、客伤等事务
4	票务	票务新通知、客运值班员工作情况
5	重点事项栏	车站重点工作的完成时间和负责人	 4. 检查车站各表格填写情况并做好交接。 5. 检查文件、通知，核实上一班完成或未完成的工作，在接班中模糊、有疑点的问题要问清楚。 6. 交接完成后，接班值班站长要在"交接班记录表"上签名。签名后如出现因交接不清产生问题的情况，则由接班值班站长负责
班中	1. 检查人员到岗情况，安排好各岗位的工作。遇突发事件、事故时，及时了解详细情况，担任临时现场处置机构指挥，并及时向站务部相关工程师及相关领导报告事故处理情况。 2. 按消防安全要求对车站全部设备进行一次检查，包括站厅、通道、站台以及气瓶间。 3. 安排对所有 TVM 钱箱的更换与清点工作；跟客运值班员结账，开启钱箱；到车站票务室进行打包返纳，确认票箱上锁情况；监督客运值班员的交接。 4. 每 2h（运营时间内）全面巡视车站一次，巡视的重点内容包括：消防设备设施的状态；站台门的状态；自动扶梯运行情况；站台、站厅、通道及设备设施的状态；等等。 5. 监督各岗位员工执行"两纪一化"（劳动纪律、工作纪律、标准化作业）情况，发现违章情况及时处理。 6. 运营开始或结束时，负责车站的清客、开关站，确认出入口、自动扶梯、AFC、照明设备状态。 7. 监控车站当天的施工情况。 8. 按要求到现场确认处理车票退款、行政事务等事务，并及时到现场处理乘客事务。 9. 及时处理、跟踪当班期间发生的服务投诉事件。 10. 安排、替换站务员用餐等。 11. 组织所有交接班员工、班中可参加的其他员工（如学员、顶岗班等）召开交接班会，具体内容见下表： 	序号	交接班内容
1	参加交接班会的员工立岗，值班站长检查员工的仪容仪表
2	传达站务部的相关精神
3	重要文件、通知的传达
4	运营信息的传达	
班后	1. 与下一班值班站长做好交接。 2. 检查本班所填写的台账。 3. 在"交接班记录表"上签名下班

(2) 行车值班员作业标准与程序(表3-2)。

行车值班员作业标准与程序　　　　　　　　　　　　　　　表3-2

时间	作业标准与程序
班前	1. 签到,检查行车备品状态及数量,清点钥匙,填好交接台账,登录ATS工作站。 2. 检查、阅读行车、施工相关台账
班中	1. 正常情况下监控ATS工作站和CCTV,负责站台区域的安全管理。发生紧急情况时,协助值班站长处理。 2. 运营前30min组织检查线路出清情况并及时报告行车调度员。 3. 按要求的模式打开环控设备并检查其运行情况。 4. 首班载客列车到达前15min检查车站各项行车类设备是否开启、正常运行,有异常及时联系调度人员。打开车站照明。 5. 确认首班载客列车到达前10min闸机开启。 6. 全面负责车站行车组织,接听各调度电话,执行行车调度员命令。 7. 办好各项施工请销点登记手续。 8. 检查、管理对讲机设备的充电情况。 9. 监控末班车广播的播放情况,末班车开出后关闭正常照明、广告照明,协助值班站长清客关站
班后	1. 检查"行车备品交接表""站内施工登记表""行车日志"等台账是否漏填、错填,做好交接班。 2. 注销退出ATS工作站。 3. 在"车站员工考勤表"上签名下班

(3) 客运值班员作业标准与程序(表3-3)。

客运值班员作业标准与程序　　　　　　　　　　　　　　　表3-3

时间	作业标准与程序
班前	1. 清点车票、现金、钥匙、票务设备备品情况。 2. 检查"客运值班员交接班本""发票使用台账"是否按要求填写。 3. 检查票务、乘客服务的文件通知是否有须注意的重点工作。 4. 与交班客运值班员交接清楚后签名。 5. 检查上一班的票务报表
班中	1. 上交票务报表、废票。 2. 整理台账及整理好车站票务室内务。 3. 审核、填写报表,及时做车站报表,车票、硬币兑零申报计划。 4. 及时确认乘客事务的办理情况及车票退票情况。 5. 对售票员的交接情况进行监督检查。 6. 检查售票员工作,进行必要的复核、查账,监督票务政策的执行,每班至少详细抽查两次各售票亭的工作。 7. 及时到售票亭进行预收款的工作。 8. 及时更换钱箱和票箱,清点钱箱。 9. 与各售票员结账。 10. 在规定时间内做好打包返纳的准备工作及加封工作。 11. 巡视车站,检查指导站务员工作。 12. 做好车站票务室卫生,交班时与接班客运值班员进行交接。 13. 统计好本班的车票、现金、发票、钥匙及票务设备备品情况,并在"客运值班员交接班本""票务钥匙交接记录本"上做相应的记录

续上表

时间	作业标准与程序
班后	1. 收车后完成相应的票务报表,按要求封好要加封的车票、现金。 2. 运营结束后到售票亭检查对讲设备、内务、电器电源,检查有没有遗漏的车票、现金等。 3. 及时做好配票工作。 4. 与值班站长共同做好补币、补票的清点工作

(4)售票员作业标准与程序(表3-4)。

售票员作业标准与程序　　　　　　　　　　　　　表3-4

时间	作业标准与程序
班前	1. 了解当天工作注意事项和票务、服务通知后,到车站票务室领票,领取备用金。 2. 首班载客列车到站前12min到售票亭做好开窗准备。 3. 检查对讲设备能否正常使用。 4. 检查票务设备、备品(如验钞机、分钞盒、发票等)的状态、数量。 5. 检查售票亭卫生、售票亭外隔离带或分区栏杆的摆设。 6. 检查售票亭内有无来历不明的现金、车票。 7. 发现问题马上报值班站长或客运值班员。 8. 检查、填写"售票亭交接班本"。 9. 开窗售票
班中	1. 保持售票亭的整洁,票证、报表、钱袋摆放整齐。 2. 当报表、硬币、车票将不够时,提前报客运值班员。 3. 锁好门,不能让非当班人员随意进出售票亭。 4. 当乘客索取发票时,给予相应面额的报销凭证。 5. 严格按售票作业程序工作,特别在出售、加值储值票时要让乘客确认,具体程序见下表: | 步骤	售票作业程序	内容
---	---	---
1	收	收取乘客购票的票款
2	唱	讲出票款金额,重复乘客要求的购票张数和车票类型,如未听清乘客的要求,应主动、礼貌地询问
3	操作	正确、迅速地操作: (1)检验钞票真伪,如钞票为伪钞,则要求乘客另换张钞票。 (2)在BOM上选择相应功能键,处理车票,让乘客确认余值
4	找	清楚说出找赎金额和车票张数,将车票和找赎的零钱一起礼貌地交给乘客	 6. 发现站厅异常情况(如乘客携带"三品",乘客发生纠纷,老、病、伤、残等特殊乘客进闸等),及时通报相关岗位人员或车站控制室。 7. 交班程序: (1)退出BOM,报告车站控制室。 (2)抽屉里的钱和车票整理放入票盒。 (3)将硬币清理好装回硬币袋。

续上表

时间	作业标准与程序
班中	(4)将本班验钞机关掉。 (5)拿走本班的钱袋。 (6)拿齐本人所有车票、现金回车站票务室结账。 8. 接班程序： (1)登记进入 BOM。 (2)摆放好车票。 (3)叠放好一盘硬币，将备用金放入抽屉。 (4)将本班验钞机投入使用。 (5)最后一趟载客列车开出前 5min 停止兑零、售票。 (6)清站后，做好售票亭卫生，整理好售票亭内务。 (7)退出 BOM
班后	1. 到车站票务室结账。 2. 结账完毕到值班站长处报到。在"车站员工考勤表"上签名下班

(5)站台安全员作业标准与程序(表 3-5)。

站台安全员作业标准与程序　　　　　表 3-5

时间	作业标准与程序
班前	1. 上岗前到车站控制室签到，由值班站长交代工作注意事项。 2. 领取工作钥匙：边门、站台门、自动扶梯钥匙，在"钥匙借用登记本"上登记。领取对讲机，在"备品领(借)用登记本"上登记；到岗后，检查备品是否齐全完好，与上一班交接完毕后向车站控制室汇报
班中	1. 站台岗来回巡视站台，引导乘客按箭头排队候车、上下车。 2. 按照站台岗作业标准监视列车到发，站台门即将关闭时，提醒乘客不要冲上车，以防夹伤，同时应密切监控站台门开关状态。 3. 主动疏导聚集在一端的乘客到较空的地方候车，关注乘客动态，提醒乘客不要挤靠站台门。 4. 与厅巡岗互换乘客信息。 5. 负责站台巡视工作，发现站台发生异常情况(包括列车到站时间不正常)，影响车站的正常运作，马上报车站控制室，并按指示逐步处理。 6. 接完最后一趟载客列车后，将站台乘客清至站厅
班后	1. 与下一班交接，把工作备品(站台门、边门、自动扶梯钥匙)归还行车值班员，并在相应台账上记录。 2. 阅读完当天文件或规章，到车站控制室签名下班

学习任务 2　车站日常运作管理

知识重点

1. 车站开关站工作的基本要求。
2. 车站巡查工作的基本要求。

知识点 1　车站开关站工作

城市轨道交通车站是供乘客乘降、换乘和候车的场所，应保证乘客使用方便，安全、迅速地进出车站。因此，地铁车站的日常运作管理，对于地铁的正常运营有着重要意义。车站日常运作管理的主要工作包括车站开启、车站关闭、车站巡查、车站安检作业及安保管理等。

1. 车站开启

在车站开启前，值班站长必须确保：
(1) 所有站台端门/滑动门已完全关闭和妥善锁定，并经手控开关（位于端门后方）试验；
(2) 所有消防设备性能良好并妥善固定；
(3) 送电前接触轨下及附近没有杂物，接地装置已放回原位；
(4) 车站公共区不存在安全隐患；
(5) 各项设备功能正常。

2. 车站关闭

末班车开车前，值班站长必须确保：
(1) 换乘站的列车接驳按编定的安排进行，获行车调度员特别指示的情况除外。
(2) 车站内搭乘有关行车线列车的乘客已登上该末班车。
(3) 列车司机收到"一切妥当"的手信号。
(4) 所有人员必须离开车站范围，获授权留下的人员则不在此限。
(5) 要确定个别人员是否获授权于非行车时间内留在车站，必须向行车调度员查询。
(6) 锁上所有出入口前，值班站长必须确保最后一名乘客已离开车站。
(7) 末班车离站后，必须关闭和锁上车站的所有出入口。
(8) 所有出入口必须在整段非行车时间内关闭。
(9) 有关员工或获授权的工作队必须从指定的出入口进入车站。

(10) 开启出入口需使用个人获发的钥匙或通行卡,或向获授权的人员借用钥匙或通行卡。

(11) 不允许非所属站区非当班员工在车站留宿。

训练任务3 车站开关站工作技能训练

车站开关站工作

(一) 训练目标

(1) 掌握车站开站工作的程序,具有开站工作基本技能。
(2) 掌握车站关站工作的程序,具有关站工作基本技能。

(二) 训练内容

(1) 按照车站开站工作的作业标准程序,正确完成车站开站工作作业过程。
(2) 按照车站关站工作的作业标准程序,正确完成车站关站工作作业过程。

(三) 训练准备

(1) 模拟车站(车站控制室、站厅、站台、客服中心、票务室)。
(2) 各岗位人员日常使用器具。

(四) 训练流程

(1) 角色扮演,5 名学生分别扮演值班站长、行车值班员、客运值班员、站台安全员和售票员。
(2) 按开关站程序(表3-6、表3-7),各角色配合完成开关站工作。

开站程序　　　　　　　　　　　　　　　　　表3-6

序号	责任人	内容
1	行车值班员	首班载客列车到站前 30min,按规定试验道岔,安排人员试开关站台门,检查站台和线路出清情况,并汇报行车调度员。首班载客列车到站前 10min 安排人员到站台接发首班载客列车
2	行车值班员	首班载客列车到达前 30min,通过 BAS 开启环控系统并检查其运行情况
3	行车值班员	首班载客列车到站前 15min 打开照明开关,开启 AFC 系统及有关设备(除闸机外),并检查设备运行状态
4	行车值班员	首班载客列车到站前 10min 开启闸机
5	客运值班员	首班载客列车到站前 30min 为售票员准备好备用金、零钱、票卡及票厅钥匙,并监督售票员上岗情况
6	售票员	首班载客列车到站前 30min 领票,首班载客列车到站前 12min 到岗
7	值班站长	首班载客列车到站前 20min 巡视全站,首班载客列车到站前 10min 完成开启出入口大门、自动扶梯的工作,并巡视全站
8	行车值班员	向乘客广播候车的注意事项
9	站台安全员	负责车站内站厅、站台乘客引导及接发车作业

关站程序 表3-7

序号	责任人	内容
1	值班站长	末班车开出前5min 监督检查站厅、站台、行车值班员等各岗位情况
2	客运值班员	上/下行末班车开出前5min 通知停止售票,末班车开出前3min 停止检票
3	行车值班员	监控末班车的广播播放情况。最后一趟载客列车开出后关闭所有TVM、入口闸机
4	值班站长	最后一趟载客列车开出后确认所有TVM、入口闸机已关闭,监控停止售票广播的播放情况
5	站台安全员	最后一趟载客列车开出前5min 在TVM附近告知乘客停止售票的信息
6	售票员	收拾票、钱,整理售票亭备品,注销BOM,回车站票务室结账
7	客运值班员	与售票员结账
8	行车值班员	运营结束后,按规定执行相应的照明模式
9	值班站长	清站,确认出入口关闭,自动扶梯、照明、AFC系统及有关设备全部关闭

知识点2 车站巡查工作

车站巡查作为站厅岗(厅巡)和站台岗(安全员)日常工作的重要内容之一,主要目的就是及时查明和消除隐患,避免事故的发生。

车站巡查时,需要定期巡查车站所有公共区,主要包括:站台(地面、相关设备,乘客是否在安全线以内候车等);通道(地面、相关设备,有无乘客在通道内滞留等);自动扶梯、电梯(携带大件行李的乘客,行动不便的老年人等);自动人行道。

1. 乘客管理

(1)随时关注客流情况,避免因人多拥挤而构成危险。
(2)迅速移去任何阻碍客流的障碍物。
(3)做好在发生紧急情况时疏散乘客的准备(广播、通告、应急方案)。
(4)防止儿童在车站范围内嬉戏。
(5)防止乘客携带任何危险品、攻击性物品或有害物品进入车站范围。
(6)防止乘客运送可能会导致意外、滋扰其他乘客或损坏公司财物的物品。
(7)要求携带笨重物品或行李以及使用轮椅的乘客使用垂直电梯,切勿使用自动扶梯,以免发生危险。

2. 消除隐患

(1)及时清理地面积水、液体、泥泞或其他污渍。
(2)遇雨雪天气时,及时铺设防滑用品及清扫出入口处积水和积雪。
(3)避免在湿滑砖面和金属踏板上撒沙粒。
(4)当隐患不能彻底消除时,设置适当的防护警示标志。
(5)有关员工在停止自动扶梯或自动人行道前,必须确保梯级和踏板上均没有人,即便在紧急情况下也要先警告后行动。

> **拓展知识**
>
> **某地铁公司自动扶梯巡视岗安全职责**
>
> (1) 自动扶梯巡视岗人员应严格遵守巡视制度,密切注意乘梯人员动向及自动扶梯运行情况。
>
> (2) 阻止残障者、行动不便者及学龄前儿童等不宜单独乘梯者单独乘坐自动扶梯。
>
> (3) 严禁使用自动扶梯运载货物、重物及可能卡坏、刮坏、腐蚀、污损自动扶梯设备的物品。
>
> (4) 在未得到上级部门批准的情况下,不得使自动扶梯按照与规定使用方向相反的方向运行。
>
> (5) 向乘客宣传文明乘梯守则,及时制止乘客不安全行为。
>
> (6) 发现异常情况应立即停梯。属自动扶梯故障的情况,严禁继续使用或擅自维修,应在加设护栏及故障停用标志后及时报修。
>
> (7) 发生突发事件导致运营秩序混乱,影响正常运营时,根据值班站长的指令,关闭自动扶梯,悬挂宣传提示牌。
>
> (8) 遇乘客摔倒、摔伤等不安全情况时,及时关闭自动扶梯,做好救治处理工作,并将情况向值班站长汇报。
>
> (9) 开关自动扶梯时应先检查,确认自动扶梯上的乘客全部出清。
>
> (10) 自动扶梯停运时,悬挂宣传提示牌,禁止作为步行梯使用。

3. 站台管理

(1) 维持站台舒适、安全的候车环境。

(2) 在特殊情况下协助列车进行事件处理。

(3) 确保站台设备正常,发现故障及时报修。

(4) 对任何非正常的情况保持警觉,如突发事件、站台门故障等。

(5) 提供适当协助,确保列车按运行时刻表时间离站。

(6) 在车门和站台门即将关闭时,劝阻乘客切勿抢上、抢下、冲击站台门;留意车门、站台门关闭情况,特别注意是否有乘客可能被门夹住。

(7) 提高警惕,留意发生任何事故或异常情况的迹象;一旦出现异常情况,及时按动紧急停车按钮。

(8) 留意站台边缘或列车附近是否存在安全隐患,例如乘客扒站台门、站在站台边缘,或在站台附近摆放物品;强调站台上不得代人存放物品。

4. 车站房间巡查

有关站务员必须经常巡查其可进入的房间,确保已关闭所有不需要的照明;房间清洁、没有垃圾,无其他异常情况。

车站巡查可以消除或减少车站安全隐患,因此,在车站的日常运作中占有极其重要的位置。车站巡查可以分为站厅日常巡查、站台日常巡查、车站每周巡查、车站每月巡查、车站定期/每季度/每半年/每年巡查等。这些巡查分别使用相应的车站巡查作业表,车站当班的工作人员需要认真填写巡查表,记录巡查的大致情况。同时,巡查时,必须关注卫生保洁、环境和照明的情况,如有任何异常情况,必须立即向值班站长报告,如说明异常设备的正确位置和损毁情况。

训练任务4　车站巡查工作技能训练

(一)训练目标

掌握车站巡查工作的基本程序,具备开展巡查工作基本技能。

(二)训练内容

按照车站巡查工作的作业标准与程序,正确完成车站巡查工作作业过程。

(三)训练准备

(1)模拟车站。
(2)对讲机。
(3)车站日常巡查记录表(见表3-8,可按当地城市轨道交通运营企业相关要求设计)。

(四)训练流程

(1)角色扮演,3名学生分别扮演值班站长、客运值班员和站台安全员。
(2)按巡查工作要求,各角色配合完成车站巡查工作。
(3)车站巡查具体要求如下。
①巡视范围。
值班站长:设备区通道、运营管理用房、站厅、站台、出入口、客服中心。
客运值班员:客服中心、站厅、站台、出入口。
站台安全员:站台。
②巡视规范。
认真:巡视人员必须以认真负责的态度巡视每个角落和所管辖的范围。
细致:从细微处着手,做到防微杜渐,从看、摸、嗅、听"四觉"入手。
周全:岗位内的设备、设施、公告牌等都要检查。
及时:巡视及时,记录汇报及时,处理及时。
真实:填写台账必须真实,不能弄虚作假,发现问题及时跟进,完成后签名确认。
③运营时间内的巡视。
a.值班站长每2h巡视车站一次,相关情况记录在"车站日常巡查记录表"上,且交班前必须巡视一次。
b.客运值班员每2h巡视一次,发现问题及时上报。
c.站务员每2h巡视一次,相关情况应立即报车站控制室行车值班员,行车值班员视情况记录或上报。
d.站台安全员接发车间隔巡视站台,交接时接班人员必须先巡视后接班。发现问题及时报车站控制室。

车站日常巡查记录表 表3-8

日期: 月 日至 月 日		白班班组:		夜班班组:		
巡查记录	巡查时间					
	8:00—10:00	10:00—12:00	12:00—14:00	14:00—16:00	16:00—18:00	18:00—20:00
巡查人签字						
巡查结果及处理措施						
巡查记录	巡查时间					
	20:00—22:00	22:00—24:00	0:00—2:00	2:00—4:00	4:00—6:00	6:00—8:00
巡查人签字						
巡查结果及处理措施						
安防器械状态	白班 9:00			夜班 18:00		
巡查内容	1. 设备设施状态:巡视站台门、电梯、自动扶梯、自动售检票设备、吊顶墙砖、导向标志、LED屏、广告灯箱、照明、紧急停车按钮、卫生间设施、安防器械等状态是否良好,施工检修等作业现场是否防护提示到位,设备通道门等重要房门是否锁闭; 2. 客运服务设施:巡视告示、海报、贴纸、标识、广告、信息栏、服务监督窗、铁马、告示牌等是否完好; 3. 乘客动态:留意站内乘车秩序是否顺畅、有序,是否有可疑人员,乘客是否携带违禁物品进站,乘客是否有不安全或不文明行为; 4. 人员工作状态:检查各岗位人员是否按规定着装,仪容仪表是否端庄大方,是否遵守工作纪律,作业是否规范到位; 5. 车站环境卫生:巡视车站公共区、出入口、卫生间、办公区环境卫生是否良好,物品摆放是否整齐,是否有杂物、污渍、积水、漏水、垃圾箱满等情况; 6. 地铁保护区:巡视地铁保护区是否有违规施工情况						

④非运营时间内的巡视。

a. 每 2h 巡视一次站厅、站台公共区、设备区、施工区等。

b. 非运营时间内的巡视由值班站长或值班站长指定的人员完成。

⑤巡视人员安全。

a. 巡视人员须持对讲机,并在巡视前和巡视后及时通知行车值班员,注意做好个人人身安全的防护。

b. 巡视发现的问题自身不能解决时,由值班站长安排处理。

模块4 车站票务工作

学习引导

城市轨道交通车站票务工作是城市轨道交通客运组织工作的重要组成部分,对于运营企业而言,车站票务工作关系到企业的主营业务收入和利润。从事车站票务工作的站务人员,既要掌握票务工作的基本内容和技能,也需具备一定的财务知识和能力,在服务乘客的同时,确保公司利益安全。通过本模块的学习,能够掌握城市轨道交通票务系统管理、车票管理、票务政策管理、现金管理、票务备品管理、票务报表和票据管理、乘客票务事务处理等重要内容。

知识导航

知识梳理	知识运用	能力迁移与拓展
城市轨道交通票务系统概述	绘制城市轨道交通票务系统的架构图	未来,随着经济的快速发展和城市化进程的加速推进,轨道交通票务系统的应用场景和需求将更加多元化。例如,随着高速铁路、城际铁路等交通工具的快速发展,跨城市、跨地区的出行需求将逐渐增加。此外,随着共享出行、网约车等新型出行方式的兴起,轨道交通票务系统的用户群体也将进一步扩大
城市轨道交通票务系统的业务管理	说明车站票务工作在账务管理中的地位和作用	
城市轨道交通车站票务组织架构	绘制你所在或所熟悉城市的城市轨道交通运营企业的票务部门管理组织架构图	
车站各岗位票务工作职责	对比不同城市的城市轨道交通车站各岗位票务工作职责的异同	
城市轨道交通新型智能支付方式	城市轨道交通新型智能支付方式对票务工作有哪些影响?	
车票的发展历程	畅想未来车票的发展趋势	
各票种的适用范围	列出你所在或所熟悉城市的城市轨道交通运营企业推出的票种	

续上表

知识梳理	知识运用	能力迁移与拓展
车票的配转流程	车票的流动对车票管理有什么影响？	大数据和人工智能技术的发展将为轨道交通票务系统带来更多的创新和变革。通过对大数据的分析和挖掘，能够为票务系统提供更精准的预测和优化服务。例如，通过分析用户的出行时间、路线、票价等信息，为用户提供个性化的出行方案和优惠服务。此外，利用人工智能技术，能够为票务系统提供更智能化和自动化的服务。例如，通过人工智能的语音识别和智能客服技术，为用户提供更便捷、高效的咨询和售后服务。 未来发展趋势还将对轨道交通运营企业产生深刻的影响和启示，首先，轨道交通运营企业需要更加注重用户需求和体验，积极探索多元化的服务模式和商业模式，为用户提供更全面、便捷的出行体验。其次，轨道交通运营企业需要加强技术创新和信息化建设，积极利用大数据和人工智能技术，提升系统的智能化和自动化水平，为用户提供更高效、优质的服务。最后，轨道交通运营企业需要加强合作和创新，积极与其他出行服务提供商合作，打造一体化的出行服务生态系统，提升整体的市场竞争力和用户体验。 多元化的应用场景和需求，大数据和人工智能技术的发展，对轨道交通运营企业的影响和启示是未来发展趋势的重要内容。在未来，随着数字化时代的加速推进和人们对出行体验的不断追求，轨道交通票务系统将迎来更多创新和变革。 学习以上拓展知识，思考轨道交通票务系统的创新发展及其对城市轨道交通发展的影响，以及对目前城市轨道交通车站职业岗位的新要求
车票的安全管理	车站是如何保证车票的安全的？	
地铁票制	你认为最理想的票制是什么？	
起步距离及起步价	列出你所在或所熟悉城市的城市轨道交通的起步距离及起步价	
费率的确定	除了本书中列出的影响费率确定的因素外，你认为还有什么因素会影响费率的确定？	
票务通用政策	对比两个不同城市的城市轨道交通票务通用政策的异同	
现金管理概述	城市轨道交通新型智能支付方式对票款收益的影响是什么？	
现金安全管理	现金安全管理的关键点是什么？	
现金的交接	思考：为什么要进行现金交接？交接人员是谁？	
票务工器具的管理	随着城市轨道交通新型智能支付方式的普及，票务工器具会有什么变化？	
票务钥匙的管理	谈谈你对票务钥匙的重要性的理解	
票务报表管理	你认为城市轨道交通新型智能支付方式普及后，票务报表的种类会减少还是增加？	
票据管理	票据管理的重点在哪里？	
票务管理系统	票务管理系统与财务管理系统的联系是什么？	
普通票务事务处理	对比不同城市的城市轨道交通退票处理的不同之处	
AFC设备故障下的票务事务处理	对比不同城市的城市轨道交通AFC设备故障下的票务事务处理的不同之处	
降级运营模式下的票务事务处理	对比不同城市的城市轨道交通降级运营模式下的票务事务处理的不同之处	

学习任务 1　票务系统管理

知识重点

1. 城市轨道交通票务系统的概念和作用。
2. 城市轨道交通票务系统业务管理的基本内容。
3. 城市轨道交通车站票务组织架构。
4. 车站各岗位票务工作职责。

知识点 1　城市轨道交通票务系统概述

城市轨道交通票务系统是轨道运营方为向乘客提供快捷、优惠的出行,有效进行票务收入管理,合理配置运营系统(运营设备、运营模式)资源而建立的一套满足城市轨道交通票务管理需求的系统。

城市轨道交通票务系统是城市轨道交通票务收入和结算的基础,只有通过安全、可靠和完备的自动售检票系统才能有效实施票务的结算和清分。网络票务系统的统一规划,是实现线路之间换乘的基础条件,否则,可能导致各条线路的票务系统不兼容、车票介质不兼容,因而无法实现互联,不能实现信息的共享,也无法进行交易数据的清分。在设计票务系统时,本着"快捷、方便""以人为本"的宗旨,城市轨道交通票务系统应具有以下作用:

票务系统概述

(1)有利于提升城市轨道交通行业的社会形象和服务区域形象。
(2)有利于提高运营管理水平,保障票务收益。
(3)有利于管理责任落实,保证交易数据和票务信息的安全。
(4)有利于简化操作,方便出行,提高乘客的出行效率。
(5)有利于提供准确的客流及票务统计分析数据。
(6)有利于减少现金交易、人工记账及统计工作,提高准确率和效率。

知识点 2　城市轨道交通票务系统的业务管理

城市轨道交通票务系统主要功能是制定票价等运营策略,对车票制作、车票出售、入站检票、出站检票和补票、罚款等营收信息进行有效管理。随着系统功能的不断扩展,票务系统也承担起对运营状况进行监控管理的职责。合理的票务机制能有效培育客流和提高运营效益。

城市轨道交通票务系统是 AFC 系统实施的必要环境和基础;而 AFC 系统则是票务系统实现的手段之一,它能有效提高票务系统的管理水平和运营效益。票务系统的业务管理是借助自动售检票系统来实现的,主要内容有:票卡管理、规则管理、信息管理、账务管理、模式管理、运营监督等。

1. 票卡管理

票卡就是乘客使用的车票,用于记载乘客的出行和费用信息,是乘车的有效凭证。票卡管理就是对票卡的发行、使用、更新等全过程进行的有效管理。票卡发行及其使用主要包括车票编码定义、车票初始化、车票的赋值发售、车票的使用等。

2. 规则管理

为保证票务系统能够在多部门和多环节高效运行,就必须制定一套科学、严密的规则、流程,包括票价策略、结算规则、权限管理、操作流程等。票价基本政策主要指城市轨道交通运营企业对计价方式、乘车时限、乘车限制等方面的规定。

3. 信息管理

信息化是自动售检票系统的一个基本特征。AFC 系统可根据交易信息为决策或规划提供客流信息。为给有效的管理和决策提供可靠的信息,需对票务系统收集的基础数据进行深度挖掘、加工,开展统计分析并发布信息。通过票务系统的信息挖掘,可以进一步了解区域客流特征,为管理提供量化的决策依据。

4. 账务管理

账务管理是对票务系统的票务收入进行汇缴、清算、入账等过程的管理,包括账号设置、票款汇缴、登账稽核、收益清算、资金划拨和对凭证进行有效管理等。

5. 模式管理

模式管理就是针对不同的运营状况所做出的相应操作行为的选择和实施,包括正常运营模式、降级运营模式以及相配套的运营管理模式。

6. 运营监督

运营监督就是通过票务系统设备以及所具有的完整、严密、及时的信息流对运营状况进行实时跟踪监督,以提高运营质量和服务水平,包括信息传输状况监督、客流状况监督、调配监督、收款监督和收益监督。

知识点 3　车站票务组织架构

在正常情况下,车站实行层级负责制,由上至下依次为:中心站站长、值班站长、值班员、站务员。城市轨道交通票务部门的管理组织架构如图 4-1 所示。

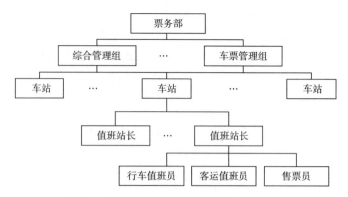

图 4-1　城市轨道交通票务部门的管理组织架构

知识点 4　车站各岗位票务工作职责

由于各城市轨道交通运营企业管理方式的不统一,以及车站设备设施的差异,故车站票务岗位设置也不尽相同,其岗位职责及作业流程也有差别。现以国内某城市轨道交通运营企业为例,介绍车站各岗位票务工作职责。

1. 中心站站长(站区长)

(1)全面负责车站票务运作管理。

总体负责车站的票务管理工作,确保车站的票务运作顺畅。

(2)组织票务业务培训,指导和监督车站票务作业。

组织车站行车、客运和票务工作,编制、执行车站行车、票务和客运组织方案;按要求组织中心站内各站值班站长召开交接班会,组织票务业务培训;监控值班站长行车、客运和票务工作,监督、检查、指导车站员工的票务工作。

(3)总体负责车站的车票、现金以及票务备品安全。

对车站站存车票、现金、票据和票务备品的安全负领导责任,并负责保管部分票务备用钥匙。

(4)负责车站票务突发事件的应急处理。

处理票务紧急情况,必要时处理乘客的票务纠纷;协助票务事故的调查处理。

2. 值班站长

(1)负责本班票务运作管理,检查、督促、指导、协助客运值班员开展相关票务工作;负责在运营开始前操作计算机系统(SC),同时监控 SC 及 AFC 设备的运作;处理简单的 AFC 设备故障;负责安排巡站工作。

(2)负责车站的车票、现金以及票务备品安全。

具体负责本班车站的车票、现金、票据、票务备品安全;保管部分票务钥匙,紧急按钮钥匙及钱箱钥匙一般由值班站长保管。

(3)负责乘客票务纠纷的处理。

现场处理乘客的票务纠纷。

(4)处理票务紧急情况,执行紧急情况下的票务运作模式。

3. 客运值班员

(1)负责对 AFC 系统及相关设备运作状态的监控。

(2)负责票务作业安排和管理。

负责安排钱箱、票箱的更换工作及废票箱的清理工作;负责给 TVM 补币、补票;负责给售票员配票、配备用金以及结账;负责完成相应票务报表、台账的填写,在 SC 上输入相应数据及每月报表的装订和存档;负责车票、报表的接收及上交工作;负责清点钱箱、票箱,车站票款的解行。

(3)负责车票、现金、票务备品安全。

负责票务室的车票、现金、票据、票务备品的完整、齐全;负责保管车站部分票务钥匙。

(4)负责乘客事务的处理。

处理与乘客相关的票务事宜,处理简单的 AFC 设备故障(吞币、卡票、卡币);负责办理团体票及安排、监督、协助站务员的票务工作。

(5)协助值班站长处理票务紧急情况。

4. 行车值班员

(1)负责对 AFC 设备运作状态的监控。

(2)负责 AFC 系统及相关设备故障的报修。

(3)负责部分票务钥匙的保管。

(4)执行紧急情况下的票务运作模式。

5. 售票员

(1)负责乘客事务的处理。

负责客服中心的售票、车票更新等相关工作,及时处理乘客的无效票和过期票,处理简单的 BOM 设备故障,向乘客提供优质服务。

(2)完成相关票务工作。

严格按票务制度和有关规定出售车票、处理车票,确保票、款、账的安全和正确;完成相应票务报表的填写及上级布置的其他票务工作。

(3)执行紧急情况下的票务运作模式。

6. 站务员

(1)负责引导乘客正确操作票务设备。

(2)负责简单的 AFC 系统及相关设备故障的处理。

(3)协助完成相关票务工作。

(4)负责 AFC 系统及相关设备运作状态的巡视。

(5)执行紧急情况下的票务运作模式。

训练任务 5　售票员售票技能训练

(一) 训练目标

掌握车站售票员岗位工作的基本技能,能够完成车站售票员岗位的票务工作。

(二) 训练内容

(1) BOM 系统、票务管理工作站的操作。

(2) 售票员现场售票、储值卡充值、票卡异常处理、交清当班票款、结算单填写等日常票务工作。

(三) 训练准备

(1) 手提金库、硬币盒。

(2) 备用金若干。

(3) 售票员结算单(空表)。

(4) BOM 系统。

(5) 票务管理系统。

(四) 训练流程

(1) 角色扮演,3 名学生分别扮演乘客、售票员和客运值班员。

(2) 客运值班员训练任务要求:

①按照客运值班员给售票员配票的标准作业程序,正确完成给售票员配票作业过程,正确填写相关表单,并正确录入相关数据。

②按照客运值班员给售票员结账的标准作业要求,正确完成给售票员结账工作,正确填写相关表单,并正确录入相关数据。

(3) 乘客配合训练要求:

①在 BOM 上购买 1 张储值卡,并储值 100 元(包括票卡押金 20 元)。

②在 BOM 上购买不同面值的单程票(每次只允许买一张)。

③完成所有单程票的进闸、出闸;模拟一次超时(在付费区等待 2min 以上再出闸)、一次刷卡未进站、一次进站未刷卡,并向当值售票员(配合售票员)请求票卡异常处理。

④训练结束后,向小组长上交手中的储值卡。

(4) 售票员训练任务要求:

①按照售票员配票的标准作业程序,填写相关表单,正确完成售票员配票作业过程。

②按照售票员售票的标准作业程序,准确完成 10min 的售票过程,并进行票务异常情况处理,保证票款账实相符。

③按照售票员结算标准作业要求,填写相关表单,正确完成售票员结算作业过程。

④按照售票员交接班标准作业要求,正确完成售票员交接班工作。

售票员业务流程如图 4-2 所示。

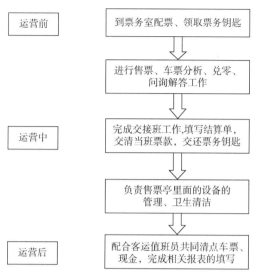

图 4-2　售票员业务流程

知识点 5　新型智能支付方式

城市轨道交通作为城市的交通枢纽,其传统售检票系统及票务系统在互联网时代面临诸多考验,包括建设运维成本高、运营维护难度大、票务管理有局限及新支付技术应用困难等。人工智能时代,应开展"互联网＋轨道"模式的技术应用,打造"智慧出行"品牌,围绕互联网技术进一步提升城市轨道交通的票务管理水平。

1. 传统支付方式的弊端

传统的购票方式为采用现金购票,即乘客进入车站后,在人工售票处或者自动售票机上选择路线和目的站进行购票,买票后凭票进出站。这种原始的购票方式效率低,在客流量较大时,排队买票耗时较长,同时,城市轨道交通运营单位也需要投入更多的人力服务乘客。

2. 新型支付方式

随着移动支付和互联网的迅速发展,新型支付方式已经成为城市轨道交通运营的支付主流。其核心就是需要进行身份注册和实名认证,认证后,先乘坐后付钱,乘车后根据乘车记录进行结算。

(1) TVM 端手机二维码支付

TVM 非现金支付方式主要是用手机扫聚合码支付的方式,该模式下 TVM 不需要添加必要硬件来代替现金支付。乘客在 TVM 设备上选择完购票信息后,屏幕上将显示二维码,使用支付 App 来扫码购票,手机 App 需要对后台服务器进行访问,访问完毕后,服务器会根据客户端所提供的购票信息将交易订单送往支付系统,支付完毕后设备出票。

(2) 手机 App 二维码过闸

目前,全国各城市积极推出移动 App 扫码进出站的功能应用,已采用手机二维码过闸的城市轨道交通有很多。以天津地铁扫码支付为例,全线路所有闸机已完成非现金支付改造工作,在闸机端增置了二维码扫码读头。例如,乘客通过下载"天津地铁"App客户端,开通扫码乘车的功能,即可持天津地铁App的乘车码进出站,行程结束后完成费用计算和扣费。同时,乘客可以通过手机App客户端来查询行程等相关信息。手机二维码过闸功能的应用,充分发挥了线上服务优势,减少了现场人员排队和拥挤等问题,大大优化了乘客的出行体验。

(3)手机NFC支付

NFC也是一种新型的移动支付方式,与前文所提到的二维码支付方式有所区别,NFC不需要移动数据和网络,是一种无线通信技术,有效解决了部分乘客在地下或者其他信号不好的地点没有网络信号的问题。开通了NFC功能的手机在SIM卡或者硬件中录入了银行卡数据,相当于把手机当成了刷机支付的终端。目前,支持使用NFC支付功能的有武汉轨道交通、合肥轨道交通、南京地铁等。

(4)生物识别技术

生物识别技术就是通过对生物提取唯一性的特征(例如人体的生理行为特征),来建立一个数据特征的模板,并将其转为数字化信息,从而完成个人身份验证的技术。常见的有指纹识别、人脸识别、虹膜识别、声纹识别、掌经脉识别等。这种技术和城市轨道交通相结合的支付方式,大大提高了支付速度和效率,缩短了乘客的等待时间。此外,生物识别技术还大大优化了乘客的出行体验,提高了安全水平。生物特征作为人体固有的特征,是不会轻易丢失或被盗取的,具有唯一性和不可复制性,具有非常高的安全性,体现出其自身强大的优势。

指纹识别是目前应用最广、技术最成熟的生物识别技术,相对于其他技术价格更便宜,通常被应用于门禁系统、考勤打卡、手机锁屏开机等。这一技术的本质就是根据每个人指纹不同的特性来对个人的指纹进行采集。

人脸识别是通过拍摄获取人的面部特征,运用计算机网络技术与本人进行比对,判断是本人后,用本人所绑定的支付账户进行结算。乘客将身份证和银行卡在终端上完成绑定和识别后,乘车就无须带乘车卡,只需刷脸就可以进站乘车。

(5)无感支付

无感支付可以理解为不刷卡的支付方式,在我国停车场和高速公路方面运用广泛。用户在手机客户端中将银行卡和自己的车牌号绑定,通过对车牌号的识别从而直接从绑定的银行卡中扣除费用。

3. 城市轨道交通新型智能支付方式的发展趋势

NFC支付和二维码支付都属于移动支付,都需要载体的支持,且二维码支付受到网络信号的限制,有些乘客在地下或者网络信号不好的情况下无法完成支付,面对以上限制,城市轨道交通大力发展"无卡支付"这一技术。目前,正在试点应用阶段的生物识别无感支付不需要手机或者其他载体,只需要本人识别就可以实现直接快速支付,这一技术将成为未来的发展趋势。城市轨道交通还在蓝牙技术方面进行探索,研究出"无卡过闸"的模式。当乘客进站时,带有这个功能的闸机自动与乘客的手机蓝牙功能相连接,直接将乘车记录录入乘客的手机中,并从银行卡或者第三方支付账户中扣除乘车所产生的费用。

学习任务 2　车票管理

📝 知识重点

1. 城市轨道交通车票的发展历程。
2. 城市轨道交通车票的种类和各票种的适用范围。
3. 城市轨道交通车站车票的配转流程。
4. 车站车票保管、盘点、交接、借调、上交的基本要求。

车票是乘客的乘车凭证,记载了乘客一次乘车行程的时间、费用、乘车区间等信息。车票按记录介质的不同,可分为印刷、磁记录、数字记录三种;根据信息读写方式的不同,可分为视读和机读两种。售检票方式有人工方式、半自动方式和自动方式。

知识点 1　车票的发展历程

城市轨道交通的车票大致经历了纸票、磁性票卡、智能票卡三个发展阶段。

1. 纸票

早期的纸票一般由存根、主券、进站副券、出站副券四部分组成,如图 4-3a)所示。经过发展变化,纸票演进为由存根、主券、副券组成,如图 4-3b)所示。

乘客在购票过程中,票务人员把车票存根撕下,将其余部分交给乘客,存根是地铁车站内部进行收益稽核时使用的;进/出站副券分别是乘客在进、出站检票时提供给检票人员检查的;主券是最后留给乘客,供乘客收藏或作为报销凭证使用的。纸票的所有信息印制在票面上,保密性不好,容易伪造。

a)　　　　　　　　　　　　b)

图 4-3　北京地铁普通纸票

2. 磁性票卡

磁性票卡(图 4-4)是一种利用磁记录特性对有关信息进行记录交换的卡片,由高强度、耐

图 4-4　磁性票卡式单程票

高温的塑料或纸质涂覆塑料制成,防潮、耐磨且有一定的柔韧性,携带方便,使用较为稳定可靠。通常,磁性票卡的一面有磁涂层,另一面则印有插入方向提示信息。为简化设备结构,大部分系统的磁性票卡上有定位孔槽等标识。

磁性票卡可机读识别和反复使用,但其容易受磁场干扰发生变化,必须与设备直接接触才能读写,随着时代发展和技术进步,磁性票卡逐渐被淘汰。

3. 智能票卡

智能票卡利用集成电路的原理来处理及传递信息,它将集成电路芯片镶嵌于塑料基片上,利用集成电路的可存储性,保存、读取和修改芯片上的信息。智能票卡又叫 IC 卡。按照 IC 卡与读写设备通信方式分类,可分为接触式 IC 卡和非接触式 IC 卡。

1)接触式 IC 卡

接触式 IC 卡(图 4-5)与读写设备的连接是通过卡片正面的触点进行的。接触式 IC 卡一般由基片、接触面、集成电路芯片组成。

接触式 IC 卡相对磁性票卡而言,有更大的存储容量,抗干扰性更强,安全保密性也更好,但是依然需要通过直接接触读写数据,卡和读写器间的磨损大大缩短了其使用寿命,同时每笔交易的等待时间较长,严重影响其在需要快速响应场合中的应用。

图 4-5　接触式 IC 卡(尺寸单位:mm)

2)非接触式 IC 卡

非接触式 IC 卡通过无线电波完成与读写设备之间的连通,是一种将相关电路封装在智能卡里,采用射频原理,通过收发天线与读写设备进行信息交换的智能卡,由于不需与读写设备直接接触,故称为非接触式 IC 卡。非接触式 IC 卡由集成电路、天线和封装材料组成。

(1)薄(卡)型非接触式 IC 卡

薄(卡)型非接触式 IC 卡如图 4-6 所示。

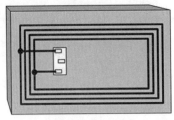

a)内部集成电路和天线

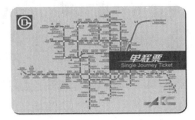

b)外部封装材料

图 4-6　薄(卡)型非接触式 IC 卡

(2)筹码型 IC 卡

筹码型 IC 卡(图 4-7)常见尺寸:直径为 25~30mm,厚度为 2.0~3.5mm。

图 4-7 筹码型 IC 卡

薄(卡)型非接触式 IC 卡与筹码型 IC 卡的异同:

①两种票卡在终端设备、系统结构、应用软件等方面基本一致。

②筹码型 IC 卡的传送可依靠重力和滚动,处理装置较简单,维护工作量小,但由于筹码型 IC 卡尺寸太小容易丢失,在运营初期会带来一定的经济损失。

③薄(卡)型非接触式 IC 卡依据专门的传输装置,因此终端设备及维护等比较复杂,薄(卡)型非接触式 IC 卡易于携带,符合乘客使用习惯。

(3)异型 IC 卡

异型 IC 卡(图 4-8)并不指某类型的卡,形状上非规则的都可称为异型 IC 卡。

以上类型的票卡中,非接触式 IC 卡应用范围最广,在交通行业的自动收费系统中具有一定的代表性。

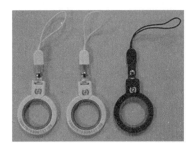  

车票的发展历程

图 4-8 异型 IC 卡

知识点 2　各票种的适用范围

地铁车票主要有单程票、储值票、员工票、纪念票、测试票、出站票、日票、团体单程票、纸票、公交一卡通等不同票种,如图 4-9 所示。

1. 单程票

单程票是指乘客以一定金额购得一次服务旅行承诺,只可进行一次进站和出站行为的车票。通过系统参数设置,可以定义单程票的有效期限和区间。

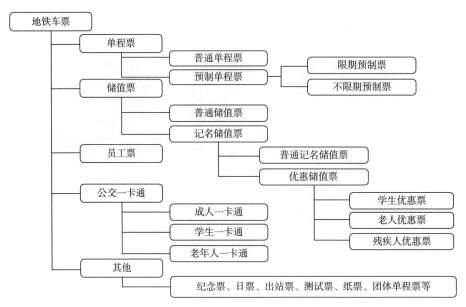

图 4-9　地铁车票票种

目前国内城市轨道交通票务系统中,常见的单程票从外形上分,有薄(卡)型和筹码型两种。在实际运营过程中,从应用角度出发,又分为普通单程票和预制单程票。而预制单程票又分为限期预制票和不限期预制票。

普通单程票是指在车站 AFC 系统终端设备上发售,在地铁 AFC 系统中循环使用的非接触式 IC 卡,限于售卖站、单次、单车程使用,出站回收;预制单程票是指经过编码分拣机(E/S)或半自动售票机预先赋值的单程票,通过人工售卖以弥补大客流情况下设备售票能力不足的问题。预制单程票的特点是已赋有一定的金额,有较长的使用期限,经过编码分拣机预制的单程票在有效期内每个车站都可以使用,而通过半自动售票机预制的单程票通常只能在本站使用。

从使用范围来看,单程票一般仅限在城市轨道交通内部循环使用。单程票采购回来后,在制票中心经过初始化、编码工作,然后被配发到车站,通过自动售票机发售,乘客坐地铁出站后由出站闸机回收,回收后的车票可在车站循环使用。异常车票交回制票中心重新进行初始化、编码。

2. 储值票

储值票内预存一定资金,可多次使用,每次使用时根据费率扣除乘车费用,出站后不回收。储值票一般分为普通储值票和记名储值票。

(1)普通储值票。卡上没有持卡人的个人信息;使用后如无污损可以退还给地铁公司重新发行使用;票卡不能挂失;不能享受信用消费和信用增值服务。

(2)记名储值票。卡内保存持卡人的个人信息,如持卡人的姓名、性别、身份证号等,卡面可根据需要印刷持卡人的姓名、性别、身份证号、照片等;记名储值票可以挂失;可以享受信用消费、信用增值以及其他特殊服务;表面印有个人信息的记名储值票不允许转让使用,也不能退还。

对于这两种储值票,还可设置很多种不同的类型,包括成人储值票、学生储值票、老人储值票等。乘客在使用储值票时,每次车程的车费在通过出站闸机时从储值票的余值中扣除。

储值票经车站半自动售票机人工出售。由于储值票采用具有大存储容量和高安全性的CPU 卡,而其他票种的 IC 卡采用低成本的存储卡,故出售储值票时,每张储值票须收取押金。售票员售卖、充值储值票时,必须先在 BOM 上对储值票进行分析,确保每一张储值票有效且余值正确,并请乘客通过显示屏确认。优惠储值票在通过闸机检票时,有特殊的声、光提示。储值票过期后,乘客可在车站的客服中心办理延期手续。储值票可以通过自动售票机、自动增值机以及半自动售票机进行增值,卡内金额一般有一定上限要求,不同城市的规定不同。

3. 员工票

员工票与记名储值票类似,只是在进、出地铁检票设备时有更多的选择,即可通过 AFC 系统设置为采取扣费方式或采取计次方式或采取不做任何交易记录的方式等,员工离开地铁公司时员工票收回。

4. 纪念票

纪念票有计次纪念票和定值纪念票两种,如图 4-10 所示。

图 4-10　纪念票

(1)计次纪念票出站时不计里程,只减次数。
(2)定值纪念票与一般储值票的外形和适用范围基本相同,出售时票面金额固定。
纪念票不回收,不能退还,也不能增值,卡的成本将计入票价。

5. 测试票

测试票涵盖所有类型的车票,只允许在测试状态下使用。测试票的作用是模拟相应车票的操作,因此,不同的测试票与其相应的车票的使用方法完全相同,只是测试票操作所形成的交易记录与其他票种操作所形成的交易记录有差别。

单程测试票由闸机自动回收,并清除标志。

6. 出站票

出站票是一种专用于出站的车票,与单程票完全相同。当乘客的车票损坏或丢失时,乘客将无法通过出站闸机,在此情况下乘客必须到半自动售票机领取(车票自然损坏)或购买(车票丢失或被损坏)一张出站票出站。出站票内含有车站信息,只能在本站使用。出站后回收,并清除标志。

7. 日票

日票是城市轨道交通公司为方便旅游、出差人士推出的票种,有一日票、三日票、五日票、七日票等,如图 4-11 所示。乘客自购票之日起,在车票有效时间内,可不限里程、不限次数使用,使用时检查进出站次序。日票不回收、不充值、不退还,卡的成本计入票价。

图 4-11　日票

8. 团体单程票

达到城市轨道交通公司规定人数以上的团体可到各车站办理团体单程票业务。一般来说,使用团体单程票有一定的折扣优惠。如有的地铁公司规定 30~99 人为 9 折优惠,100 人及以上为 8 折优惠。

团体单程票出售后不予退换,只能在购票站通过边门进站乘车,只能进、出站一次,且当天有效。

9. 纸票

BOM、TVM 全部故障或大客流需要时可在客服中心(或临时售票亭)出售纸票,纸票通常是固定面值。发售时须由车站人员盖上站名章和日期章。纸票仅在日期章当日及售卖站使用,出售后通常不予退换。纸票只能在购票站通过边门进站乘车,只能进、出站一次,且当天有效。

由于 AFC 系统无法识别纸票,故对纸票的售检票方式与使用 IC 卡时的售检票方式不同。纸票售卖站需向控制中心行车调度员通报售卖纸票的开始时间和停止时间,由行车调度员将售卖纸票的相关信息通知其他车站,以便提前做好开始或结束人工检票的准备。

10. 公交一卡通

公交一卡通是利用先进的计算机、通信、信息处理、IC 卡技术及安全保密等技术手段建立的以售卡、充值、结算为中心业务的服务平台,该系统采用非接触式 IC 卡作为支付介质,应用于市政、公共交通等领域。

城市轨道交通车站通常可以代售普通"成人一卡通",也可以办理一卡通的充值业务,但若票卡出现损坏或不能使用等异常情况,必须到一卡通中心处理。

知识点3 车票的配转流程

车票配送部门根据上报的库存量结合车站所需数量配发车票。遇节假日大客流时,车站可根据预测客流情况上报所需预制单程票数量,车票配送部门应提前备好送到车站。配送员将清点加封好的车票配送至车站后,与当班客运值班员进行交接。

车站是城市轨道交通运营企业的车票发售、流通中心,车票配送部门将车票配送到车站后,即由车站对车票进行安全管理。在自动售检票模式下,车票通过一系列自动售检票设备进行流通、周转,实现系统内的循环使用。车站需要时将一定数量的单程票补充进自动售票机的票箱内,以供乘客自行购买;另外,车站还需要将一定数量的单程票、储值票配发到客服中心,由售票员在半自动售票机上操作发售。

乘客在自动售票机或客服中心购得车票后,持车票进闸乘车。出闸时单程票由出站闸机回收,供车站投入自动售票机中循环使用;储值票闸机不回收,供乘客重复使用;车票有异常问题时,乘客可持问题票到客服中心进行处理。当乘客在购买单程票或储值票后,因特殊原因需要退票时,可到客服中心办理,售票员退还乘客购票金额,回收乘客车票。

城市轨道交通运营企业车票的配转流程如图4-12所示。

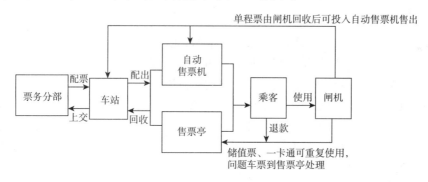

图4-12 车票的配转流程图

知识点4 车票的安全管理

1. 安全保管规定

因车票自身制作成本及所赋予的价值,车票属于城市轨道交通运营企业财产的重要部分,其安全管理直接影响企业收益安全。为保证车票的安全,原则上车票只能存放于专门的安全管理区域。具体规定如下:

(1)原则上车票只能存放于票务室、客服中心、临时售票亭、自动售票机、出站闸机、车票回收箱等处。

票务室是设置在车站设备区内,专门用于保管车站现金、车票及结算票款的工作间。车站应根据车票的性质、票种在票务室内划分区域,对车票实行分类存放,建立专门的台账对车票的分类存放、配发、回收等流通情况进行记录,并定期安排专人对各类车票进行全面盘点,以确保台账记录情况与实际清点情况相符。票务室内存放车票的票柜、保险柜,在无人值守时应处于锁闭状态。赋值一卡通、赋值储值票和预制票应存放于票务室内的保险柜或上锁的票柜中。

(2)客服中心(临时售票亭)车票保管:售票员在客服中心处理车票时,应将车票放在乘客接触不到的地方,尤其存放于临时售票亭的车票须做好防盗工作。

(3)车票在运送途中一律放在上锁的配票箱、票箱或手推车中。赋值一卡通、赋值储值票和预制票需由两名车站运营人员负责运送以保证运送安全。

(4)保管车票时,注意防折曲、刻画、腐蚀、水、重压和高温。

2. 车票的加封和开封

车票在经相关工作人员清点并确认数量后,可按适当方式进行加封保管,以保证车票保管的安全、准确。所有车票的加封需由参与清点的人员负责。

车站开封有值车票、乘客弃票、回收箱地铁储值票和一卡通、与售票员结算相关的车票、临时测试借用归还的车票时,由客运值班员或以上级别人员与另一名车站员工在仪器监控摄录状态下完成。其他车票可由客运值班员或以上级别人员在仪器监控摄录状态下单人开封清点。拆封或使用过程中车票出现数量不符要及时上报上级票务部门。开封后发现车票数量或信息有误,待核查清楚后方可使用。

3. 车票的盘点

(1)原则上盘点工作在每月最后一天运营结束后进行。

(2)车站需对站存各票种车票分票种、票价进行全面盘点。

①已按规定加封车票的盘点:无须拆封,按加封数量盘点。

②未按规定加封或未加封车票的盘点:由客运值班员或以上级别人员与另一名车站员工共同清点。客运值班员在票务室时,闸机回收票可由站务员单人在仪器监控摄录状态下盘点。

③盘点时发现车票数量不符时,闸机回收票可以直接由盘点人员按盘点数量加封,其他车票客运值班员须立即通知值班站长到现场核查。

④盘点结束后,盘点人员在票务系统相应界面记录盘点情况。

⑤盘点日单程票的清点:车站将每台 TVM 内剩余的普通单程票、闸机回收票及车票回收箱内的普通单程票全部回收后用点票机清点,该清点数量与票务室内站存的其他普通单程票(不含 TVM 废票、BOM 废票等需随报表上交的单程票)的合计数量在票务系统相应界面记录。

⑥盘点日回收箱的清点:回收箱需由客运值班员或以上级别人员和另一名员工开启,共同清点加封回收箱回收的车票和现金,并做好记录。

4. 车票的交接

1)车站内部、站间车票的交接

车站进行车票交接时,应做好交接记录。交接赋值车票时,车站可通过确认车票信息或确认车票 ID 的方式进行,若通过确认车票 ID 方式进行交接,则需设置台账,并做好记录。

交接时若发现车票数量或信息有误,按实际数量进行签收。车站需及时组织调查,同时将情况逐级上报,差额情况及时在台账和票务系统相应界面记录。

车站内部票务作业/交接内容及台账/报表种类如表 4-1 所示。

车站内部票务作业/交接内容及台账/报表种类表　　　　表 4-1

票务作业/交接内容		台账/报表记录
客运值班员与客运值班员交接	AFC 设备、钥匙、工器具、备品备件及对讲设备情况	台账"车站票务交接班登记本""票务钥匙使用记录表"
	备用金、票款及车票数量	台账"车站票务交接班登记本"
	发票	台账"车站票务交接班登记本"
	核对票务报表	
	其他需特别说明的情况	台账"车站票务交接班登记本"
售票员与售票员交接	票务备品、工器具及对讲设备	台账"车站售票问讯处交接记录表"
	钥匙(客服中心钥匙、BOM 收银钱箱钥匙等)	台账"车站售票问讯处交接记录表"
	登录 BOM,检查 BOM 状态	
	其他需特别说明的情况	台账"车站售票问讯处交接记录表"
站厅站务员与行车值班员交接	对讲设备及钥匙(边门钥匙、自动扶梯钥匙等)	台账"钥匙借用登记表""车站备品借用/归还登记本"
客运值班员与售票员交接	钥匙	台账"票务钥匙使用记录表""车站售票问讯处交接记录表"
	票务备品、工器具及对讲设备	台账"车站售票问讯处交接记录表"
	车票、现金等	报表"售票员结算单"
	TVM 补币、补票	报表"TVM 补币记录表"、台账"TVM 加票记录表"
	回收闸机	台账"闸机回收车票记录表"
	TVM 钱箱、票箱回收	报表"钱箱清点报告"、台账"TVM 加票记录表"
	统计站存车票	报表"车站售票/存票日报"
	上交车票	报表"车票上交单"

2)车站与上级票务部门的交接

(1)配票

配票程序:配票人员到达车站后,客运值班员或以上级别人员在票务室根据"配票明细单"当面交接各种车票,确认无误后签名,并在票务系统相应界面和台账上做好记录。

配票时各种车票的交接规定如下:

①储值票/日票/一卡通/纪念票:必须在仪器监控摄录状态下当面清点车票数量无误后签收。赋值一卡通、赋值日票配送到车站后,车站在若干工作日内可通过确认车票 ID 或分析车票信息方式完成确认,若发现车票信息有问题,车站须及时报上级票务部门。

②预制票:对上级票务部门已加封的预制票,交接时接收人确认加封正确完好后可凭加封数量交接。

③编码单程票/纸票/赠票:凭加封数量交接。

(2)交接时发现实际清点数与加封数量不符的规定

车站按实际清点数接收车票,在"配票明细单"上注明问题车票的数量,相关车票的加封人、加封时间和加封内容,交接双方签名(盖章)确认。车站按实际接收的车票数量在票务系统相关界面记录。

5. 车票的借调

若车站遇设备大故障或大客流等突发情况,可申请站间调票。车票调入站与车票调出站的相关工作人员须按公司规定,通过加封数量或当面清点车票数量签收,并做好台账记录。车票借调流程如图4-13所示。

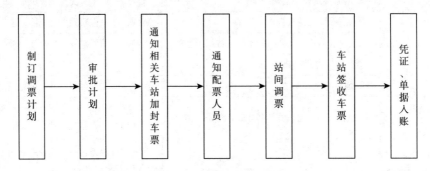

图4-13　车票借调流程图

6. 车票的上交

车站上交的车票包括:超过使用期限的预制票、自动售票机和半自动售票机发售过程中产生的废票、乘客的无效票、给乘客办理退款的车票、待清洗的车票、指定上交的车票等。车站客运值班员应按要求提前准备好车票,填写相关台账,待专人到站后根据台账清点各车票数量,确认无误后签认。

训练任务6　车票的加封技能训练

(一)训练目标

掌握车票加封的操作技能。

(二)训练内容

完成车站车票安全管理工作中的车票加封。

(三)训练准备

(1)票盒、钱袋、信封、砂纸(美纹纸胶带)。

(2)车票若干。

(3)加封人员人名章。

(四)训练流程

(1)将学生分成四组,分别按4种方式进行车票的加封训练。

(2)各组训练任务结束后,进行轮换练习,直至所有训练学生均完成4种车票加封方式的练习。

(3)实训任务要求(可按当地城市轨道交通运营企业的相关要求设计)。

车票可用票盒、钱袋、信封、砂纸加封,必须保证一经破封无法复原。封条上应注明:票种、数量、加封车站、加封人和加封日期(预制票还需注明期限及金额)。图4-14为某地铁封条样式。

图4-14 某地铁封条样式

①票盒加封。车票放入票盒后,用砂纸在票盒中间部位以一字形缠绕后,在接口处贴封条加封。

②钱袋加封。车票放入钱袋后,将钱袋口用绳子缠绕扎紧后用封条缠绕加封。

③信封加封。车票放入信封后,将信封口封住,再用封条将信封背面的接缝处封住。在信封的正面注明加封内容,并在信封背面封条骑缝处及封面上盖加封人员人名章。信封加封示意图如图4-15所示。

④砂纸加封。主要用于直接加封一些票面面积较大、便于用砂纸缠绕的车票,如纸票。将车票用砂纸(扎把带)以十字形缠绕后加封(无须装入信封),并在封条上注明加封内容。砂纸加封示意图如图4-16所示。

图4-15 信封加封示意图

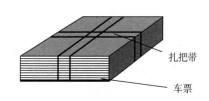

图4-16 砂纸加封示意图

学习任务 3　票务政策管理

知识重点

1. 城市轨道交通票制的基本类型及含义。
2. 国内目前城市轨道交通起步距离及起步价的基本情况。
3. 城市轨道交通费率确定的影响因素。
4. 票务通用政策的基本内容。

知识点 1　地铁票制

地铁票价有其自身的特点,制定时要考虑建设成本、前期投入、市民承受能力及地区的经济发展水平等因素。目前国内各城市常用的地铁票制有:一票制、计次制、区域制(分区制)、计程制等。

1. 一票制

以乘客乘坐地铁的次数计费,从乘客进站检票到出站检票为一次,无论行程长短,统一收取固定金额的费用。

北京地铁 2007 年开始实行一票制,除机场快轨以外,全路网 2 元/人次的票价一直延续到 2014 年,这种纯福利方式的地铁低票价政策是一种普惠政策,并非最明智的选择,不利于城市轨道交通的可持续发展。

2. 计次制

按乘客乘坐地铁的次数计费,与一票制不同的是,计次制通常配合计次票使用,该票种限定乘车次数,每乘坐一次扣减一次。通常这种票制不会单独采用,会与区域制或计程制结合应用。

3. 区域制(分区制)

按区间分段计价,在设定起价区间基础上每增加若干区间递增票价。如沈阳地铁 8 站以内起步价 2 元,9~12 站 3 元,13 站以上 4 元,两条地铁线路之间换乘,以站位累计计算,这属于典型的区域制计费方式。

2014 年以前,南京地铁实行的也是区域制,起步价 2 元,可坐 1~8 站,3 元可坐 9~12 站,4 元可坐 13 站以上;2014 年南京 4 条新线地铁开通后,对票制做出了调整,改区域制为计程制。

4. 计程制

按乘客乘坐的里程数计价,即按里程分段计费。结合时间计费可细分为计程计时制和计程限时制。有些轨道交通公司会根据高峰和非高峰时间划定票价,非高峰时段的票价较低,以分散高峰时段客流,鼓励乘客错峰出行,这种票制和计程制相结合就是计程计时制。绝大多数城市轨道交通公司还会限定乘客在付费区的乘车时限,这种规定和计程制结合就是计程限时制,国内大部分城市轨道交通公司都采用计程限时制,按照"递远递减"模式收费。

知识点 2　起步距离及起步价

城市轨道交通起步距离一般为 6~8km,5~8 站内。对起步价的确定,目前广州、深圳、成都、西安、天津、沈阳、武汉、重庆均以 2 元为起步价,北京、上海起步价为 3 元,香港起步价为 4 元。

可以看出,在确定某城市轨道交通起步距离和起步价时,会根据各个城市的居民收入和消费水平,结合城市轨道交通定位等因素考虑。

知识点 3　费率的确定

地铁费率的确定应充分考虑城市交通发展政策、地铁运营成本及效益、乘客经济承受能力、与市内其他交通工具和其他城市地铁的比价关系。

1. 城市交通发展政策

世界各国在制定城市公共交通票价时大都从城市交通政策和城市环境的宏观利益考虑,通过政府在财政及政策上的支持,以低于或等于运输成本的票价,向乘客提供以社会效益最大化为目标的客运服务,在社会效益最大化的前提下兼顾企业的经济效益。

2. 乘客经济承受能力分析

通过与国内其他主要城市居民经济承受能力对比,并参考其他城市地铁票价水平,可以定位城市地铁的费率。

3. 与市内其他交通工具的对比分析

地铁在城市交通中并不具有垄断性,面对的主要竞争者有小汽车、公共大巴、中小巴、出租汽车等,市民对出行方式的选择具有多样性和自主性。

地铁费率的制定主要有三种方式:一种是纯福利性的,如一些西方发达国家就采用这样的定价策略;一种是完全经营性的,如香港地铁,完全由公司定价,盈亏相抵,略有盈余;一种是准福利性的,费率不能按照成本定价,而是按照市民经济承受能力以及政府的财政承受能力来定价。可以理解为地铁票价属于政府定价范畴,地铁公司不享有在政府定价范围内自主定价的权利。在具体实施过程中,为实现"削峰平谷",提高地铁运营效率,地铁公司可根据运营需要提出多种促销和优惠措施,制定多样客票方案,上报市物价局批准后实施,从而最大限度地发挥地铁运能,实现社会效益和经济效益的双赢。

> **· 拓展知识 ·**
>
> **地 铁 票 制**
>
> 世界各国城市的地铁票制五花八门,各有特色,若论孰优孰劣,不能一概而论。
>
> 在伦敦,人们使用最普遍的是牡蛎地铁卡,不仅可乘坐地铁,还可乘坐公交车及市内短途火车。此外,还有按天、周、月和年付费的交通卡可供选择。
>
> 伦敦地铁计费标准非常复杂,主要根据经过的区域收费。伦敦分为9个区,乘坐地铁所经区域越多,收费越高,但每天乘地铁的费用金额有封顶。票价分高峰期和非高峰期,需要指出的是,伦敦地铁的高峰期时间很长,早高峰从6时30分至9时30分,晚高峰则从16时至19时。
>
> 针对不同的人群,伦敦地铁也有不同的优惠,其中包括5~10岁的儿童,11~15岁的青少年,16岁以上的未成年人,18岁以上的学生、学徒等成年人。60岁以上伦敦市区居民可免费乘坐公交。
>
> 10岁及以下儿童可在成年人的陪同下免费乘坐地铁,11~15岁的青少年可享受低价票,其中高峰期单程最低至0.8英镑(2023年1英镑约合8.95元人民币),最高至4.45英镑;非高峰期最低至0.75英镑,最高至3.1英镑,同样也是以跨区域的多少累加。
>
> 16岁以上未成年人可享受半价票,18岁以上人群则几乎都需买全价票。如果是学生或在25岁以下,可使用有效证件办理一张地铁卡,能节省大约30%的费用。但是在高峰期乘地铁不享受优惠。
>
> 另外,同样是按所跨区域收费的交通卡,7天最低收费为23.6英镑,最高81.7英镑;月票最低90.7英镑,最高313.8英镑;年票最低944英镑,最高3268英镑。
>
> 在经费方面,伦敦公交的费用每年都有不同程度的增长。数据显示,2009年1月至2014年1月,伦敦公交费用上涨了13.12%,而伦敦地铁票价每年涨幅为4%~5%。伦敦地铁的经费主要由地铁票、政府资助、部分商业税、商业收入(广告、出租)等组成,其中政府资助经费所占比例最大。据统计,2013—2014年伦敦地铁总收入近23亿英镑,同比增长7.6%,而同期伦敦地铁的营业开支超过25亿英镑。

知识点4 票务通用政策

城市轨道交通票务政策不完全相同,但也有其通用性。

1. 乘车限制

乘客需凭有效车票进入轨道交通付费区,车票实行一人一票制,即一张车票不可多人同时使用,进闸车票与出闸车票应当匹配。需报销凭证的乘客,可凭所购付费车票到车站客服中心领取。

2. 车票有效期

（1）单程票、团体单程票、纸票通常限发售当日、当站使用，过期视为无效并回收。

（2）储值票、免费票、员工票有效期通常为若干年，到期后须按规定办理延期手续后才能继续使用。

（3）纪念票、日票有效期以发行公布的有效期为准，到期后不可延期。

（4）公交一卡通的有效期由一卡通公司确定，到期后须到一卡通公司指定机构办理延期手续方可继续使用。

3. 限时乘车规定

为避免乘客在列车或站内付费区长时间逗留，造成拥堵或安全隐患，城市轨道交通运营企业通常会对乘客购票入闸至检票出闸的时间进行限制。乘客在付费区逗留的时间超过规定的乘车时限，称为滞留超时，简称超时。对滞留超时的乘客，会收取一定金额的超时车费。

各城市轨道交通公司会根据当前线网允许的最远乘车里程、列车的速度及乘客候车、换乘所需的合理时间确定乘车时限。2013年10月，沈阳地铁运营分公司因线路延长，将原有的120min乘车时限调整至150min；北京地铁目前的乘车时限为4h。

对超时产生的超时车费的规定，各城市轨道交通公司也不尽相同。如武汉和深圳轨道交通公司规定超时乘客须按线网最高单程票票价补交超时车费；长沙和杭州轨道交通公司规定超时乘客按本站最高单程票票价补交超时车费；北京、上海轨道交通公司目前规定的超时车费为全程最低票价3元。

4. 超程规定

当乘客所使用的车票不足以支付所到达车站的实际费用时，视为该车票超程。城市轨道交通公司通常规定乘客须补足实际车程费用后，对车票做更新处理，方能持票出站。

5. 既超时又超程的规定

当乘客既超时又超程时，各城市轨道交通公司的处理规定也有区别。如武汉和广州轨道交通公司按两者中较高费用收取；北京和深圳轨道交通公司则按两者费用之和收取。

6. 优惠乘车的规定

（1）现役军人凭"军官证""士兵证""学员证"，革命伤残军人凭"革命伤残军人证"，伤残警察凭"伤残人民警察证"，残疾人凭"残疾人证"可申请免费乘车。

（2）普通成人一卡通可享受一定折扣优惠，如武汉轨道交通目前是9折优惠；西安地铁是7折优惠；广州地铁单月坐地铁和公交消费累计15次以内9折优惠，从第16次开始乘坐地铁和公交均享受6折优惠；北京地铁单月消费100元以后，再次乘坐可享受8折优惠，当月消费总额满150元后，超出部分给予5折优惠，一直到支出累计达到400元后，不再享受打折优惠。

（3）学生一卡通和老人一卡通享受的优惠折扣通常比普通成人一卡通更高。

（4）乘客可以免费带领一名身高1.3m及以下的儿童乘车，超过一名的按超过人数购票。无成年人带领的学龄前儿童不得单独乘车。

7. 车票数据更新规定

(1) 进站次序错误(即乘客在非付费区):若乘客所持车票在进站闸机刷卡后未及时进闸,20min 以内免费对乘客车票进行更新,20min 以上则须交付费用。沈阳轨道交通公司规定超过 20min 的车票作废,须重新购票。

(2) 出站次序错误(即乘客在付费区):若乘客持车票未通过进站闸机刷卡就进入付费区,车票在出闸时会显示出站次序错误,此时根据票面发售站或乘客反映的进站车站免费对车票进行数据更新。

(3) 过期车票的数据更新:过期地铁储值票、免费票须到车站客服中心或售票亭免费进行数据更新,免费票更新时须出示持卡人有效身份证件。

8. 无票乘车的规定

乘客在付费区内遗失车票、无票或持无效票,通常须按线网(或本站)最高单程票票价补交车费后方可出闸,有些城市轨道交通公司还会加收罚款。如上海轨道交通公司规定乘客无车票或者持无效车票乘车的,须按照城市轨道交通线网最高单程票票价补交票款,并加收 5 倍票款。

9. 乘客携带品的规定

各城市轨道交通公司对乘客的携带品范围都有各自的规定,大部分城市轨道交通公司对乘客免费携带的物品质量和体积都有明确要求,超过规定的物品须加购行李票一张;若乘客所携带的物品过重、体积过大,则不得进站乘车;还有些会对城市轨道交通安全、设备或其他乘客产生不良影响的物品,也不得携带进站乘车。

武汉轨道交通公司规定,乘客携带的物品,总质量、长度、体积分别不得超过 20kg、1.6m 和 $0.15m^3$。严禁携带易燃、易爆、有毒、有放射性、腐蚀性等危险品和可能危及行车、人身安全的物品进站乘车,不得携带禽畜、宠物或易污损、无包装易碎、尖锐的物品进站乘车。

西安轨道交通公司规定,乘客进站乘车时携带的行李质量不得超过 30kg,外部尺寸(长、宽、高之和)不得超过 1.8m,体积不得超过 $0.15m^3$。每位乘客携带质量为 20～30kg,或外部尺寸(长、宽、高之和)大于或等于 1.3m,或体积为 0.1～$0.15m^3$ 的行李,需加购 2 元行李票。不得携带易燃、易爆、有毒、有放射性、有腐蚀性等危险品和宠物以及易污损、有严重异味、无包装易碎和尖锐的物品进站乘车。

10. 押金规定

每张地铁储值票、免费票收取车票租卡押金,通常为 20 元。

11. 车票回收规定

(1) 单程票在出站时由出站闸机回收,地铁储值票、免费票、纪念票等不回收。

(2) 单程票的退票规定大致有两种:一种是单程票一经售出,概不退票(轨道交通运营企业设备故障等方面原因除外);一种是规定符合一定条件可以退票。如广州轨道交通公司规定已购买的单程票没有进闸记录且票内信息能被读取,自购买之时起不超过 30min 的,乘客可以在发售站办理退票,单程票在售出 30min 后一律不予办理退票;上海、长沙轨道交通公司规定当日未使用的单程票可按票面值退票,非当日车票不予退票。

(3)地铁普通储值票、免费票的退票规定:未损坏的票卡,全额或收取一定折旧费后押金退还乘客;已损坏的票卡押金不予退还。各城市轨道交通公司关于票卡损坏的标准不尽相同。

> **拓展知识**
>
> **乘客事务中常见车票概念释义**
>
> (1)过期票:超过系统规定的使用有效期的车票。
> (2)折损票:人为或设备原因,造成票面破损或有折痕的车票。
> (3)自动售票机废票:自动售票机发售不成功,掉入自动售票机废票回收盒内的车票。
> (4)半自动售票机废票:半自动售票机发售不成功,掉入半自动售票机废票回收盒内的车票。
> (5)被替换票:在替换操作中,需要将车票余值替换到其他车票上的有值车票。
> (6)替换票:在替换操作中,用来替换被替换票的储值票。
> (7)出站票:通过出站检票机正常处理后,经半自动售票机分析显示为出站票的车票。
> (8)进站票:通过进站检票机正常处理后,经半自动售票机分析显示为进站票的车票。
> (9)预制票:经过编码分拣机或半自动售票机提前编码且赋值的单程票。
> (10)无效票:车票有余值,但无法正常通过进(出)站检票机,且无法使用半自动售票机进行更新处理的储值票。

学习任务4 现金管理

知识重点

1. 城市轨道交通车站现金的来源、备用金管理和票款管理的基本内容。
2. 城市轨道交通车站现金安全管理的相关要求。
3. 城市轨道交通车站现金交接的基本要求。

知识点1 现金管理概述

1. 现金的来源

城市轨道交通车站现金来源主要有两大类:备用金和票款。
备用金是指由上级部门配发给车站,专用于给乘客兑零、找零,自动售票补币,与银行兑零等的周转资金。

现金的来源

票款是指车站通过自动售票机、自动增值机、半自动售票机或临时售票亭向乘客发售车票及办理票卡充值、更新等售票、补票业务中收取的现金。

2. 备用金管理

（1）备用金的配备

票务部负责城市轨道交通运营企业所辖各站备用金的统计、申领，车站负责站内备用金的管理。票务部将各站首次申请汇总，提交财务部核准，并根据核准金额配发车站。若车站需要调整备用金数额，须先向上级提出申请，获批准后转交票务部汇总，提交财务部核准，并根据核准金额进行调整。备用金配发到车站后，主要供车站流通使用。

当前，各城市备用金使用最多的为备用硬币。

（2）备用金的使用

车站备用金的使用应该严格执行财务制度，遵循专款专用原则。备用金应用于车站票务周转，即兑换零币、给自动售票设备补币和配备给客服中心售票员。不得用于垫付收益差额，不能违规借用。备用金的增减情况应建立登记台账。

3. 票款管理

（1）票款流程

自动售票机和客服中心所获票款由车站清点后，须及时存入企业在银行开设的专用账户。现金票款流程如图4-17所示。

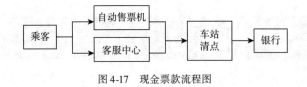

图4-17 现金票款流程图

（2）票款收益

车站票款收益主要源于两方面：一是自动售票机发售车票和自动充值机充值所得票款；二是客服中心的售票员通过半自动售票机发售、处理车票所得收益。客运值班员必须在每日运营结束后，对所有票款收益进行清点规整，计算当日运营总收入，并按计划及时存入企业在银行开设的专用账户。

①自动售票充值收益。

每天运营开始前，客运值班员需将一定金额的现金补充到自动售票机的硬币找零箱中，乘客投入的购票钱币会通过处理模块存入相应钱箱。运营结束后，客运值班员对车站所有的自动售票机和自动充值机进行结账操作，将设备内的纸币钱箱和硬币钱箱收到票务室进行全面清点，完成钱箱清点报表的填写。

②客服中心收益。

客运值班员对客服中心的收益管理主要通过给售票员配钱票和结账来实现。

配钱票指客运值班员为售票员开始售票工作前配备各种车票和备用金的过程。结账指客运值班员在售票员结束售票工作后，在票务室对售票员收取的现金、车票进行清点、记录的过程。无论是配钱票还是结账,抑或售票员在工作过程中,由于现金、车票数量不足,向客运值班员申请追加备用金和车票,或者售票员在工作中收到票款数量过多,提前向客运值班员上交预收款,所有这些现金和车票的交接情况都应如实填写手工报表,并将相关数据及时录入车站计算机系统。

客运值班员每天根据自动售票充值收益、客服中心收益等实际情况计算当日车站总收益,填写"车站营收日报",并按规定及时将票款存入企业在银行开设的专用账户。

(3)票款解行

车站与银行之间的现金交接主要指车站将票款收益存入企业在银行开设的专用账户的过程,通常称为票款解行(或现金解行)。

解行操作时要求城市轨道交通运营企业根据车站特点和银行服务时间确定解行时间,以保证车站能将现金尽可能多地存入银行,尽量减少留存在车站过夜的现金,降低车站收益保管风险。

目前票款解行方式主要有两种:

①直接解行。

车站清点票款,由车站人员送到银行,银行工作人员与交款人员当面清点票款并当即返还现金送款单的解款方式。

②集中站收款/打包返纳。

由银行或专门押运公司到车站收取票款,运送到银行,银行工作人员按规定清点票款后于次日返还现金送款单,最终确认送行金额的解款方式。

训练任务7 车站备用金配备技能训练

(一)训练目标

掌握车站备用金配备的基本技能,能够正确完成备用金配备工作。

(二)训练内容

1. 客运值班员备用金配备技能训练

(1)按照客运值班员给售票员配票的作业标准程序,正确完成给售票员配票的作业过程。

(2)正确填写售票员结算单。

(3)在票务管理系统中正确录入相关数据。

2. 售票员备用金配备技能训练

(1)按照客运值班员给售票员配票的作业标准程序,正确完成备用金配备作业过程。

(2)正确填写售票员结算单。

(3)在票务管理系统中正确录入相关数据。

(三)训练准备

(1)手提金库、硬币盒。

(2)备用金若干。
(3)售票员结算单(空表)。
(4)票务管理系统。

(四)训练流程

(1)角色扮演,3名学生分别扮演乘客、售票员和客运值班员。
(2)扮演客运值班员的学生,为与自己配合的扮演售票员的学生配票款。
(3)为每名售票员配70元面值为5元的纸币,30元面值为1元的硬币,总计100元。
(4)为每名售票员配10张储值票。
(5)填写售票员结算单。

知识点2 现金安全管理

车站备用金和票款收入作为城市轨道交通运营企业现金收益的重要部分,其安全管理直接影响企业收益安全。以保证现金安全为目的,城市轨道交通运营企业均有严格的安全管理规定。

现金安全存放区域

1. 现金安全存放区域

车站现金只能存放在安全区域。现金安全区域包括票务室(票款室、点钞室)、客服中心(含临时售票亭,下同)、自动售票机、自动充值机。

2. 现金安全管理规定

(1)票务室内存放现金的安全规定

首先,票务室必须随时保持锁闭状态(票务室门和防盗门需同时锁闭)。其次,除当班票务工作人员外,其他人员必须得到规定级别人员的许可,并在规定级别人员的陪同下方可进入票务室。车站需设立台账,记录进入人员、进入原因、进入时间以及离开时间。除现金交接、钱箱清点外,其他时间票款室内所有现金只能保管在保险柜、补币箱、待清点的钱箱或已锁闭尾箱内。

(2)客服中心存放现金的安全规定

首先,客服中心应随时保持锁闭状态(临时售票亭除外,但车站需随时监控临时售票亭的安全情况)。其次,运营时间内除当班售票员、车站票务检查人员外,其他人员必须得到当班值班站长或以上级别人员的许可,并由一名客运值班员或以上级别的人员陪同方可进入客服中心。最后,非运营期间,原则上不允许任何人进入客服中心,确需进入时,须得到当班值班站长或以上级别人员的许可,由一名客运值班员或以上级别的人员陪同方可进入(客运值班员打印报表时除外)。车站需设立台账,记录批准人员、进入人员、所做事项、进入时间及离开时间。售票员在处理现金时,应将现金放在客服中心的BOM钱柜、上锁的票盒或抽屉中(用于兑零的硬币除外)且乘客接触不到的地方。存放于临时售票亭的现金须做好防盗工作。

(3)现金运送途中的安全规定

现金运送途中必须放入锁闭的钱箱、配票箱或上锁的手推车中,而且必须由两名车站站务员负责安全运送。解行现金必须由规定级别(如当班客运值班员)及以上的员工负责安全运送。

(4)现金清点的安全规定

现金的清点工作须在安全区域内完成,坚持双人清点原则,并保证在仪器监控状态下进行,清点完毕及时填写台账。

3. 现金的加封

为确保车站收益安全,所有现金的加封均需双人负责,在封条上应注明加封金额、加封车站、加封人、加封日期等内容。现金可用砂纸、信封、钱袋加封,加封后必须保证一经破封无法复原。

4. 假币、错款的处理

在日常票务工作中,难免碰到假币、错款等问题,为了防止此类问题的产生,除了给票务人员配备相应的钞票真伪辨别设备以外,更重要的是提高票务人员的整体素质及工作能力,这就要求所有票务人员在工作中能细致谨慎、一丝不苟,正确使用钞票真伪辨别设备,掌握必备的票款收缴、鉴别、计算、找零等技能。

(1)车站客服中心假币、错款处理原则

车站客服中心进行现金交易时,需要使用相关设备辨别钞票真伪,如发现假钞或无法确认真伪时,应礼貌拒收。结账、缴款过程中发现收到假币时,若假币无法被车站验钞机正常检出,则相应票款损失由公司承担;若假币能够被车站验钞机正常检出,则损失由收款人承担。

一般情况下,当出现错款情况时,人工作业遵循"长款上交、短款自负"的处理原则。若由于设备故障引起差款(例如:BOM 在车票批次处理中应发单程票 20 张,因设备故障,实际只发出 10 张,而设备记录发出了 20 张),则相应票款损失由公司承担。银行在票款清点过程中发现所收现金与应收票款存在差额时,相应损失由票款包封人承担。

(2)自动售票机假币、错款处理原则

当发现设备收到假币时须立即停用,对 TVM 收取的假币,必须是全过程在监控摄像状态下清点,车站须做好相关记录,公司负责承担相应的票款损失。必要时公司将组织调查。

(3)鉴别真假人民币的传统做法

除了使用钞票真伪辨别设备来鉴别钞票真伪外,票务人员还应当掌握鉴别真假人民币的传统四步骤,具体如下:

"一看":看钞票的水印是否清晰,有无层次感和立体效果,看安全线(假币常在纸张中夹入一条银白色塑料线,有时两头会露出剪齐的断头)。

"二摸":用手指反复触摸币面主要图景及"中国人民银行"字样,真币有凹凸感,假币则无。

"三听":钞票纸张是特殊纸张,挺括耐折,会发出清脆的响声。

"四测":用紫光灯检测无色荧光图纹,用磁性仪检测磁性印记,用放大镜检测图案印刷的接线技术及底纹线条。

训练任务 8　现金的加封技能训练

(一) 训练目标

掌握现金加封的操作技能。

(二) 训练内容

正确完成现金加封工作。

(三) 训练准备

(1) 钱袋、信封、砂纸(美纹纸胶带)。

(2) 现金若干。

(3) 加封人员人名章。

(四) 训练流程(可按当地城市轨道交通运营企业相关要求设计)

(1) 将学生分成三组,分别按 3 种方式进行现金的加封训练。

(2) 各组训练任务结束后,进行轮换练习,直至所有训练学生均完成 3 种现金加封方式的练习。

(3) 实训任务要求:

现金可用钱袋、信封、砂纸加封,必须保证一经破封无法复原。封条上应注明:加封金额、加封车站、加封人、加封日期等内容。

①砂纸加封:一般情况下,车站清点纸币时,按各面额分类清点,同一面额纸币每满 100 张可用砂纸加封。加封前,在封条上注明加封内容。加封时,用砂纸以一字形缠绕归整后的纸币中部,在接缝处贴上封条。

②信封加封:信封可加封纸币和票据。加封纸币一般仅限于同一面额不足 100 张的纸币,按面额大小归整后放入信封内进行加封。加封前,先在信封的正面注明加封内容。加封时,先将信封口封住,再用封条将信封背面的接缝处封住,最后在信封背面封条骑缝处及封面上盖章。

③钱袋加封:通常用于对硬币的加封,纸币需要用钱袋加封时,应先用砂纸加封或信封加封再放入钱袋内加封。加封前,先在封条上注明加封内容。加封时,将钱袋口用绳子缠绕扎紧后再用封条缠绕加封。

知识点 3　现金的交接

1. 客运值班员之间的现金交接

车站客运值班员之间的现金交接主要是指客运值班员对车站备用金、票款的交接。交接账实是否相符直接反映车站备用金、票款收益安全情况及客运值班员差额补交情况,因此,客运值班员交接过程必须严格按照现金交接管理规定执行。

交接前,交班客运值班员须根据相关原始报表记录核算交接时的票款收入金额及备用金金额,并记录在交接班本和"车站营收日报"上,作为交接凭证;接班客运值班员须核算交接班本和"车站营收日报"上的记录是否准确,然后实际清点交接的票款、备用金,确保与交接班本和"车站营收日报"上的记录一致,并在客运值班员交接班本上签名确认。

交班过程中,客运值班员如果发现实点金额与交接班本和"车站营收日报"上的记录不一致,若实点金额比报表金额小,即为短款,由交班人员补交相应差额,交接双方在交接台账和"车站营收日报"上做好记录;若实点金额比报表金额大,即为长款,则多出金额作为其他票款,由接班人员计入营收,交接双方在交接台账和"车站营收日报"上做好记录,并立即对账实不一致情况组织调查。为避免客运值班员在交接过程中私自带走交接账款,侵占公司票款收益,客运值班员交接过程需在票务室(票款室、点钞室)监视区域进行,且由值班站长在现场监视。对交接中出现的长、短款情况,监视交接的值班站长需在交接台账和"车站营收日报"上做好记录。

以某地铁公司为例,介绍其具体交接工作流程:

(1)交班值班员根据库存实际车票数量、备用金金额、票款收入、解行金额等如实填写台账(如"车站票务交接班登记簿")。

(2)接班值班员依据台账上的记录当面清点保险柜中的现金、车票、现金缴款单回执,并进行签收。纸币、硬币清点规定如下:

①纸币清点。保险柜中的所有纸币必须当面清点后签认交接,交接时若发现数量有误,则接班值班员应立即通知值班站长到票务室确认,同时按实际数量进行签收。值班站长应及时上报上级票务管理部门,并进行调查处理。若差额原因无法查明,则短款由交班值班员补足,长款随当天票款上交。

②硬币清点。对已加封的硬币进行交接时,接班值班员确认加封正确完好后可凭加封数量交接。加封前必须双人清点(清点钱箱除外),确认无误后共同盖章加封;开封前必须双人(其中一名为客运值班员)确认封条正确完好后方可开封共同清点;清点后若发现金额不符,应立即请值班站长到票务室签名确认,差额由加封人负责;如未执行双人开封清点规定,则差额由开封人负责;与银行兑换的硬币,应由双人清点后加封。

(3)交接各车站票务报表、票务室钥匙及其他票务工器具。

(4)以上操作完成后,双方在"车站票务交接班登记簿"上签字、盖章。

2. 客运值班员与售票员之间的现金交接

售票员开窗工作前,客运值班员应准备好本班需使用的配票、备用金等,与售票员当面清点、交接。售票员工作结束关窗后,应将本班BOM所收票款及剩余车票清点,与客运值班员结账、交接。

1)售票员上班时的交接

(1)客运值班员与售票员当面清点所领储值票及找零款项后,将实际金额填写在"售票员结算单"的相应栏目中,并盖章确认,同时将以上初始金额在SC上输入电子报表。

(2)早班第一班售票员上班,客运值班员要发放BOM单程票票箱及客服中心钥匙和BOM开机钥匙并进行登记。

(3)运营过程中,客运值班员追加的找零硬币应补登"售票员结算单"备用金栏。

(4)客运值班员向售票员收取预收款时,应当面清点所收款项,并在"售票员结算单"的预收款金额栏上注明后签名确认。

(5)运营过程中售票员如要离岗(上洗手间、吃饭等),则须通知车站控制室,由值班站长安排值班员顶班,顶班交接时双方应各自在BOM设备退出并登录自己的操作号,严禁使用他人的操作号进行售票。

2)售票员下班结账时的交接

(1)客运值班员与售票员当面清点所收款项后将实际金额填写在"售票员结算单"的实收金额栏上,双方盖章确认。

(2)客运值班员与售票员当面清点剩余储值票数量后填写"售票员结算单"的交班栏,并核对检查单程票出售情况(如查看"乘客事务处理单");然后计算检查"售票员结算单"各项数据是否正确。

(3)完成以上操作后,双方在手工报表上签字、盖章,同时在SC上输入相关数据。

(4)系统在确认输入完毕后,自动调出数据库数据填入"应收金额"栏并核对差异。

(5)差异生成后,SC无权对数据进行调整,只能核对相应凭证填写差异的原因。

(6)若为晚班售票员交班,则须交还BOM单程票票箱及客服中心钥匙和BOM开机钥匙并进行登记。

3. 车站与银行之间的现金交接

车站每天至少解行一次,一般情况下,车站每日需将所有的隔夜票款、早班售票员收入、预收票款及解行前已清点的钱箱收入全部解行。车站进行现金交接时,需做好交接记录,解行完毕,将"代收费凭证""现金交款单"随当天报表上交票务部。

训练任务9　车站票款收益技能训练

(一)训练目标

掌握车站票款收益的基本技能,能够正确完成票款收益工作。

(二)训练内容

1. 客运值班员车站票款收益技能训练

(1)按照客运值班员给售票员结账的作业标准程序,正确完成给售票员结账工作。

(2)正确填写售票员结算单。

(3)在票务管理系统中正确录入相关数据。

(4)按照客运值班员钱箱清点的作业标准要求,正确完成钱箱清点工作,正确填写相关表单,并正确录入相关数据。

(5)按照客运值班员车站营收日报的制作要求,正确完成车站营收日报的制作工作。

2. 售票员车站票款收益技能训练

(1)按照售票员上交票款作业标准程序,正确完成售票员上交票款工作。

(2)正确填写售票员结算单。
(3)在票务管理系统中正确录入相关数据。
(4)按照客运值班员TVM盘点的作业标准要求,协助客运值班员正确完成TVM盘点工作。
(5)按照客运值班员钱箱清点的作业标准要求,协助客运值班员正确完成钱箱清点工作。

(三)训练准备

(1)手提金库、硬币盒。
(2)备用金若干。
(3)售票员结算单。
(4)票务管理系统。
(5)钱箱清点报告。
(6)车站营收日报。

(四)训练流程

1.角色扮演

3名学生分别扮演乘客、售票员和客运值班员。

2.乘客的训练任务

(1)在BOM上购买储值票、购买不同面值的单程票。
(2)在TVM上完成单程票的购买、储值票的充值。
(3)完成所有单程票的进闸、出闸。
(4)模拟超时、刷卡未进站、一次读卡未出站,并向当值售票员请求票卡异常情况处理。

3.售票员的训练任务

(1)完成售卖单程票、售卖储值票、为储值票充值的作业过程。
(2)完成票务异常情况处理作业。
(3)完成售票员交接班工作。
(4)完成售票员结算工作,填写售票员结算单。

4.客运值班员的训练任务

(1)完成给售票员结账工作,检查售票员结算单的填写情况。
(2)完成TVM钱箱盘点工作。
(3)完成车站营收日报的制作工作。

客运值班员
收益工作流程

学习任务 5　票务备品管理

知识重点

1. 城市轨道交通车站票务工器具的种类和作用。
2. 城市轨道交通车站票务工器具的使用管理规定。
3. 城市轨道交通车站票务钥匙的种类。
4. 城市轨道交通车站票务钥匙的使用管理规定。

城市轨道交通车站的票务工作流程复杂，手续严格，所需的备品种类繁多，并且需要专人看管，各种备品的申领使用，需要做好登记，借出须及时归还。车站中的票务备品主要有各种票务工器具和票务钥匙等。

知识点 1　票务工器具的管理

在日常票务工作中，车站需要完成大量现金和车票的清点、存放及运送工作，为了提高车站票务工作效率，同时保障现金、车票清点工作的准确性，以及现金、车票在存放和运送过程中的安全性，通常需要使用一些辅助工器具来完成票务工作。

1. 常见票务工器具

常见票务工器具（图 4-18）主要有：钱箱、补币箱、尾箱、闸机票箱、补票箱、售票盒、配票箱、票柜、保险柜、验钞机、点钞机、点币机、点票机、票务手推车等。这些票务工器具按用途不同大致分为存放工器具、清点工器具和运送工器具三类。

1）存放工器具

存放工器具主要用于安全存放车站内的现金和车票。

（1）钱箱、补币箱、尾箱：主要用于存放现金。钱箱分为纸币钱箱和硬币钱箱，放置于车站自动售票机中，用于接收乘客购票支付的纸币和硬币；补币箱主要用于存放补充至自动售票机中的找零硬币；尾箱主要用于车站与银行进行现金交接时存放现金。

（2）闸机票箱、补票箱：主要用于存放单程票。闸机票箱置于出站闸机中，用于存放回收的单程票；补票箱置于自动售票机中，用于存放待售的单程票。

（3）售票盒、配票箱：主要用于存放待售的车票，置于客服中心内，用于票务员日常工作中票卡、备用金、票款的收纳，配票箱由售票员上岗前从票务室（点钞室）领出，下班前交还。

（4）票柜、保险柜：主要用于存放暂时不用的车票和现金，置于票务室（点钞室）内。

保险柜

票务手推车

点票机、点钞机、点币机（由左至右）

验钞机

配票、款箱

图 4-18　常见票务工器具

2) 清点工器具

清点工器具主要用于清点车票、现金的数量及检验钞票的真伪。

(1) 验钞机：用于检验钞票的真伪。一般具有多种验钞手段，如荧光检测、红外穿透检测、磁性检测、激光检测等，通过对人民币的纸质、油墨的颜色与厚度、磁性、荧光字等进行检测，以达到辨别真伪的目的。

(2) 点钞机、点币机、点票机：主要用于清点现金和车票的数量。

3) 运送工器具

运送工器具主要用于运送车站内的现金和车票。

票务手推车：用于装运各种钱箱、票箱等贵重设备及现金、车票等有价证券，可锁闭，最大限度地保障了设备及有价证券运送的安全与便利。

2. 票务工器具的管理规定

票务工器具的状态直接影响车站票务工作的安全、效率和质量，车站需按相关规定加强对票务工器具的管理，以保证票务工器具数量完整、状态良好。

(1) 票务工器具配发到车站后，车站需建立专门的票务工器具台账，用以记录票务工器具的保管、交接和使用情况。保管人员须根据书面台账定期对所负责保管的所有票务工器具进行盘点，清点票务工器具的种类、数量，并检查确认其状态是否良好，保证账实相符。

(2) 票务室（点钞室）内的票务工器具由车站当班客运值班员全权负责保管；客服中心、临时售票亭的票务工器具由当班售票员负责保管。

(3)备品的申购和更换由车站上级相应部门统一负责,尾箱由银行负责更换。
(4)车站在使用票务工器具过程中需注意保持清洁,爱护并注意避免其受损。

训练任务10　常见票务工器具认知、使用技能训练

(一)训练目标

掌握车站票务工器具认知和使用的基本技能。

(二)训练内容

(1)认知常见票务工器具,能够说明不同票务工器具的用途。
(2)掌握常见票务工器具的使用方法,能够具备正确使用常见票务工器具的技能。

(三)训练准备(可按当地城市轨道交通运营企业的相关要求或学校现有条件准备)

1. 存放工器具
(1)钱箱、补币箱、尾箱。
(2)闸机票箱、补票箱。
(3)售票盒、配票箱。

2. 清点工器具
(1)验钞机。
(2)点钞机、点币机、点票机。

3. 运送工器具
票务手推车。

4. 现金
现金若干。

5. 车票
车票若干。

(四)训练流程

1. 认知常见票务工器具
(1)训练学生分成若干组,分别进行常见票务工器具的认知。
(2)各组训练任务结束后,进行轮换练习,直至所有训练学生均完成对所有常见票务工器具的认知。
(3)由各组组长进行考核,要求每名学生均能正确说出常见票务工器具的用途。

2. 掌握常见票务工器具的使用方法
(1)训练学生分成若干组,分别使用常见票务工器具。
(2)各组训练任务结束后,进行轮换练习,直至所有训练学生均完成所有常见票务工器具的使用训练。

(3)由各组组长进行考核,要求每名学生均能正确使用不同票务工器具。

知识点2　票务钥匙的管理

1. 票务钥匙

票务钥匙指票务工作中使用的钥匙,主要包括车站自动售检票设备钥匙、票务工器具钥匙(不包含行车值班员保管的车控室钥匙、柜门钥匙)、票务使用房门钥匙及票务室监控系统钥匙。

常见票务钥匙有:TVM维护门钥匙、GATE维护门钥匙、TCM维护门钥匙、BOM侧门钥匙、钱箱钥匙、补票箱钥匙、硬币/纸币钱箱座钥匙、TVM副找零器上盖钥匙、BOM电子钱箱钥匙、BOM键盘钥匙、回收箱钥匙、纸币模块钥匙、尾箱钥匙、挂锁钥匙、票柜钥匙、钥匙柜门钥匙、保险柜钥匙、客服中心门钥匙、票务室门钥匙、防盗门钥匙,AFC监控系统控制器锁定/设置钥匙、AFC监控系统专用柜钥匙等。

2. 票务钥匙的保管规定

(1)票务钥匙由车站值班员或以上级别人员保管。

(2)备用钥匙(除票务室门钥匙和防盗门钥匙外)由站长加封后交由客运值班员保管;票务室门备用钥匙和防盗门备用钥匙由站长保管。备用钥匙一般仅限于工作人员不慎遗失或损坏票务钥匙时使用。

(3)根据实际工作需要及收益安全管理需要,对于一些直接涉及收益安全的操作环节,需由双人掌握不同钥匙共同完成操作,以达到互相监督的目的。

(4)车站需建立台账,记录钥匙保管情况。

3. 票务钥匙的使用规定

(1)任何人不得同时借用或掌握以下票务钥匙:

①TVM维护门钥匙与TVM副找零器上盖钥匙(补币箱钥匙)。

②TVM维护门钥匙与纸币模块钥匙。

(2)AFC维修人员对TVM进行故障处理时,由车站人员持TVM维护门钥匙配合维修。

(3)纸币模块钥匙仅供维修人员使用,使用完毕由维修人员和值班站长共同加封后交由车站保管。

(4)钱箱钥匙必须在监控仪点币状态下开封,在钱箱清点过程中钱箱钥匙须一直在监控仪可视范围内。

(5)客服中心门钥匙供售票员在运营售票期间使用。运营结束后客运值班员打印相关报表需借用客服中心门钥匙时,须得到当班值班站长或以上级别人员的许可。

4. 票务钥匙的交接规定

(1)票务钥匙在保管人之间或在保管人与使用人之间交接时,车站需建立台账记录交接情况,若交接时发现钥匙有误,交接双方须及时核查,不能查明原因的,立即报告上级部门组织调查。

(2)票务钥匙借出时,借用人负责钥匙的使用安全和保管,不得随意转借他人使用。
(3)票务钥匙使用完毕应立即归还,遵循"谁借用、谁归还"原则。
(4)运营结束后保管人须对所保管的钥匙进行清点,确认全部归还。

5. 票务钥匙的更换

票务钥匙自然折损或折断时,由车站上级相应部门负责更换,已破损票务钥匙的处理按照相关规定执行,不得随意丢弃、私自处理。

6. 遗失票务钥匙的处理

票务钥匙在保管、使用时发现遗失,车站应及时组织调查并上报上级组织,同时在台账上记录相关情况。除遗失自动售检票设备通用钥匙外,遗失其他票务钥匙时,车站应及时向上级申请更换相应锁头。

7. 注意事项

(1)所有的票务钥匙统一配发,统一管理,不得复制、私自接收票务钥匙。
(2)使用过程中需注意避免对票务钥匙造成损坏。

训练任务 11　常见票务钥匙认知、使用技能训练

(一)训练目标

掌握车站票务钥匙认知和使用的基本技能。

(二)训练内容

(1)说明不同票务钥匙的用途及保管规定。
(2)能够正确使用常见票务钥匙。

(三)训练准备(可按当地城市轨道交通运营企业的相关要求或学校现有条件准备)

(1)票务钥匙:TVM 维护门钥匙、GATE 维护门钥匙、TCM 维护门钥匙、BOM 侧门钥匙、钱箱钥匙、补票箱钥匙、硬币/纸币钱箱座钥匙、TVM 副找零器上盖钥匙、BOM 电子钱箱钥匙、BOM 键盘钥匙、回收箱钥匙、纸币模块钥匙、尾箱钥匙等。
(2)TVM(自动售票机)。
(3)GATE(闸机)。
(4)TCM(自动查询机)。
(5)BOM(半自动售票机)。

(四)训练流程

1. 认知常见票务钥匙

(1)训练学生分成若干组,分别进行常见票务钥匙的认知。

(2)各组训练任务结束后,进行轮换练习,直至所有训练学生均完成所有常见票务钥匙的认知。

(3)由各组组长进行考核,要求每名学生均能正确说出常见票务钥匙的用途及保管使用规定。

2. 掌握常见票务钥匙的使用方法

(1)训练学生分成若干组,分别使用常见票务钥匙。

(2)各组训练任务结束后,进行轮换练习,直至所有训练学生均完成所有常见票务钥匙的使用训练。

(3)由各组组长进行考核,要求每名学生均能正确使用常见票务钥匙。

学习任务 6　票务报表和票据管理

知识重点

1. 城市轨道交通车站票务报表的种类和作用。
2. 城市轨道交通车站票务报表的填写要求,以及整理、装订、留存、上交的相关规定。
3. 城市轨道交通车站票据的种类和管理规定。
4. 城市轨道交通车站票务管理系统的功能。

知识点1　票务报表管理

城市轨道交通运营企业的票务工作纷繁复杂,每天都需要整理当天的票务工作,填写相应的台账报表。票务报表不仅是关于车站现金交接,收益汇总,车票交接、发售、站存的原始记录,也是结算部门对站务员进行收益结算的原始依据,在车站票务工作中起着非常重要的作用。

票务报表是城市轨道交通票务管理非常重要的组成部分。通过票务报表,可以规范记录票务处理事项,计算车站的票务收入,这是城市轨道交通运营部门的主要收入,因此票务报表类似于财务报表,具有重要性和严肃性。车站票务报表有手工填写和计算机录入打印两种形式。

1. 车站票务报表的种类和用途

由于各城市轨道交通公司的管理模式与要求不同,票务报表的类型、设计和名称也有所不同,但它们用途类似。下面主要以某地铁为例说明各类票务报表的具体用途。

(1)售票员结算单

用于反映售票员票款收支情况、结算记录的报表。在客运值班员给售票员配车票、票据、备用金及中途追加车票、备用金,售票员向客运值班员上交预收款、结账等情况下填写,用于记录售票员实收总金额与所配备用金金额情况,从而核算售票员实际票款收入。

(2)无效车票处理申请表

用于反映售票员受理乘客非即时退款情况的报表。一般在乘客所持地铁储值票、日票等车票无效,无法使用,卡内仍有余值,需要办理退款手续时填写。通过该报表向上级票务部门申请确认车票可退余值,在得到上级票务部门的确认回执后,通知乘客若干个工作日后再来车站领取车票内的余值和押金。

(3)乘客事务记录表

用于反映售票员不能通过 BOM 行政处理给乘客办理退款和进行事务处理的报表。一般用于车站 BOM 故障或因车票异常无法通过 BOM 处理,需给乘客办理退款或进行事务处理时填写,记录售票员无法在售票员结算单上反映的票务情况,与售票员结算单一起构成售票员收益结算的依据。

(4)钱箱清点报告

用于反映 TVM 收益情况的报表。通常由客运值班员在每次完成对 TVM 钱箱的清点时填写,用于记录 TVM 钱箱收益,每天所有 TVM 钱箱实点金额扣除车站补币金额就是车站 TVM 票款收入。

(5)车站营收日报

用于反映车站每日运营收入情况的报表。通常由每班客运值班员根据钱箱清点报告、售票员结算单、TVM 补币记录单等记录填写。通过逐项填写钱箱票款、钱箱差额、补币金额、BOM 票款、乘客事务差额等来计算 TVM 收入和售票员收入,形成车站营收总金额,并记录票款解行情况。

(6)车站售票存票日报

用于反映车站每日车票发售、站存数量情况的报表。通常由客运值班员根据当日的 TVM 单程票发售记录单、SC 报表、售票员结算单、车票上交单、配票明细单等报表填写。

(7)配票明细单、车票上交单

用于反映车票配发或上交情况的报表。配票明细单一般在车票配送部门人员到车站配送车票时随车票一起交给车站,客运值班员在票务室根据配票明细单与配票人员当面交接各种车票,确认无误后在配票明细单上签名,所配车票记入车站售票存票日报。车票上交单在车站上交车票时由当班客运值班员填写,记录车站上交车票的票种、数量、上交原因等,作为双方交接的凭证。

(8)现金缴款单

用于反映解行现金情况的报表。现金缴款单由客运值班员在票款解行时填写,记录车站送交银行的实际票款金额,随解行的票款一起交给银行,银行在次日清点完收到的票款后,在现金缴款单上加盖公章作为已收款凭证。客运值班员填写此单时应注意缴款人全称、账号、开户行、金额,确保票款能准确存入企业在银行开设的专用账户。

(9)值班员交接班本

用于反映客运值班员票务交接情况的台账。值班员交接班本是客运值班员之间交接班的记录凭证,一般由车站留查,无须上交上级管理部门。交接班前,交班值班员须详细在值班员交接班本上记录票务室内所有现金、车票、票务钥匙、票务工器具的数量及状态,并在"交班值班员"栏签名确认;接班值班员须对照值班员交接班本记录情况,清点、检查票务室内的现金、车票、票务钥匙、票务工器具的数量及状态是否与记录相符后,在"接班值班员"栏签名确认。

2. 报表的填写要求

1)报表内容填写基本要求

报表填写是一项细致而严肃的工作,填制人员必须遵守票务规章制度,报表填写必须真实、准确、完整、及时。

(1)真实:报表必须由相关人员填写且如实反映票务情况,不得弄虚作假。

(2)准确:填写报表前认真核对实际情况,以正确无误的数据填写,并仔细复核。

(3)完整:必须按报表所列事项填写,不得遗漏。

(4)及时:报表必须在规定期限内填制完毕,并按规定时间上交给票务管理部门。

2)报表书写要求

必须用黑色笔填写,属于多联复写的报表一定要写透,不能上面清楚,下面模糊。报表的各项指标必须齐全,不应随便空格不报,凡因客观原因不产生数据的空格用符号"—"表示。填写人员必须签名确认。

(1)文字:字迹必须清晰、工整,不得潦草。

(2)数字:阿拉伯数字应逐个书写,不得连笔书写。核对金额一项,小数点后无数时,应写"00"或"—"。

3)报表改错规定

报表填写发生错误时,不得刮擦、挖补、涂抹或用化学药水更改字迹。更改数字必须用"画线更正法"。使用"画线更正法"更正时,在报表中错误文字或数字上画一红线,以示注销,要求画去整个错误数字,在画线上方填写正确数字,并由更改人员在该处签名或盖人名章以示负责。

4)报表作废规定

若一张报表更改较多,相关记录已不清晰,则应另填写一份,该报表作废,作废各联应注明"作废"字样或加盖"作废"戳记,由车站留存保管,不得撕毁或随意丢弃。

3. 报表的整理、装订、留存

(1)报表整理就是将报表分类归整,仔细检查报表是否齐全,剔除不必要的部分,以便装订成册。

（2）报表装订就是将归整后的报表装订成册,以便保管和使用。一般情况下,除已经是账簿形式的报表外,其他报表均应按月、按种类装订成册。装订时要加具专用封面、封底,封面注明加封车站、加封报表名称、加封时间及装订人姓名、员工号。

（3）报表需在一定期限内留存,以备结算部门、审计部门提取相关数据。车站应定期按报表分类,整理并装订报表,检查报表是否完整,并设立专门的报表保管室对报表进行统一保管,确保报表的安全。不同城市轨道交通运营企业对具体的保管期限的规定有所不同,一般是按照统计范畴的规定执行,保管期限满后,由所属部门统一注销、销毁,严禁私自将报表注销、销毁,以防商业机密泄漏。

4. 报表的上交

报表的上交通常按规定时间、地点和方式进行,各站客运值班员需提前将车站要上交的报表归整后放入文件袋中,做好报表上交交接的准备,再由票务人员按既定方式收取各站报表。例如,沈阳地铁规定:票务部门人员乘指定车次列车到各站收取报表,交接由客运值班员与票务部门人员在指定车次列车车头进行。

票务报表的功能及制作

训练任务 12　票务报表填写技能训练

（一）训练目标

（1）掌握车站票务报表填写的基本技能,能够正确完成基本票务报表的制作工作。

（2）掌握运用车站票务管理系统的基本技能,能够正确完成票务管理系统数据录入、查询等工作。

（二）训练内容

（1）按照客运值班员 TVM 补币补票、BOM 补票的标准作业程序,正确完成给 TVM 补币补票、BOM 补票作业过程后,正确填写"TVM 及 BOM 补票记录表""TVM 补币记录表""车票领用及上交记录"。

（2）按照客运值班员给售票员配票款的标准作业程序,正确完成给售票员配票款作业过程后,正确填写"售票员结算单"。

（3）按照客运值班员给售票员结账的标准作业程序,正确完成给售票员结账工作后,正确填写"售票员结算单"。

（4）按照客运值班员 TVM 盘点的标准作业程序,正确完成 TVM 盘点工作后,正确填写"钱箱清点报告"和"车票领用及上交记录"。

（5）按照客运值班员车站营收日报的制作要求,正确完成车站营收日报的制作工作。

（三）训练准备（可按当地城市轨道交通运营企业的相关要求或学校现有条件准备）

（1）手提金库。

(2)硬币盒。

(3)现金若干。

(4)车票若干(单程票、储值票)。

(5)GATE(闸机)。

(6)BOM(半自动售票机)。

(7)TVM(自动售票机)。

(四)训练流程

角色扮演:2名学生分别扮演售票员和客运值班员,完成训练任务后,进行角色互换,再次完成整套训练任务,以达到所有学生均具有票务报表填写技能的训练目的。

1.TVM补币补票、BOM补票作业

(1)按照客运值班员TVM补币补票、BOM补票的标准作业程序,在TVM上进行补币补票作业、在BOM上进行补票作业。

(2)按相关要求,客运值班员正确填写"TVM及BOM补票记录表""TVM补币记录表""车票领用及上交记录"。

2.给售票员配票款

(1)按照客运值班员给售票员配票款的标准作业程序,给售票员配票款。

(2)按相关要求,售票员正确填写"售票员结算单"。

3.给售票员结账

(1)按照客运值班员给售票员结账的标准作业程序,正确完成给售票员结账工作。

(2)按相关要求,售票员正确填写"售票员结算单"。

4.TVM盘点

(1)按照客运值班员TVM盘点的标准作业程序,正确完成TVM盘点工作。

(2)按相关要求,客运值班员正确填写"钱箱清点报告"和"车票领用及上交记录"。

5.填写车站营收日报

按相关要求,客运值班员根据相关票务表单及票务报表填写车站营收日报,见表4-2~表4-5。

TVM 补币记录表

表 4-2

___ 站　　　　　　　　　　　　　　　　　　　　　　　　　　　　　年　月　日

TVM 号码	补币箱号码	补币金额(元)	TVM 号码	补币箱号码	补币金额(元)
		※			※
		※			※
		※			※
		※			※
		※			※
		※			※
		※			※
		※			※
		※			※
合计		※			
补币人员		签章		员工号	
客运值班员					
站务人员					

第一联—收益部　第二联—车站

售票员结算单

表 4-3　　　　　年　月　日

时间									
BOM 编号									
站 从		至							

项目 票种	配备用金金额			客运值班员签章					

项目\票种	配发张数	回收张数	其他	出售张数	押金	金额	项目\票种	配发张数	回收张数	出售张数	出售金额
普通消费卡					¥	—					¥
IC卡车票							纸票 2元				¥
							纸票 3元				¥
							纸票 4元				¥
							纪念票		小计金额(2)		¥
											¥
											¥
乘客事务差额	—	—	—	—	¥		预制票 2元		小计金额(3)		¥
单程票退款	—	—	—	—	¥		预制票 3元				¥
储值票退款	—	—	—	—	¥		预制票 4元				¥

续上表

时间	从	至				配备用金金额					¥			
BOM编号						客运值班员签章								
项目 票种	配发张数	回收张数	其他	收款人签章		出售		押金	金额	项目 票种	配发张数	回收张数	出售	
					张数	金额							张数	金额
预收款金额	¥			收款人签章		¥		¥	预收款金额		¥		¥	¥
预收款金额	¥			收款人签章		¥		¥	预收款金额		¥		收款人签章	
预收款金额	¥			收款人签章		¥		¥	预收款金额		¥		收款人签章	
预收款金额	¥			收款人签章		¥		¥	预收款金额		¥		收款人签章	
预收款金额	¥			收款人签章		¥		¥	预收款金额		¥		收款人签章	
	小计金额（1）						小计金额（5）			小计金额（4）			实点总金额（6）	

备注	1. 售票员遗失_____车票，分别为_____张。 2. 发售前不成功的 IC 卡车票_____张，车票 ID 分别为_____。 3. 发售过程中不成功的 IC 卡车票_____张，车票 ID 分别为_____元。 4. 在给乘客提供 IC 卡车票的充值服务过程中存在异常情况，票种分别为_____，分析车票押金分别为_____元。 5. 上交 BOM 废票_____张_____，分别收取乘客_____，分析车票 ID 分别为_____。

售票员签章	客运值班员签章
售票员员工号	客运值班员员工号

第一联—收益部部　第二联—车站

钱箱清点报告

表 4-4

_____ 站　　　　　　　　　　　　　　　　　　　年　月　日　时　分

TVM 号码	钱箱号码	清点硬币			清点纸币			
		机器金额(元)	实点金额(元)	差额(+/-)	钱箱号码	机器金额(元)	实点金额(元)	差额(+/-)
		¥	¥	¥		¥	¥	¥
		¥	¥	¥		¥	¥	¥
		¥	¥	¥		¥	¥	¥
		¥	¥	¥		¥	¥	¥
		¥	¥	¥		¥	¥	¥
		¥	¥	¥		¥	¥	¥
		¥	¥	¥		¥	¥	¥
		¥	¥	¥		¥	¥	¥
		¥	¥	¥		¥	¥	¥
		¥	¥	¥		¥	¥	¥
合计		¥	¥	¥	合计	¥	¥	¥

实际清点钱箱总数量		实际清点钱箱总数量	
	签章	员工号	备注：1. 监控仪故障（　　）；
清点人员			2. 共有硬币_____元无法通过点币机清点；
客运值班员			3. 清点发现假币_____枚，外币_____枚，残币_____枚；
值班站长			4. 其他情况（据实填写）。

本日共_____枚/张　　第_____页，第_____页

第一联—收益部　第二联—车站

车站营收日报

表 4-5

年　月　日

站　　　　　　　单位:元			
票款结存	隔夜票款金额	进行金额	
上日	¥	¥	
本日	¥	¥	
票款收入			合计
TVM 收入	钱箱清点(1)		¥
	手工清出(2)		¥
	补币金额(3)		¥
			¥
	小计(4) = (1) + (2) − (3)		¥
BOM 收入	BOM 票款(5)		¥
	纸票(6)		¥
	纪念票(7)		¥
	预制票(8)		¥
	其他(9)		¥
	补短款(10)		¥
			¥
			¥
			¥
			¥
	小计(11) = (5) + (6) + (7) + (8) + (9) + (10)		¥
IC 卡押金(12)			¥
营收总金额 = (4) + (11) + (12)			¥
银行实际金额			¥
备注	1. 补＿＿＿号、＿＿＿号(补款通知); 2. 开出(车票退款记录表)＿＿张; 3. 上交(车票上交单)＿＿张; 4. 上交(现金存款凭证)＿＿＿＿张; 5. 客运值班员交接长(短)款情况、(现金差错通知单)上交情况; 6. 其他		
客运值班员签章		客运值班员工号	
复核人签章		复核人员工号	

第一、二联—收益部　第三联—车站

知识点2 票据管理

城市轨道交通线路中使用的车票(储值票、单程票等)报销凭证由公司自行印刷,城市一卡通发票由一卡通公司提供。报销凭证和发票的保管由专人负责,妥善保管,不得丢失。各站应视报销凭证和发票的库存情况,于每月定期向票务室申报次月需求和上交计划。申报数量应保证车站一个半月的用量,并确保发票存根联全部上交。

车站在接收配发的报销凭证和发票时,须认真核对凭证种类、数量,确认无误后,方可在"票卡、报销凭证及发票调配单"上签字;接收报销凭证和发票的同时,填写"票卡、报销凭证及发票调配单",将发票存根联交回;领取报销凭证和发票后,应及时在"车站票据及票卡库存管理台账"上填写相关记录。

对于报销凭证和发票的管理,各岗位人员应对交接、库存变化和开具发票情况进行登记。车站下发报销凭证和发票时,应及时在"车站票据及票卡库存管理台账"上填写相关记录,由值班站长签字确认;车站应根据乘客购买车票面值或IC卡的售卡、充值水单开具报销凭证或发票,同时收回水单,不得虚开凭证。车站上交发票存根联时,应按面值分箱封装,并在相应的管理台账上及时记录。

城市轨道交通运营企业所使用的票据有定额发票、手写发票和机打发票三种,因定额发票使用方便、快捷,故使用最为频繁。

1. 定额发票

定额发票的发放、管理主要由车站站长负责,由售票员申领。一般来说,售票员领用定额发票须凭原发票存根联与之调换,并做好登记等管理工作。"一卡通定额发票"在交易时,由票务员按交易金额主动提供给乘客。若乘客事后索取一卡通发票,售票员原则上不应给予,告知乘客可在各车站购卡或充值时主动领取发票。乘客使用单程票出站时,如需要"车票报销凭证",售票员可按其乘坐的距离,给予其相应票价的单程票发票。

一般城市轨道交通运营企业使用的一卡通充值定额发票面值有10元、50元、100元,车票报销凭证的面值有1元、2元、5元等。

2. 手写发票

由于手写发票使用不便,城市轨道交通运营企业较少使用。手写发票由车站站长负责管理,领用手写发票须凭原发票存根联到客运主管部门调换,并做好交接工作。开票人员需要按照手写发票的具体填写要求,正确、真实、如数填写,做到填写内容完整,大小写金额一致。手写发票如需作废,应在四联一起写上"作废"字样,不可撕下丢弃(已撕下发票也应重新贴上)。车站对用完的发票应保证整本发票连号,不得缺号、缺张。发票作为票卡报销凭证,不得开具与票卡销售无关的报销内容。

3. 机打发票

为进一步加强税源监控,堵住税收漏洞,减少税收流失,国内各城市均推广应用税控收款机。税控收款机是指具有税控功能,能够保证经营数据的正确生成、可靠存储和安全传递,满足税务机关的管理和数据核查等要求的电子收款机。税务部门通过纳税人申报数据与税控收款机记录的数据的对比,实现对纳税人经营情况的有效监控。

机打发票就是从税控收款机中打印出来的规定格式的发票。通用机打发票有平推式发票和卷式发票两种。平推式发票按规格分为五种:210mm×297mm、241mm×177.8mm、210mm×139.7mm、190mm×101.6mm、82mm×101.6mm。票面为镂空设计,除"发票名称""发票联""发票代码""发票号码""开票日期""行业类别"印制内容外,其他内容全部通过打印软件进行控制和打印。卷式发票包括税控卷式发票和非税控卷式发票,按发票宽度分为44mm、57mm、76mm、82mm 四种,按发票长度分为127mm、152mm 两种。

知识点 3 票务管理系统

目前城市轨道交通公司对于台账和报表的管理更多的是运用票务管理系统进行,将需要的表单、凭证等通过网络传输共享,既节省人力,又节约物力。但由于各公司使用的票务管理系统软件都是基于自身需要和不同公司联合开发的,因此其系统管理的方式各不相同,但能够实现的功能是相似的。以某地铁票务管理系统为例,车站票务管理系统的部分功能如下。

1. 车票配发调度管理

(1)客运值班员交接班。
(2)配发车票(接收车票)。
(3)上交车票。
(4)车票调入。
(5)车票调出。

2. 票款管理

(1)银行配备用金。
(2)现金解行。
(3)上日实际解行。
(4)零钞申请。
(5)免费客流登记。
(6)售票员配票款。
(7)售票员预收款。
(8)售票员下班上交票款。
(9)短款补款登记。
(10)TVM 补币补票。
(11)TVM 钱箱回收。
(12)设备票箱回收。
(13)TVM 清空清点。

3. 库存管理

(1) 库存调整。
(2) 异常票款登记。

4. 车站查询管理

(1) 库存查询。
(2) 短款补款查询。
(3) 交易记录查询。

5. 结算

(1) 售票员结算。
(2) 车站营收日报。

车站票务系统的功能及操作

训练任务13　票务管理系统应用技能训练

(一) 训练目标

掌握运用车站票务管理系统的基本技能,能够正确完成票务管理系统数据录入、查询等工作。

(二) 训练内容

(1) 按照客运值班员给售票员配票的标准作业程序,正确完成给售票员配票款作业,正确填写相关表单,并在票务管理系统中正确录入相关数据。

(2) 按照客运值班员给售票员结账的标准作业要求,正确完成给售票员结账工作,正确填写相关表单,并在票务管理系统中正确录入相关数据。

(3) 按照客运值班员TVM盘点的标准作业要求,正确完成TVM盘点工作,正确填写相关表单,并在票务管理系统中正确录入相关数据。

(4) 按照客运值班员钱箱清点的标准作业要求,正确完成钱箱清点工作,正确填写相关表单,并在票务管理系统中正确录入相关数据。

(5) 按照客运值班员车站营收日报的填写要求,正确完成车站营收日报的填写,并在票务管理系统中完成核对作业。

(三) 训练准备(可按当地城市轨道交通运营企业的相关要求或学校现有条件准备)

(1) 手提金库。
(2) 硬币盒。
(3) 现金若干。
(4) 车票若干(单程票、储值票)。
(5) GATE(闸机)。
(6) BOM(半自动售票机)。

(7) TVM(自动售票机)。
(8) 票务管理系统。

(四) 训练流程

角色扮演：2名学生分别扮演售票员和客运值班员，完成训练任务后，进行角色互换，重新完成整套训练任务，以达到所有学生均具有应用票务管理系统技能的训练目的。

训练任务：

1. TVM补币补票、BOM补票作业

(1) 按照客运值班员TVM补币补票、BOM补票的标准作业程序，在TVM上进行补币补票作业、在BOM上进行补票作业。

(2) 按相关要求，客运值班员正确填写"TVM补币记录表""车票领用及上交记录"和"TVM及BOM补票记录表"，并在票务管理系统中正确录入相关数据。

2. 给售票员配票款

(1) 按照客运值班员给售票员配票款的标准作业程序，给售票员配票款。

(2) 按相关要求，售票员正确填写"售票员结算单"，并在票务管理系统中正确录入相关数据。

3. 给售票员结账

(1) 按照客运值班员给售票员结账的标准作业程序，正确完成给售票员结账工作。

(2) 按相关要求，售票员正确填写"售票员结算单"，并在票务管理系统中正确录入相关数据。

4. TVM盘点

(1) 按照客运值班员TVM盘点的标准作业程序，正确完成TVM盘点工作，并在票务管理系统中正确录入相关数据。

(2) 按相关要求，客运值班员正确填写"钱箱清点报告"和"车票领用及上交记录"，并在票务管理系统中正确录入相关数据。

5. 填写车站营收日报

(1) 按相关要求，客运值班员根据相关票务表单及票务报表，填写车站营收日报。

(2) 在票务管理系统中查询车站票款数据，与车站营收日报数据进行核对，保证账实相符。

学习任务 7　乘客票务事务处理

知识重点

1. 城市轨道交通车站普通票务事务处理的种类和含义。
2. 城市轨道交通车站普通票务事务处理的相关管理规定。
3. 城市轨道交通车站AFC设备故障下的票务事务处理的种类和含义。

4. 城市轨道交通车站 AFC 设备故障下的票务事务处理的相关管理规定。

5. 城市轨道交通车站降级运营模式下的票务事务处理。

6. 城市轨道交通车站降级运营模式下的票务事务处理的相关管理规定。

在城市轨道交通日常运营工作中,会遇到诸如乘客持票无法正常进入闸机、出站时闸门被误用等乘客票务事务,要处理这些票务事务,首先,必须非常熟悉相关业务规定;其次,要坚持"为乘客服务"的经营理念,讲究服务方法,确保乘客满意。

乘客票务事务处理是乘客在利用城市轨道交通方式出行过程中,因自身或其他特殊原因造成无法正常使用设备或无法正常进出车站引起的事务处理。

知识点1　普通票务事务处理

在实行计程票价制的城市轨道交通运营企业,常见的乘客普通票务事务处理主要有车票超程、超时的处理,车票故障或无效的处理,车票过期的处理,进出站次序错误的处理,车票退票等。

1. 车票超程

1) 车票超程的含义

车票超程是指按路程计价时,付费区乘客所持车票余额不够支付按标准计算所得的起点站至终点站的单程车费,车票不能正常通过出站闸机的情况。

2) 车票超程的处理

(1) 单程票超程

付费区乘客所持单程票超程时,售票员向乘客收取所欠车费后,在半自动售票机上操作更新车票信息,乘客持票出站。

(2) 储值票超程

付费区乘客所持储值票超程时,售票员应推荐乘客充值;若乘客不充值,则收取超程车费,在半自动售票机上操作更新车票信息,乘客持票出站。

2. 车票超时

1) 车票超时的含义

车票超时是指乘客验票进入付费区后,在付费区逗留时间过长,超过城市轨道交通公司规定的在付费区停留时间,车票不能正常出闸的情况。

2) 车票超时的处理

(1) 乘客所持单程票超时

付费区乘客所持单程票超时时,售票员向乘客收取超时补款(各城市轨道交通运营企业自行规定)后,在半自动售票机上操作更新车票信息,乘客持票出站。

(2) 乘客所持储值票超时

付费区乘客所持储值票超时时,若车票进站日期显示是当天进站,则向乘客收取超时补款后在半自动售票机上操作更新车票信息,乘客持票刷卡出站;若车票进站日期显示非当天进站,则扣除上次乘车费用(一般是最小车程费),输入进站码更新车票信息,乘客持票刷卡出站。

3. 车票故障/无效

1)车票故障/无效的含义

车票故障/无效是指车票有余值,但无法正常通过闸机,且无法通过半自动售票机进行更新处理的情况。

2)车票故障/无效的处理

车票故障/无效的处理按付费区和非付费区分别进行。

(1)单程票故障/无效

①在非付费区时。

当非付费区乘客持故障/无效车票乘车时,售票员需判断造成车票故障/无效的原因来自城市轨道交通设备还是乘客自身。若由乘客自身因素造成,则回收乘客手中的故障/无效车票,请乘客重新购票乘车;若为城市轨道交通设备原因,如自动售票机发售故障/无效车票,则回收故障/无效车票,按规定办理乘客票务事务处理单,在半自动售票机上给乘客免费发售一张等值的普通单程票。

②在付费区时。

当付费区乘客持故障/无效单程票不能出站时,售票员通过判断,如为乘客自身原因造成车票故障/无效,则回收故障/无效车票,并请乘客按规定补款,然后在半自动售票机上发售有效车票供乘客出闸;若为城市轨道交通设备原因,则回收故障/无效车票,并在半自动售票机上给乘客免费发售有效车票,供乘客出闸。

(2)储值票故障/无效

①在非付费区时。

当非付费区乘客持故障/无效储值票乘车时,售票员需判断是否能从 BOM 查询到车票 ID 号码和余值,若可以查到 ID 号码和余值,则按规定为乘客办理储值票的替换或补值换票;否则应请乘客填写无效票处理申请单,按规定在若干个工作日后来车站领取车票余值和押金的退款或新储值票。

②在付费区时。

当付费区乘客持故障/无效储值票乘车时,售票员须判断是否能从 BOM 上查询到车票 ID 号码和余值,若可以查到 ID 号码和余值,则按规定为乘客办理储值票的替换或补值换票,对车票信息进行更新;否则应给乘客发放免费出站票一张,并请乘客填写无效票处理申请单,按规定在若干个工作日后来车站领取车票余值和押金的退款或新储值票。

4. 车票过期

1)车票过期的含义

车票过期是指车票超过了规定使用有效期,无法正常通过闸机进出站的情况。

2）车票过期的处理

车票过期按不同票种分别处理。

（1）单程票/出站票/团体票/纸票过期

单程票/出站票/团体票/纸票通常限定当日使用，非当日的车票即过期票，无论乘客在非付费区还是付费区，都应向其说明原因，请乘客重新购票。

（2）储值票过期

当乘客所持储值票超过有效期限时，若其在非付费区，则直接为乘客免费办理车票的延期手续；若其在付费区，则应在非付费区模式下为乘客办理车票延期手续，输入进站码更新车票信息后，乘客持票出站。

（3）一卡通过期

城市公交一卡通的有效期由一卡通公司确定，到期后须到一卡通公司指定机构办理延期手续后方可继续使用。因此，一卡通过期，应当指引乘客拨打一卡通公司的咨询电话，到一卡通公司指定地点办理延期手续。

（4）日票/纪念票/赠票过期

日票/纪念票/赠票的有效期以发行公布的有效期为准，到期后不可延期。因此，如果这些车票过期，只能向乘客说明原因，请乘客重新购票。

5. 车票进出站次序错误

1）车票进出站次序错误的含义

车票进出站次序错误是指车票所处付费区或非付费区模式与乘客实际所在的区域不一致的情况。

2）车票进出站次序错误的处理

车票进出站次序错误按非付费区和付费区分别处理。

（1）在非付费区时

乘客在非付费区，但其车票显示已在进站闸机验过票，显示为付费区模式，不能再次验票进站，这种情况一般是乘客持票在进站闸机验票后未及时进闸所致。此时售票员应在半自动售票机非付费区模式下分析车票，若车票上次验票时间与当前时间之差在系统分析的更新时间范围内，则半自动售票机显示该票可以更新，售票员按"更新"按钮更新车票信息，乘客可持车票正常进站；若车票上次验票时间与当前时间之差超过系统允许的更新时间范围，则需要根据各城市轨道交通运营企业的票务政策与规定进行相应处理。

有些城市轨道交通公司对单程票和储值票超过免费更新时间范围的处理规定有所不同。一般来说，若是单程票，则应回收车票，向乘客解释说明，请乘客重新购票；若是储值票，则按规定收费更新车票信息，乘客持更新后的车票进站。

（2）在付费区时

乘客在付费区，但所持车票没有进闸记录，显示仍为非付费区模式，车票不能正常通过出站闸机，这种情况一般是由于乘客进闸时没有成功验票，与其他乘客一起过闸进站或没有经进站闸机验票直接从其他地方进入付费区。此时售票员应在半自动售票机付费区模式下分析车票,根据半自动售票机分析显示单程票发售车站名,输入进站车站对车票信息进行更新;若为储值票,可根据乘客口述的进站地点,按票务政策与规定对车票进行付费或免费更新。

乘客在付费区,所持储值票已在出站闸机处刷卡扣费,但未出闸,核实情况后,可向乘客发放免费出站票。

6. 车票退票

城市轨道交通供乘客使用的车票是有价证券,乘客购买后因自身或其他特殊原因需要退票,应符合企业退票的限制条件。不同城市轨道交通运营企业对于能否退票及退票时的限制条件各不相同。根据退票责任的不同,大致可分为乘客责任退票和城市轨道交通运营企业责任退票两种。

1) 乘客责任退票

乘客责任退票是指由于乘客自身原因造成不能继续使用车票,产生退票的情形。

(1) 单程票退票

对于已售单程票的退票,不同城市轨道交通运营企业的规定有所不同。有些城市轨道交通运营企业规定单程票一经售出,概不退票(城市轨道交通运营企业设备故障等方面原因除外),如武汉轨道交通公司。有些城市轨道交通公司规定符合一定条件可以退票,如沈阳地铁规定,已购买的单程票没有进闸记录且票内信息能被读取,自购买之时起不超过20min 的,乘客可以在发售站办理退票,单程票售出20min 后一律不予办理退票;上海、长沙轨道交通公司规定当日未使用的单程票可按票面值退票,非当日车票不予退票。

(2) 储值票退票

储值票还有余额,但乘客不再继续使用,要求退票时大致有以下两种情况。

①储值票卡内信息可读,能查看车票ID 号码和余值,一般可经由售票员通过半自动售票机办理退款手续。票面完好,可将车票余额和押金全部退还给乘客;票面有人为折损,则押金不退,只退还卡内余额。

②储值票卡内信息不可读,或者无法通过半自动售票机进行处理,应按故障车票或无效车票办理非即时退款手续。售票员应回收故障/无效车票,请乘客填写无效车票处理申请表,按规定将车票和报表一并上交上级票务部门审核能否退款以及退款的具体金额,并请乘客在若干工作日之后凭无效车票处理申请表收据到指定车站领取退款。

为保证储值票退款的安全、准确,无论储值票卡内信息能否被读取,票务系统都可以根据各城市轨道交通公司的实际情况设置退款的其他限制条件,如使用次数、余额限制等,若车票超出限制条件范围,则无法在半自动售票机上办理即时退款,以确保退票处理有足够的安全性,防止欺诈行为的发生。

2) 城市轨道交通运营企业责任退票

当企业运营过程中发生不可预料的事件,如设备故障、列车晚点、越站停车、火灾、轧人等事故,乘客要求退票时,属于城市轨道交通运营企业责任退票。通常这种情况下,在任何车站,无论乘客所持何票种,均可在规定期限内办理退票、退款或免费更新手续。

3) 退票作业程序

当乘客要求退票时,工作人员应引导乘客到客服中心办理。售票员应根据需要先分析车票状态,确认车票能否办理退款,并根据公司对退票的相关规定为乘客办理退票手续。

(1)即时退款

若车票符合即时退款条件,售票员应在BOM非付费区模式下操作,为乘客办理即时退款。回收车票,按规定填写相关报表,请乘客签认。在BOM上办理退款后,应再次分析车票,确认车票已退款且余额为零。若退款出现异常,售票员须立即通知客运值班员或以上级别人员到现场处理。通过BOM办理退款后的车票,应按要求加封上交。

(2)非即时退款

若车票需办理非即时退款,售票员回收车票,再根据具体情况在BOM上办理退款申请,或填写纸质无效车票处理申请表,上交车票及表单,由上级票务部门审批确定车票可退款金额,并请乘客若干工作日之后持有效凭证到指定车站领取退款。乘客持有效凭证来车站领取退款时,车站应根据BOM非即时退款查询结果界面或无效票处理通知书显示的退款金额给乘客办理退款,并请乘客在报表上签认。

普通票务事务处理

训练任务14　普通票务事务处理技能训练

(一)训练目标

掌握城市轨道交通车站普通票务事务处理的基本技能。

(二)训练内容

模拟城市轨道交通车站不同的普通票务事务情境,按照普通票务事务处理要求,完成普通票务事务处理作业。

(三)训练准备(可按当地城市轨道交通运营企业的相关要求或学校现有条件准备)

(1)手提金库。
(2)硬币盒。
(3)现金若干。
(4)车票若干(单程票、储值票)。
(5)GATE(闸机)。
(6)BOM(半自动售票机)。

(四)训练流程(相关要求可按当地城市轨道交通运营企业相关规定执行)

角色扮演:2名学生分别扮演售票员和乘客,完成训练任务后,进行角色互换,重新完成整套训练任务,以达到所有学生均具有普通票务事务处理(票卡异常处理)技能的训练目的。

训练任务:

1.乘客训练任务

(1)在BOM上购买1张储值卡,并储值100元(包括票卡押金20元)。
(2)在BOM上购买不同面值、不同数量的单程票。

(3) 运用单程票进闸、出闸，在进、出闸过程中，模拟车票超程、车票超时、车票故障/无效、车票过期、车票进出站次序错误、车票退票等情境，并向当值售票员请求票卡异常处理。

(4) 运用储值票进闸、出闸，在进、出闸过程中，模拟车票超程、车票超时、车票故障/无效、车票过期、车票进出站次序错误、车票退票等情境，并向当值售票员请求票卡异常处理。

2. 售票员训练任务

(1) 对单程票的票卡异常情况，按相关规定，在 BOM 上进行处理。

(2) 对储值票的票卡异常情况，按相关规定，在 BOM 上进行处理。

知识点 2　AFC 设备故障下的票务事务处理

城市轨道交通车站运营过程中，自动售检票系统承担乘客自助购票、乘车信息查询、乘车费用扣除、乘客票务事务处理等功能。若设备出现故障或能力不足，导致乘客无法正常乘车或处理相关票务事务，车站必须采取其他方式妥善处理，完成车站的票务运作。

1. 自动售票机卡币、卡票或找零不足

(1) 自动售票机卡币的含义

自动售票机卡币主要是指乘客在自动售票机上投币购票时，因自动售票机自身原因或乘客所投纸币（硬币）边缘变形、黏有胶带物等，导致纸币（硬币）卡在自动售票机的某个部位，且自动售票机不再接收纸币（硬币）的情况。

(2) 自动售票机卡票的含义

自动售票机卡票主要是指自动售票机在向乘客发售单程票的过程中，因自身原因或单程票边缘变形、变厚等，导致单程票卡在自动售票机的某个部位，且自动售票机自动进入"暂停服务"模式的情况。

(3) 自动售票机找零不足的含义

自动售票机找零不足是指当乘客投入自动售票机的现金金额大于实际购票金额时，因自动售票机自身原因或找零硬币边缘变形、黏有胶带物等，导致找零硬币卡在自动售票机的某个部位，自动售票机停止找零，造成乘客找零金额不够的情况。

(4) 自动售票机卡币、卡票或找零不足的处理

当乘客反映自动售票机卡币、卡票或找零不足时，客运值班员要首先检查自动售票机投币口或取票口是否有纸币、硬币、车票堵塞，或显示屏是否显示卡币、卡票或找零不足故障代码，确认是否发生卡币、卡票或找零不足情况。如显示屏显示相应故障代码，则应按车站规定填写乘客票务事务处理单，对卡币的乘客，以多退少补的原则向其发售相应面值的车票；对卡票的乘客，可在半自动售票机处按乘客需求重新发售一张车票或者办理退票手续；对找零不足的乘客，可在半自动售票机上退还相应款额，给乘客以合理交代后，报专业维修人员处理设备故障。如检查投币口或取票口无纸币、硬币、车票堵塞，显示屏未显示相应故障代码，则由客运值班员与另一车站员工共同打开自动售票机维修门，查看自动售票机的最近交易记录，并根据查询情况进行处理。若自动售票机显示正常且没有与乘客反映购票情况一致的交易记录，则表示没

有卡币、卡票、找零不足的情况发生,由客运值班员负责向乘客做好解释工作。若乘客坚持设备存在故障,不接受解释,可以向值班站长申请调用车站监控录像,再根据录像情况进行处理。

2. 自动售票机充值不成功

(1) 自动售票机充值不成功的含义

自动售票机充值不成功是指乘客在自动售票机上投币充值时,因自动售票机自身原因或其他原因,导致自动售票机收取乘客投入的充值金额后,并不能充进票卡余额(即未将充值金额信息写入票卡)的情况。

(2) 自动售票机充值不成功的处理

当乘客反映自动售票机充值不成功时,客运值班员与值班站长应共同打开自动售票机维修门,查看最近交易记录,确认是否有与乘客反映情况一致的充值交易记录,若没有,则应立即通知专业维修人员到现场处理,确认自动售票机是否发生已收款但充值不成功的情况,客运值班员根据维修人员的判断结果进行乘客票务事务处理。

若有与乘客反映相符的充值交易记录,则在半自动售票机上分析车票,根据查询情况,核实是否确有发生自动售票机已收款但充值不成功的情况。

若半自动售票机分析车票显示已成功充值,则请乘客通过显示屏确认车票已成功充值,并请乘客通过显示屏确认车票充值前后余额及相应时间,做好解释工作后将车票交还乘客。

若半自动售票机分析车票余额及历史记录均显示没有该次充值,则表示自动售票机确实发生已收款但充值不成功的情况,客运值班员按规定办理乘客票务事务处理单,再注明充值不成功处理情况,根据乘客需要在半自动售票机上给乘客办理等额充值或退还乘客充值金额。自动售票机充值不成功的处理流程见图4-19。

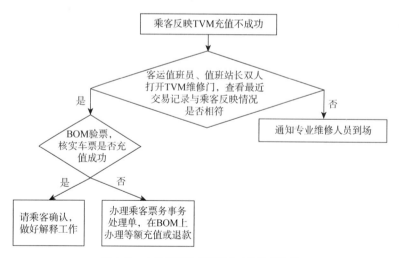

图4-19 自动售票机充值不成功的处理流程

3. 闸机吞票或未按折扣扣款

(1) 出站闸机吞票的处理

当乘客反映出站闸机吞票时,工作人员应询问乘客出闸具体情况,确认乘客出闸时闸机确实处于暂停服务状态或出站闸机显示正常但投票口确有卡票现象,然后按规定填写乘客事务处理单,给乘客发售一张免费出站票,通知维修人员到达车站排除该闸机故障。若闸机显示正常且能接收车票,则向乘客解释说明。若乘客坚持闸机吞票故障存在,不接受解释,则可以向值班站长申请调用车站监控录像,再根据录像情况处理。出站闸机吞票时的处理流程见图 4-20。

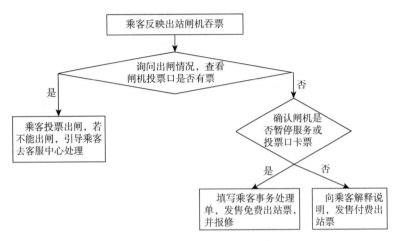

图 4-20　出站闸机吞票时的处理流程

(2) 储值票出站闸机未按折扣扣款时的处理

当乘客反映持储值票出闸,出站闸机未按折扣扣款时,车站通过半自动售票机分析车票,经值班站长或以上级别员工查询最近历史交易记录确认出站闸机未按折扣扣款,如多扣乘客车费,则车站可退还乘客多扣的车费,并在乘客事务记录表上详细记录处理情况,请乘客签名,并通知维修人员到达车站排除该闸机故障。

4. 自动售检票设备能力不足的票务应急处理

自动售检票设备能力不足的票务应急处理主要针对车站半自动售票机、自动售票机或自动检票机部分或全部故障,或车站突发大客流导致设备能力不足等情况。

对已通过广播或其他方式发布"乘客可在××日内办理退票"信息的运能不足情况,要求可为取消乘车的乘客办理退票或免费更新信息,但原则上不发赠票。应急情况下车站对受影响的车票进行处理时可由售票员单独办理,车站客运值班员或以上级别人员及时跟进了解现场办理情况即可。

1) 半自动售票机故障

当车站半自动售票机发生故障时,乘客所持车票不能在半自动售票机上进行分析处理操作,当乘客不能正常进出闸机时,车站应根据情况给予不同处理。

(1) 部分半自动售票机故障

若只有部分半自动售票机发生故障,售票员应通知客运值班员进行故障处理,在售票窗口摆放"设备故障,暂停服务"提示牌。同时,客运值班员应安排人员引导乘客至自动售票机购票充值或到其他能正常办理业务的售票亭办理相关票务业务。客运值班员无法处理的设备故障,通知相关维修部门,并做好报修记录。

(2) 全部半自动售票机故障

当全部半自动售票机发生故障时,售票员应及时在售票窗口摆放"设备故障,暂停服务"提示牌,通知值班站长。值班站长开启车站所有可用自动售票机,引导乘客到自动售票机上办理业务,并立即报修。派人在各进、出站闸机处看守,对不能正常进、出闸的乘客,开启边门,指引其由此进出,回收出站乘客的单程票。

(3) 半自动售票机故障的处理程序

半自动售票机故障的处理程序如图4-21所示。

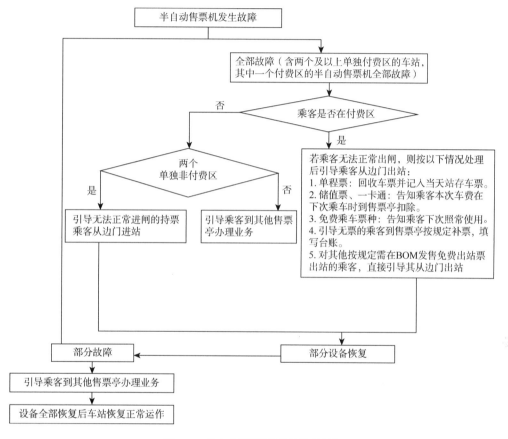

图4-21 半自动售票机故障的处理程序

2) 自动售票机故障或能力不足

自动售票机能力不足是指当车站出现大客流等特殊情况时,由于现有的自动售票机数量有限,不能满足乘客购票需要,导致大量乘客在车站非付费区滞留并等候购票的情况。能力不足的处理与设备故障处理类似。

(1) 部分自动售票机故障

当站内部分自动售票机发生故障时,若为职责范围内的故障情况,客运值班员应进行简单故障处理,若非职责范围内或无法处理的设备故障,则应及时向相关部门报修,并做好报修记录。

站内站务人员对乘客做好宣传引导工作。若无法满足乘客购票需求,则视客流情况,值班站长可下令适当加开半自动售票机,安排售票员在半自动售票机上出售单程票,以提高售票能力。

(2) 全部自动售票机故障

当车站全部自动售票机发生故障时,客运值班员应立即通知值班站长,向相关维修部门报修,做好记录,并到站厅进行宣传疏导工作。全部自动售票机发生故障时,值班站长安排售票员在半自动售票机上出售单程票。根据客流情况,当半自动售票机售票不能满足乘客购票需求时,值班站长需要报站长确定是否出售预制票或纸票,并报告控制中心的行车调度员,由行车调度员通知其他车站做好给乘客检票的准备工作;同时安排人员引导持纸票的乘客从应急通道进站。车站在设备恢复正常或客流有效缓解后恢复正常运作,值班站长决定停止售卖纸票并上报控制中心行车调度员。

自动售票机故障的处理程序如图 4-22 所示。

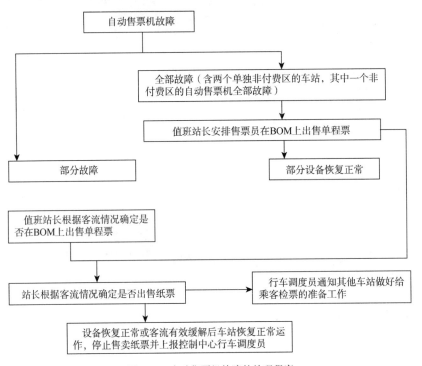

图 4-22 自动售票机故障的处理程序

3) 全部售票类设备故障

当车站自动售票机和半自动售票机全部发生故障时,将无法出售单程票,乘客所持车票也不能在半自动售票机上进行分析、处理操作。此时,客运值班员应立即向值班站长汇报车站设备情况,向公司相关维修部门报修,做好报修记录。值班站长应立即将车站现场运营处置情况上报中心站站长(站区长),并由中心站站长(站区长)逐级上报公司,由中心站站长(站区长)根据客流情况下令发售预制票或纸票。在车站客运组织安全有序且运力允许的情况下,若车站站存预制票可以满足发售需求,车站可发售预制票。

(1)故障发生站的处置

①车站通过调度电话通知控制中心行车调度员,由行车调度员告知线路内其他车站做好应对准备。

②客运值班员到票务室,将封存预制票配发给各售票员,做好相关台账报表记录。

③客运值班员配发好预制票后,到站厅进行宣传疏导工作。

④售票员领取预制票,在车站客服中心(或临时售票亭)内依照票价表发售预制单程票。

⑤车站工作人员应做好宣传引导工作,组织乘客有序进、出车站。

⑥车站通过广播、提示牌、人工宣传等方式提醒乘客设备故障,暂停服务,引导乘客购买预制单程票。

(2)故障发生影响站的处置

当其他车站被告知线路内某车站发售预制票时,值班站长应立即告知站内所有票务工作人员,如持无进站标记且无发售站信息的预制票,按故障发生站进行相应补票作业,非当日乘坐回收原票卡,按过期票进行相应补票作业。

当部分设备恢复正常后,故障发生站值班站长应根据客流情况决定停止售卖预制票,并上报控制中心行车调度员。

(3)自动售票机和半自动售票机全部故障的处理程序

自动售票机和半自动售票机全部故障的处理程序如图4-23所示。

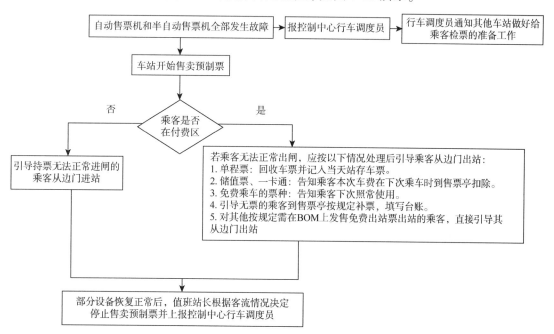

图4-23 自动售票机和半自动售票机全部故障的处理程序

4)进站闸机故障

(1)部分进站闸机故障

当部分进站闸机发生故障时,值班站长可视客流情况下令减缓售票速度或减少售票窗口;

必要时,可适当关闭站内自动售票机及售票窗口,以缓解车站进站压力。

(2)全部进站闸机故障

全部进站闸机故障是指全部进站闸机停止检票,乘客无法通过进站闸机正常进站。当发生全部进站闸机故障时,值班站长应指挥各岗位人员按以下程序处理:

①故障发生站票务处理。

故障发生站必须及时安排人员引导持票的乘客通过边门进站,同时报控制中心行车调度员,由行车调度员通知其他车站做好给乘客更新车票信息的准备工作,车站在设备恢复正常或进站闸机客流有效缓解后恢复正常运作,并上报控制中心行车调度员。

②受影响车站票务处理。

受影响车站在接到行车调度员通知后,安排售票员做好乘客车票信息更新工作,引导乘客更新车票信息后通过出站闸机正常出站。

(3)全部进站闸机故障或进站闸机能力不足的处理程序

全部进站闸机故障或进站闸机能力不足的处理程序如图 4-24 所示。

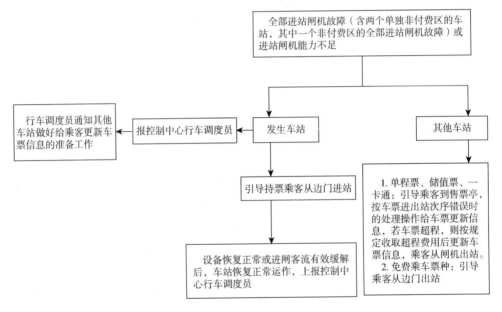

图 4-24　全部进站闸机故障或进站闸机能力不足的处理程序

5)出站闸机故障

(1)部分出站闸机故障

当部分出站闸机发生故障时,在车站条件许可情况下,可打开故障闸机通道,组织持回收类车票乘客出站,人工回收车票,引导持非回收类票卡乘客刷卡出站。

(2)全部出站闸机故障

全部出站闸机故障是指全部出站闸机停止检票,乘客无法通过出站闸机正常出站。当发生全部出站闸机故障时,值班站长应指挥各岗位人员按以下程序处理:值班站长及时上报控制中心行车调度员,通知售票员及站台站务员引导乘客从边门出站,对持单程票的乘客,应回收其单程票并记入当天站存车票;对持储值票或一卡通的乘客,应告知其本次车费在下次乘车时到客服中心扣除。车站在设备恢复正常或出闸客流有效缓解后恢复正常运作,并上报控制中心行车调度员。

(3)全部出站闸机故障或出站闸机能力不足的处理程序

全部出站闸机故障或出站闸机能力不足的处理程序如图 4-25 所示。

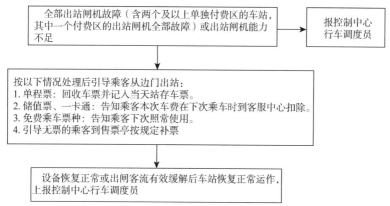

图 4-25　全部出站闸机故障或出站闸机能力不足的处理程序

训练任务 15　自动售票机卡币、卡票或找零不足处理技能训练

(一)训练目标

掌握自动售票机卡币、卡票或找零不足的处理技能,能够正确完成处理工作。

(二)训练内容

模拟车站自动售票机卡币、卡票或找零不足情境,按照自动售票机卡币、卡票或找零不足标准处理程序,完成自动售票机卡币、卡票或找零不足处理作业,具备自动售票机卡币、卡票或找零不足处理技能。

(三)训练准备(可按当地城市轨道交通运营企业的相关要求或学校现有条件准备)

(1)TVM(自动售票机)。

(2)现金若干。

(3)车票若干(单程票、储值票)。

(4)GATE(闸机)。

(5)BOM(半自动售票机)。

(四)训练流程(相关要求可按当地城市轨道交通运营企业的相关规定执行)

角色扮演:3 名学生分别扮演乘客、客运值班员和值班站长,完成训练任务后,进行角色互换,重新完成整套训练任务,以达到所有学生均具有自动售票机卡币、卡票或找零不足处理技能的训练目的。

训练任务:

模拟以下情境,并按相关流程和要求完成训练过程。

(1)乘客向客运值班员反映自动售票机卡币、卡票或找零不足。

(2)客运值班员检查自动售票机投币口或取票口是否有纸币、硬币、车票堵塞或显示屏是否显示卡币、卡票或找零不足故障代码,确认是否发生卡币、卡票或找零不足情况。

情境一:显示屏显示相应故障代码,确认发生卡币、卡票或找零不足情况。

(1)客运值班员按车站规定填写乘客票务事务处理单,对卡币的乘客,以多退少补的原则为其发售相应面值的车票。

(2)对卡票的乘客,客运值班员在半自动售票机处按乘客需求重新发售一张车票或者为其办理退票手续。

(3)对找零不足的乘客,可在半自动售票机上为其退还相应款额。

情境二:显示屏未显示相应故障代码。

(1)向值班站长报告,并由客运值班员与值班站长共同打开自动售票机维修门,查看自动售票机的最近交易记录,并根据查询情况进行处理。

(2)处理流程与情境一中的(1)、(2)、(3)相同。

情境三:自动售票机显示正常且没有与乘客反映购票情况一致的交易记录,确认没有卡币、卡票或找零不足情况发生。

(1)由客运值班员负责向乘客做好解释工作。

(2)若乘客坚持设备存在故障,不接受解释,可以向值班站长申请调用车站监控录像,再根据录像情况进行处理。

自动售票机卡币、卡票或找零不足的处理流程见图4-26。

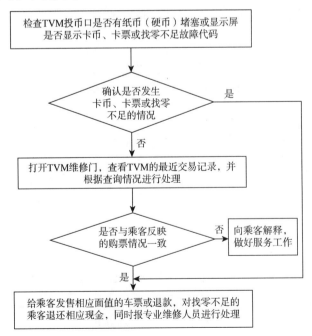

图4-26 自动售票机卡币、卡票或找零不足的处理流程图

知识点3　降级运营模式下的票务事务处理

• 案例思考 •

1996年1月19日下午5时20分左右,北京首钢一段高压输电线被砸断,导致北京供电系统发生电源故障,造成京西大规模停电,此时正值下班高峰期,57辆地铁列车突然断电被迫停运,堵塞时长达146min。

2010年8月28日傍晚,一场突如其来的停电事故给伦敦地铁和英格兰东南部的铁路交通带来了巨大混乱。停电对伦敦发达的地铁网络影响最为严重,当时正值下班高峰期,每小时有500多趟列车在伦敦地下穿梭。停电之后,近2/3的地铁列车停运,大约25万人被困在地铁中,许多地铁站被迫暂时关闭。

以上两起意外停电事故处理得当,均未造成人员伤亡。但停电后乘客票务事务必然受到影响,车站应该如何应对呢?

• 拓展知识 •

当地铁列车在运营过程中出现列车故障、火灾、电力供应中断等意外状况时,自动售检票系统的中央计算机或者车站计算机可以下达命令,将某车站或全部车站的终端设备设置为自动售检票系统降级运营模式,配合车站降级运营情况下的票务组织和客流组织,提高城市轨道交通降级运营时的处理效率和管理水平。

1. 降级运营模式的设置原则

(1)列车故障模式设置原则:地铁发生运营故障,需在某站进行清客时;列车晚点,要求退票的乘客超过一定人数(如10人)时。

(2)进出站次序免检模式设置原则:车站的进站闸机全部发生故障且无法立即修复或者由于车站出现大客流拥挤现象,大量由本站进站的乘客未通过进站闸机。

(3)时间免检模式设置原则:列车延误或时钟错误等地铁原因导致乘客手中的车票超时。

(4)日期免检模式设置原则:地铁原因导致乘客手中车票过期。

(5)车费免检模式设置原则:在接到行车调度员有关"列车越站"的通知时。

(6)紧急放行模式设置原则:车站出现危及乘客生命安全,需要及时疏散乘客出站的紧急情况时。

2. 降级运营模式下的设备表现

当自动售检票系统设为降级运营模式时,其设备表现与正常运营模式时不同。设备主要表现如下:

(1)中央计算机系统工作站上会明显地显示该车站名称及模式,如字体或颜色闪烁等,以便进行监控。

(2)设置了该模式的车站计算机系统会在显著位置用明显的文字或符号显示所设置的模式,并用明确的文字或符号显示车站内哪些设备已经进入该模式。

(3)在收到车站计算机系统下达的命令后,车站终端设备按模式要求进入相应的状态,并按模式要求对车票进行处理。

3. 降级运营模式下的车票处理

1)列车故障模式

在列车故障模式下,已购票进站和列车清客后的乘客,可持票通过出站闸机出站。若为单程票,不回收返还乘客;若为储值票,车票中的金额或乘次不扣减。

模式结束后,对于乘客留存的单程票,若选择继续使用,可以在一段时间内在系统中的任一车站继续使用,重新通过进站闸机进站;对于不准备继续使用的乘客,可在规定时间内(如7天)到客服中心办理退票。储值票等其他车票可在规定时限内到任意车站客服中心免费更新信息。

2)进出站次序免检模式

当车站的进站闸机全部故障无法立即修复或由于车站出现大客流冲击时,允许乘客不通过进站闸机进站。进出站次序免检模式下对车票的处理如下:

(1)在设置此模式的车站,所有进站闸机及边门开放,不检验任何车票,持票乘客可以直接进站。

(2)无进站信息的车票在其他车站或本站出站时,对于储值票/一卡通,系统均认为是由指定车站进站,出站闸机将自动扣除相应的费用,乘客从闸机出站;对于单程票,会检查购票车站,如果是指定车站,则不检查进出站次序,并回收,但票值必须相符,否则要补交相应的费用。

(3)若有大于两个车站设置该模式,则对所有无进站信息的车票都不检查进出站次序,出站闸机按最低车费进行扣费。储值票/一卡通扣除最短车程费;计次票扣除一个乘次;单程票不检查车票余值,直接回收。

3)时间免检模式

如果由城市轨道交通公司的原因引起列车延误或者乘客进站后在系统停留的时间超过系统设置的乘车时间,为了使这部分乘客不受影响能正常离开车站,系统可设置时间免检模式。在这种情况下,出站闸机不检查车票上的进站时间信息,但仍然检查车票的票值,所有车票按正常方式扣款。

4)日期免检模式

若由城市轨道交通公司的原因导致乘客手中的车票过期,系统可设置日期免检模式,在此模式下允许过期的车票继续使用,但仍然检查车票的票值、进站码等信息,所有车票按正常方式扣款。

5)车费免检模式

如果某个城市轨道交通车站由于事故或者故障而关闭,导致列车越过该站后才停车,系统可将越站停车的第一个车站设置为车费免检模式。被设置车费免检模式的车站,其出站闸机将不检查车票的余值,回收所有的单程票;对于储值票、一卡通,则扣除最少的车费。

6)紧急放行模式

当车站出现危及乘客生命安全,需及时疏散乘客出站的紧急情况时,车站客运值班员或值班站长须立即通过车站控制室内的紧急按钮或车站计算机设置紧急放行模式,由于紧急按钮的操作时间更短,所以优先选用紧急按钮操作设置,若紧急按钮设置无效,再通过车站计算机设置紧急放行模式。在紧急放行模式下,车站内所有闸机将不对车票进行处理,同时闸机的闸门全部打开,方便乘客紧急疏散,乘客无须使用车票,可直接快速离开车站。

在系统设置为紧急放行模式时,车站内的进站闸机将全部显示"禁止进入"标志,同时所有的自动售票机自动退出服务;车站计算机将车站设置为紧急放行模式的信息传送给中央计算机,中央计算机再向其他车站广播这一信息,并记录被设置为紧急放行模式的时间。由于在此情况下,乘客不需要检票就可以离开车站,系统将允许乘客在一段时间内能正常使用这些车票。例如,在设置紧急放行模式期间,在该车站购买的单程票(进入紧急放行模式前)能在所有车站使用,可乘坐与车票票值相符的车程;在设置紧急放行模式期间,在该车站出站的所有车票,在下一次进站时进站闸机将自动更新车票上的进站标记,不收取任何费用。系统允许的时间值将通过中央计算机设置,并下载到所有车站,超过系统规定的时间,这些车票只能通过半自动售票机更新才能使用。

故障消除后,设备向上一级系统报告后进入正常运营模式或关闭非正常运营模式。车站计算机系统保存相关的故障和修复信息,并形成相关报表。

训练任务16　列车晚点处理技能训练

(一)训练目标

掌握列车晚点的处理技能,能够正确完成处理工作。

(二)训练内容

模拟车站列车晚点情境,按照列车晚点标准处理程序,完成列车晚点处理作业。

(三)训练准备(可按当地城市轨道交通运营企业的相关要求或学校现有条件准备)

(1)TVM(自动售票机)。
(2)现金若干。
(3)车票若干(单程票、储值票)。
(4)GATE(闸机)。
(5)BOM(半自动售票机)。
(6)模拟车站(站厅、站台)。

(四)训练流程(相关要求可按当地城市轨道交通运营企业的相关规定执行)

角色扮演:5名学生分别扮演控制中心行车调度员、行车值班员、值班站长、客运值班员和售票员,完成训练任务后,进行角色互换,重新完成整套训练任务,以达到所有学生均具有列车晚点处理技能的训练目的。

模拟车站列车晚点情境,并按相关流程和要求完成训练过程。

(1)控制中心行车调度员通知车站行车值班员列车晚点。

(2)行车值班员向值班站长报告列车晚点受影响情况。

(3)值班站长组织车站各岗位工作人员按列车晚点标准处理程序进行列车晚点处理作业。

情境一：乘客在付费区，要求取消乘车。

(1)执单程票的乘客：由客运值班员引导乘客从边门出站(车票不回收)，在非付费区由售票员为乘客即时办理退票或告知乘客××日内可持该票到任意车站办理再次乘车或退票。

(2)执储值票的乘客及非免费乘车一卡通的乘客：由客运值班员引导乘客从边门出站，在非付费区由售票员即时免费更新车票信息或告知乘客××日内可到任意车站进行免费更新。

情境二：从延误列车上下来的乘客。

(1)单程票超时：由客运值班员引导乘客从边门出站并回收车票，计入当天站存车票。

(2)储值票及非免费乘车一卡通超时：由客运值班员引导乘客去客服中心，由售票员对车票信息进行免费更新，填写台账，乘客从闸机出站。

情境三：乘客在非付费区已购单程票，要求取消乘车。

由客运值班员引导乘客到客服中心，由售票员为乘客即时办理退票或告知乘客××日内可持该票到任意车站办理再次乘车或退票。

• 拓展知识 •

特殊情况下车站票务事务应急处理程序

1. 列车晚点的处理程序

列车晚点的处理程序如图4-27所示。

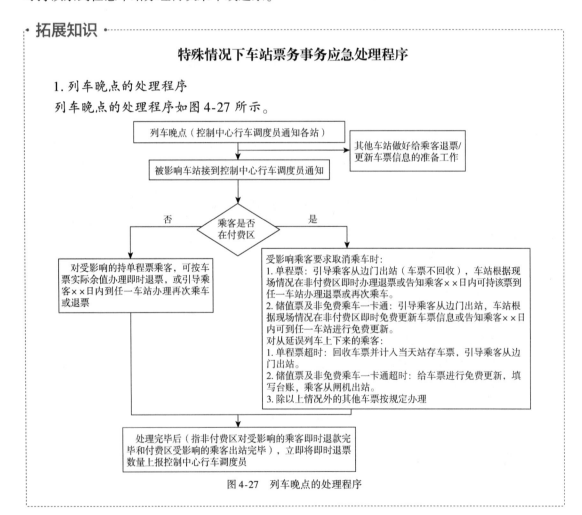

图4-27 列车晚点的处理程序

2. 故障清客的处理程序

故障清客的处理程序如图 4-28 所示。

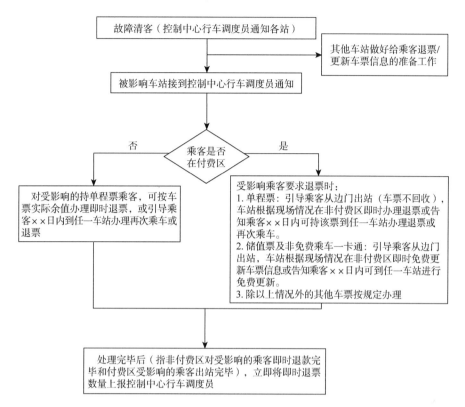

图 4-28　故障清客的处理程序

3. 列车越站的处理程序

列车越站的处理程序如图 4-29 所示。

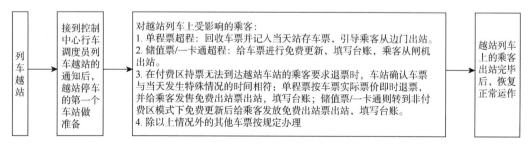

图 4-29　列车越站的处理程序

4. 车站出现火灾等紧急情况的处理程序

车站出现火灾等紧急情况的处理程序如图 4-30 所示。

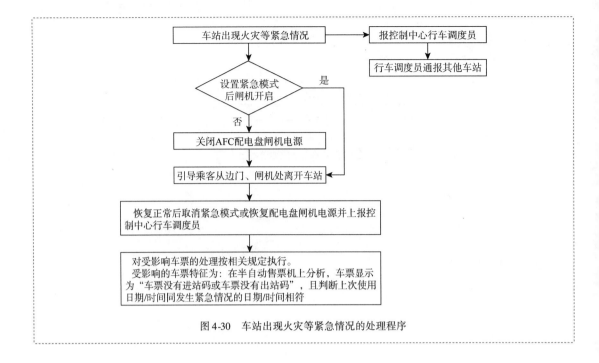

图 4-30　车站出现火灾等紧急情况的处理程序

模块5

车站日常客流组织

学习引导

城市轨道交通车站日常客流组织是城市轨道交通车站客运组织工作中最基础的日常工作。作为车站的站务管理人员,做好日常客流分析,掌握客流规律,遵循客流组织原则,进而采取适当的客流组织办法,有序组织车站日常客流,是完成城市轨道交通运营目标的根本保障。通过本模块的学习,能够掌握客流的概念、影响客流的因素、客流预测的方法、客流的基本特点和分析方法、客流组织的原则、日常客流组织办法等重要内容。

知识导航

知识梳理	知识运用	能力迁移与拓展
客流的基础知识	决定车站设计规模和车站设备容量或能力的基本依据是什么客流量?	城市轨道交通智能化及可持续发展的五大方向 1)列车全自动驾驶 列车全自动驾驶是指通过列车自动控制系统实现列车自动唤醒、自动行驶、精确停车、站台自动化作业、无人折返、自动运行调整等功能,以减少人员介入,降低人工成本及减少人为失误。 2)互联互通 城市轨道交通互联互通不只是实现设备接口协议的标准化和设备的信息互换,其实质在于列车跨不同线路的过轨运行,这将改变原有城市轨道交通以单线为基础的行车调度指挥模式。 互联互通具有以下两方面的优势。 (1)降低成本:①不仅可减少整个线网的车辆数量,而且用于停放、维修和检测车辆的场地和设备也随之减少;
影响客流的因素	说明私人交通工具的拥有量对客流正反两方面的影响	
客流调查	乘客情况抽样调查通常采用什么方式?为什么?	
客流预测	说明出行分布OD矩阵表中T_{ij}的含义,如果换成两个车站,T_{ij}又是什么含义?	
客流的时间分布特征分析	时间分布特征是按什么规律展开分析的?	
客流的空间分布特征分析	有哪些不同的空间?	
城市轨道交通车站日常客流组织的原则	作为车站管理人员,如何贯彻"出站优先"原则?	
城市轨道交通车站日常客流组织办法	车站客流组织主要围绕哪几个环节进行?	

续上表

知识梳理	知识运用	能力迁移与拓展
		②由于互联互通线路的设备实现了标准化，因此可对车辆、供电、信号、站台门等系统进行规模化生产、采购、存储、安装、调试和维保，从而降低相关成本(包括人员培训、跨专业融合、工时均衡统筹等人力成本)。 （2）提高运输服务质量。互联互通的实现能够减少换乘次数，缩短乘客乘车时间；采用快、慢车混跑的运营组织模式，可满足不同乘客的乘车需求，提高运输服务质量。 3）智能运维 　　智能运维是通过对设备状态数据进行采集、存储、加工，分析并判断数据信息与设备的健康状态是否吻合，并输出判断的结果，进而实现对维修策略的指导。其通过物联网和不同功能的算法模块实现，而实现关键在于以下两点：①搭建强大且可靠的数据采集及终端回馈系统，包括传感器、网络通信及数据库；②开发科学合理的分析算法，包括依据目标要求设计的数学模型和决策模型。 4）智慧服务 　　智慧的内涵是感知、记忆、理解、分析、判断、升华等能力，其在城市轨道交通行业里涉及最多的领域是服务与调度，如智慧客服、智慧安检、智慧应急指挥、一键开关站、客流监测与引导、无感支付等。目前，上海、广州、深圳等城市轨道交通率先建立了智慧车站示范站，在行业里起到了良好的带动作用。随着中国城市轨道交通协会发布《中国城市轨道交通智慧城轨发展纲要》，其他城市也在加快智慧车站的研究和建设。 5）节能减排 　　在城市轨道交通智能化发展进程中，节约能源、降低二氧化碳排放对于行业的可持续健康发展具有重要意义。目前，节能技术(如光伏、永磁电机、车辆轻量化、智慧照明、能源管理、风水联动等)在单个专业领域的应用较为深入，并已在一定范围内推广。实践证明，这些日趋完善的技术在节能减排的同时，还能够降低城市轨道交通全寿命周期成本。 　　学习以上内容，结合本模块内容，畅想城市轨道交通多元化发展和车站智能运维之间的关系

学习任务 1　客流概述

知识重点

1. 城市轨道交通客流的概念和分类。
2. 城市轨道交通客运需求与客流之间的关系。
3. 影响城市轨道交通客流的因素。

客流是规划城市轨道交通线网及线路走向、选择城市轨道交通制式及车辆类型、安排城市轨道交通项目建设顺序、设计车站规模和确定车站设备容量、进行项目经济评价的依据，也是城市轨道交通安排运力、编制列车开行计划、组织日常行车和分析运营效果的基础。

知识点1　客流的基础知识

1. 客流的概念

客流是指在单位时间内，城市轨道交通线路上乘客流动人数和流动方向的总和。客流既表明了乘客在空间上的位移及数量，又强调了这种位移带有方向性和具有起讫位置。客流可以是预测客流，也可以是实际客流。

2. 客流的分类

根据不同的分类方法，客流可分为不同的类型。
(1) 根据客流的时间分布特征，客流可分为全日客流、全日分时客流和高峰小时客流。
①全日客流：全日的总客流。
②全日分时客流：全日各小时的客流。
③高峰小时客流：以小时为时间单位计算的高峰小时的客流。
(2) 根据客流的空间分布特征，客流可分为断面客流与车站客流。
①断面客流：通过城市轨道交通线路各区间的客流。
②车站客流：在城市轨道交通车站上下车和换乘的客流。
(3) 根据客流的来源，客流可分为基本客流、转移客流和诱增客流。
①基本客流：城市轨道交通线路既有客流加上按正常增长率增加的客流。
②转移客流：由于城市轨道交通具有快速、准时、舒适等优点，原来经由常规公交和自行车出行转移到经由城市轨道交通出行的这部分客流。
③诱增客流：城市轨道交通线路投入运营后，促进沿线土地开发、住宅区形成规模、商业活

动繁荣所诱发的新增客流。

3. 不同的客流量概念

(1) 断面客流量

在单位时间内,通过城市轨道交通线路某一地点的客流量称为断面客流量。这里,单位时间通常是 1h 或全日。显然,通过某一断面的客流量就是通过该断面所在区间的客流量。

断面客流量分为上行断面客流量和下行断面客流量,计算公式为

$$P_{i+1} = P_i - P_x + P_s \tag{5-1}$$

式中,P_{i+1} 为第 $i+1$ 个断面的客流量(人);P_i 为第 i 个断面的客流量(人);P_x 为在车站下车人数(人);P_s 为在车站上车人数(人)。

(2) 最大断面客流量

在单位时间内,通过城市轨道交通线路各个断面的客流量一般是不相等的,其中的峰值称为最大断面客流量。城市轨道交通线路上行和下行方向的最大断面客流量不一定在同一个断面上。

(3) 高峰小时最大断面客流量

在以小时为时间单位计算断面客流量的情况下,全日分时最大断面客流量一般是不相等的,其中的峰值称为高峰小时最大断面客流量。城市轨道交通的高峰小时一般出现在早晨和傍晚,分别称为早高峰小时和晚高峰小时。

高峰小时最大断面客流量是决策是否修建城市轨道交通、修建何种类型城市轨道交通,确定车辆类型、列车编组、行车密度、运用车配置数、站台长度等的基本依据。

(4) 车站客流量

车站客流量包括全日、高峰小时和超高峰期在城市轨道交通车站上下车和换乘的客流量,以及经由不同出入口、收费区的进出站客流量和不同方向的换乘客流量。超高峰期是指在高峰小时内存在的一个 15～20min 的上下车客流特别集中的时间段。

车站高峰小时和超高峰期客流量决定了车站设计规模,是确定站台、售检票设备、自动扶梯、楼梯、通道、出入口等车站设备容量或能力的基本依据,如站台宽度、售检票机数量、楼梯与通道宽度等。

4. 客运需求及其特性

需求是指人们对于某种物质或精神目标获得满足的愿望,在经济学意义上,人们对商品和服务的需求受社会经济条件的制约,必须建立在有购买能力的基础上。城市客运需求是指人们在城市中实现位移的愿望,同样,它也应建立在有能力支付交通服务价格的基础上。因此,客运需求是位移欲望和购买能力的统一。如果说客运需求是潜在的客流,那么客流就是实现了的客运需求。

客运需求具有以下四个方面的特性:

(1) 广泛性

与其他商品和服务的需求相比较,客运需求是一种广泛性的需求,城市的各项功能活动都不可能离开它而独立存在。

(2)派生性

客运需求是一种派生性需求,因为在绝大多数情况下,乘客实现位移的目的往往不是位移本身,而是通过空间位移的完成来满足工作、生活或娱乐方面的需求。客运需求是一种非本源性的需求,这就决定了部分客运需求的满足在空间和时间上的弹性,以及可以被部分替代的特点,如乘客可以选择迂回径路或避开交通高峰期,现代通信手段的发展减少了城市中人员的流动等。

(3)时间性

客运需求在一周内的工作日和双休日、一天内的各个小时有规律地变化。客运需求的这种时间性是城市轨道交通系统规划设计和运输组织的基本依据之一。

(4)空间性

客运需求的空间性是指潜在的客流在方向上、线路上、车站间分布不均衡。这种不均衡主要是由城市各区域的土地使用和功能活动不同所决定的。但城市交通网的布局、线路通过能力、交通服务价格与质量也是构成城市中的出行在空间分布上不均衡的原因。

客流基础知识

知识点2 影响客流的因素

影响客流的因素包括两方面:经济的和非经济的。概括起来主要有土地利用、人口规模、客运服务及替代服务的价格与质量、城市轨道交通服务水平、政府的交通运输政策、交通网的规模与布局、私人交通工具的拥有量等。

1. 土地利用

土地利用主要包括以下方面:

(1)土地的用途,涉及城市各区域功能的定位。

(2)在用地上建造的建筑类型,涉及用地上进行的社会经济活动类型。

(3)土地的利用状况,涉及用地上进行的社会经济活动的强度,如人口、就业、产量等。

土地利用与客流的关系是源与流的关系,城市各区域功能的定位决定了出行活动及出行流量、流向。此外,土地利用规划对城市布局发展模式有着重要的影响,在城市由单中心布局发展到单中心加卫星城镇布局,又进一步发展到多中心布局的过程中,通常伴随着客流的大幅增长。2000年,北京地铁有2条线,客流年增长幅度并不大,当时日均客流量为120万人次。2008年后,随着6条新线路的开通及沿线土地开发强度的增强,市民纷纷迁入新建成的住宅区,商业、餐饮业也发展起来,日均客流量也快速增长,2008年为333万人次,2009年为390万人次。2014年,北京地铁公司所辖15条线路,日均客流量为790多万人次。

2. 人口规模

城市中的出行量与人口规模、出行率之间存在密切的关系,因此除了分析常住人口、暂住人口和流动人口的数量外,还应分析人口的年龄、职业、出行目的、居住区域等特征。根据出行调查资料,不同人群的出行率存在差异,一般规律是:常住人口中,中青年人群的出行率高于幼年与老年人群的出行率,上班、上学人群的出行率高于退休人群的出行率,市区人口的出行率高于郊区人口的出行率;暂住人口、流动人口中,旅游人群的出行率高于务工人群的出行率;流动人口的出行率高于常住人口的出行率等。

3. 客运服务及替代服务的价格与质量

票价是影响客流的重要因素,但票价对客流的影响与收入水平对客流的影响是综合产生作用的。票价与收入有四种可能的组合,其中低收入、高票价对客流的吸引最不利。市民的消费能力与收入水平直接相关,城市轨道交通的客源主要来自中、低收入人群,而中、低收入人群对票价的变动比较敏感,当城市轨道交通票价支出占收入的比例较大时,选择城市轨道交通方式出行的客流就会减少。

北京在2014年12月28日实施新地铁票价后,地铁客流量出现了下降。其中2015年首个工作周周一、周二(1月5日、6日),地铁全网截至20时的客流进出站量分别为796万人次、833万人次,相比未调价前2014年12月22日、23日同期时间的949万人次、1001万人次,分别下降了153万人次、168万人次,降幅为16%左右。在分析票价对客流的影响时,还应注意到乘客会权衡各种出行方式的票价高低及性价比来选择出行方式。在收入水平一定的情况下,只有当城市轨道交通的性价比高于其他出行方式或替代服务的性价比时,城市轨道交通才具有吸引客流的优势。

4. 城市轨道交通服务水平

评价城市轨道交通服务水平的指标主要有列车频率、运送速度、列车正点率、舒适便利程度、乘车安全等。在收入水平逐渐提高、可选择出行方式增多的情况下,服务水平成为市民选择出行方式时主要考虑的因素,因此服务水平是影响客流及潜在客运需求的关键因素。

5. 政府的交通运输政策

城市确立以公共交通为主、个体交通为辅的交通运输政策,优先发展公共交通、大力发展城市轨道交通、控制自行车与私人汽车的发展,对引导市民利用公共交通出行有重要意义。而要实现这一交通运输政策,首先是加快公共交通设施的建设,如提高城市轨道交通线网的密度、建成大型换乘枢纽等;其次是优化现有交通资源的利用,如完善城市轨道交通与常规公交、自行车、私人汽车的衔接换乘,减少与城市轨道交通线路走向重复的常规公交线路等。

6. 交通网的规模与布局

多层次的城市轨道交通线网、合理的线路布局及走向和功能完善的换乘枢纽对实现城市中心区45min交通圈、增大城市轨道交通对出行者的吸引力、提高城市轨道交通在公共交通中的运量分担比例具有重要的作用。此外,从土地利用与运输系统互动、运输需求与运输供给互动的角度,国外学者提出了通过建设交通运输走廊来推动车站周边土地开发利用的交通导向开发(Transit-oriented Development,TOD)规划模式。由于城市轨道交通具有运能大、速度快、能源消耗和空气污染低的优势,TOD规划模式在城市轨道交通建设领域得到了较多应用。国外的研究发现,根据车站周边土地不同的利用情况,TOD规划模式可降低5%~20%的小汽车车流量,而城市轨道交通的客流则相应增加。

7. 私人交通工具的拥有量

在客运需求一定的情况下，利用私人交通工具出行的越多，通过公共交通出行的就越少。长期以来，国内大城市的自行车出行比例为50%～60%，其原因一方面与出行距离较短有关，另一方面也与公共交通服务水平较低有关。大量的出行自行车与机动车争抢道路，加剧了道路资源的紧张。据《中华人民共和国2021年国民经济和社会发展统计公报》，2021年末全国民用汽车保有量30151万辆（包括三轮汽车和低速货车732万辆），比2020年末增加2064万辆，其中私人汽车保有量26246万辆，同比增加1852万辆；民用轿车保有量16739万辆，同比增加1099万辆，其中私人轿车保有量15732万辆，同比增加1059万辆。私人汽车拥有量的快速增长使道路交通因拥挤而处于行车难的状态。无论是在发展个体交通，还是在发展公共交通问题上，国外的经验教训都值得借鉴，西方国家大城市过去对私人汽车的发展不加控制，导致在破坏城市生态环境的同时，出现了严重的道路拥挤和出行难问题，最后不得不转向发展公共交通。因此，应从优化出行方式结构、提高公共交通的客运比例出发，有序控制自行车与私人汽车的发展。作为一种辅助出行方式，短距离自行车出行仍会大量存在，但长距离自行车出行则应引导到公共交通出行上来。在出行的快捷、方便和舒适方面，私人汽车出行无疑优于公共交通出行，但私人汽车的发展应考虑是否适应道路网能力，不能以降低大部分市民的快捷、方便和舒适为代价。对私人汽车的使用应通过经济杠杆进行适度控制，鼓励并创造条件让私人汽车使用者以停车-换乘方式进入城市中心区。

学习任务 2　客流调查与预测

知识重点

1. 城市轨道交通客流调查的方法。
2. 城市轨道交通客流预测的方法。

知识点 1　客流调查

为了掌握客流现状及其变化规律，必须经常进行各种形式的客流调查，因此客流调查是城市轨道交通日常运营活动的组成部分。

客流调查涉及调查内容、地点和时间的确定，调查表格的设计，调查设备的选用和调查方式的选择，以及调查资料汇总整理、指标计算、结果分析等多方面问题。

1. 客流调查的种类

1）全面客流调查

全面客流调查是对全线客流的综合调查，通常包含了乘客情况抽样调查。这种类型的客流调查时间长、工作量大,需要配备较多的调查人员。但通过调查及对调查资料进行整理和统计分析,能对客流现状及其变化规律有全面、清晰的了解。

全面客流调查有随车调查和站点调查两种调查方式。随车调查是在列车车门处对运营时间内所有上下车乘客进行写实调查;站点调查是在车站检票口对运营时间内所有进出站乘客进行写实调查。城市轨道交通全面客流调查基本都是采用站点调查。

全面客流调查一般应连续进行 2~3 天,在运营时间内,调查全线各站所有乘客的下车地点和票种情况,并将调查资料以 5min 或 15min 为间隔分组记录下来。

2)乘客情况抽样调查

抽样调查是用样本来近似地代替总体,这样做有利于减少人力、物力和时间。乘客情况抽样调查通常通过问卷方式进行,调查内容主要包括乘客构成情况和乘客乘车情况两方面。

(1)乘客构成情况。乘客构成情况调查一般在车站进行。调查内容包括年龄、性别、职业、家庭住址、出行目的等。该项调查的时间可选择在客流比较正常的运营时间段。

(2)乘客乘车情况。乘客乘车情况调查的安排视调查对象及调查内容的不同而不同。调查内容除年龄、性别和职业外,还可包括家庭住址和家庭收入、日均乘车次数、上车站和下车站、到达车站的方式和所需时间、下车后到达目的地的方式和所需时间、乘坐城市轨道交通列车所节省的出行时间,以及对现行票价的认同度等。

3)断面客流调查

断面客流调查是一种经常性的客流抽样调查,根据需要,可选择一个或几个断面进行调查,一般是对最大客流断面进行调查,调查人员用直接观察法调查车辆内的乘客人数。

4)节假日客流调查

节假日客流调查是一种专题性客流调查,重点对春节、元旦、国庆节、双休日和若干民间节日期间的客流进行调查。

节假日客流调查的内容包括机关、学校、企业等单位的休假安排,城市旅游业、娱乐业的发展程度,市民生活方式的变化等。该项调查一般通过问卷方式进行。

2. 客流调查统计指标

客流调查结束后,应对客流调查资料认真进行汇总整理,列成表格或绘成图,计算各项指标,并将它们与设计(预测)数据或历年调查数据进行比较,分析数据增减的比例及原因。城市轨道交通全面客流调查后应计算的主要指标如下:

(1)乘客人数

乘客人数包括分时与全日各站上下车人数、分时与全日各站换乘人数、各站与全线高峰小时乘客人数、各站与全线全日乘客人数、高峰小时乘客人数占全日乘客人数的比例。

(2)断面客流量

断面客流量包括分时与全日各断面客流量、分时与全日最大断面客流量、高峰小时最大断面客流量。

(3)乘坐站数与平均乘距

乘坐站数与平均乘距包括本线乘客乘坐不同站数的人数及所占百分比、跨线乘客乘坐不同站数的人数及所占百分比、平均乘车距离。

(4) 乘客构成

乘客构成包括全线持不同票种乘客人数及所占百分比,不同车站按年龄、家庭住址和出行目的等统计的乘客人数及所占百分比,不同车站按三次吸引统计的乘客人数及所占百分比,从不同距离以步行、自行车和常规公交三种方式到达车站的乘客人数及所占百分比,在不同时间内以步行、自行车和常规公交三种方式到达车站的乘客人数及所占百分比。

(5) 车辆运用

车辆运用包括客车公里、客位公里、乘客密度、客车满载率和断面满载率。

训练任务17　客流调查技能训练

(一) 训练目标

掌握对城市轨道交通车站开展客流调查的基本技能。

(二) 训练内容

城市轨道交通车站出入口进出站客流调查。
(1) 实地调查城市轨道交通车站平面布局并绘制简单平面分布图。
(2) 在城市轨道交通车站开展客流调查。
(3) 对车站客流调查数据进行分析,撰写调查报告。

(三) 训练准备

(1) 地铁车站平面分布图样图。
(2) 计数器。
(3) 客流统计调查表。
(4) 客流调查报告写作方法(文本)。
(5) 自行查找客流调查报告,作为参考。

(四) 训练流程

(1) 将学生分组,按车站出入口数量确定各组人数。
(2) 派各组学生到车站进行实地调查,确定车站出入口客流情况,调整各小组学生数,分配各车站出入口人员。

(五) 训练要求

(1) 掌握某城市轨道交通线路地铁车站的平面分布情况并绘制平面分布图,例图如图5-1、图5-2所示。要求图中标出:
①车站站厅层各出入口的具体位置;
②车站楼梯、自动扶梯、直梯、进出站闸机、验票机等客运设备的具体位置;
③车控室、人工售票处等客运管理用房的具体位置;

④车站各出入口在地面的具体位置,包括地面具体街道的名称、周围主要的建筑物及商业设施等;

⑤车站周边主要公交车站的具体位置,包括公交线路及走向。

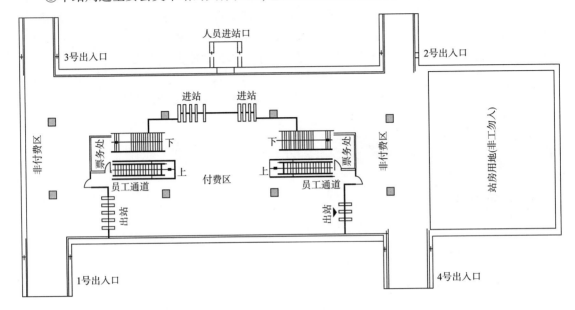

图 5-1 车站平面分布图

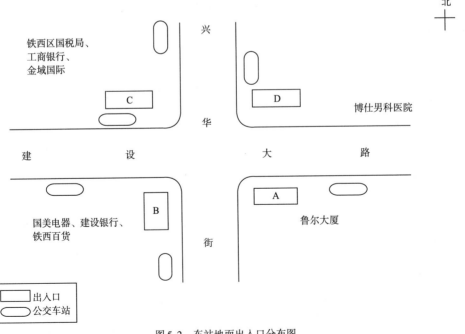

图 5-2 车站地面出入口分布图

(2)实地调查城市轨道交通线路车站各出入口进出站的客流情况,统计调查例表如表 5-1、表 5-2 所示。

车站各出入口进出站客流统计调查表　　　　　　　　　　　表 5-1

_____车站_____出入口进出站客流量统计表

日期	时间段		进站客流量	出站客流量
××年××月××日	非高峰时段	9:00—10:00		
		13:00—14:00		
	高峰时段	7:00—8:00		
		17:00—18:00		

车站各出入口进出站客流统计调查表　　　　　　　　　　　表 5-2

_____车站各出入口进出站客流量统计表

出入口编号	日期	时间段		进站客流量	出站客流量
A	××年××月××日	非高峰时段	9:00—10:00		
			13:00—14:00		
		高峰时段	7:00—8:00		
			17:00—18:00		
B	××年××月××日	非高峰时段	9:00—10:00		
			13:00—14:00		
		高峰时段	7:00—8:00		
			17:00—18:00		
C	××年××月××日	非高峰时段	9:00—10:00		
			13:00—14:00		
		高峰时段	7:00—8:00		
			17:00—18:00		
D	××年××月××日	非高峰时段	9:00—10:00		
			13:00—14:00		
		高峰时段	7:00—8:00		
			17:00—18:00		
E	××年××月××日	非高峰时段	9:00—10:00		
			13:00—14:00		
		高峰时段	7:00—8:00		
			17:00—18:00		

①连续两个工作日或连续两个休息日每天调查两个非高峰时段的小时客流(9:00—10:00,13:00—14:00),包括各出入口的进站客流量和出站客流量。

②连续两个工作日或连续两个休息日每天调查一个高峰时段的小时客流(7:00—8:00 或 17:00—18:00),包括各出入口的进站客流量和出站客流量。

(3) 对客流量数据进行统计分析,制作统计表和绘制统计分析图,撰写客流调查报告。
① 汇总各车站出入口高峰时段和非高峰时段进站、出站的客流量。
② 对客流量数据进行统计分析,制作统计表和绘制统计分析图。
③ 根据统计表和统计分析图,得出相关结论和建议。
④ 撰写客流调查报告。

客流调查报告写作方法(示例)

调查报告一般由标题、概要、正文、附件等几部分组成。

1. 标题

标题应是画龙点睛之笔,它必须准确揭示调查报告的主题思想,做到题文相符。标题要简单明了,高度概括,具有较强的吸引力。标题的写法灵活多样,一般有两种:单标题和双标题。单标题就是标题只有一行,它把被调查单位、调查内容、调查时间等明确而具体地表示出来。如:××车站××月客流调查报告。双标题就是标题有两行,主标题说明主要调查内容,副标题说明具体调查单位、调查时间、具体调查内容等。如:客流调查报告——××车站××月客流调查。

2. 概要

概要即市场调查报告的内容摘要。主要包括以下四方面内容:
① 调查目的,即简要地说明调查的由来和委托调查的原因。
② 调查对象和调查内容,包括调查时间、地点、对象、范围、要点及所要解答的问题。
③ 调查研究的方法:介绍调查研究的方法,有助于使人确信调查结果的可靠性,因此要对所用方法进行简短叙述,并说明选用该方法的原因。
④ 调查结果,包括主要发现、结论和建议。

3. 正文

正文是调查报告的主要部分。正文部分必须准确阐明全部有关论据,包括问题的提出、引出的结论、论证的全部过程、分析研究问题的方法等。论述部分主要分为基本情况部分、分析部分和结尾部分3部分内容。

(1) 基本情况部分

基本情况部分要真实地反映客观事实,但不等于对事实进行简单罗列,而应该是有所提炼。主要有以下3种方法:
① 先对调查数据资料及背景资料做客观的介绍说明,然后在分析部分阐述对情况的看法、观点或分析;
② 提出问题,再分析问题,找出解决问题的办法;
③ 先肯定事物的一面,由肯定的一面引申出分析部分,再由分析部分引出结论,循序渐进。

(2) 分析部分

分析部分是调查报告的主要组成部分。在这个阶段,要对资料进行质和量的分析,通过分析,了解情况,说明问题和解决问题。分析有以下3类情况:
① 原因分析:对问题的基本成因进行分析,如对××牌产品滞销原因进行分析。

②利弊分析:对事物在社会经济活动中所处的地位、起到的作用进行分析等。
③预测分析:对事物的发展趋势和发展规律做出分析。
此外,分析部分的层次段落一般有以下4种形式:
①层层深入形式:各层意思之间是一层深入一层,层层剖析。
②先后顺序形式:按事物发展的先后顺序安排层次,各层意思之间有密切联系。
③综合展开形式:先说明总的情况,然后分段展开,或先分段展开,然后综合说明,展开部分之和为综合部分。
④并列形式:各层意思之间是并列关系。
总之,分析部分的层次是调查报告的骨架,它在调查报告中起着重要作用,撰写调查报告时应注意结合主题的需要,采取相应写法,充分表现主题。

(3)结尾部分

结尾部分是调查报告的结束语,好的结尾可使读者明确题旨,加深认识,启发读者思考和联想。结尾一般有以下4种形式:
①概括全文:经过层层剖析后,综合说明调查报告的主要观点,深化文章的主题。
②形成结论:在对真实资料进行深入、细致的科学分析的基础上,得出报告结论。
③提出看法和建议:通过分析,形成对事物的看法,在此基础上提出建议和可行性方案。
④说明意义:通过调查分析展望未来前景。

4.附件

附件是指调查报告正文包含不了或没有提及,但与正文有关,必须附加说明的部分。它是对正文报告的补充或更详尽的说明,包括数据汇总表及原始资料背景材料和必要的工作技术报告,例如选定样本的有关细节资料及调查期间所使用的文件副本等。如果正文部分内容很多,应有详细的工作技术报告加以补充说明,放入附件中。

知识点2 客流预测

1. 客流预测模式

(1)非基于出行分布的客流预测模式

将相关公交线路和自行车出行的现状客流向城市轨道交通线路转移,得到虚拟的城市轨道交通基年客流。然后根据相关公交线路的客流增长规律确定城市轨道交通客流的增长率,并据此推算城市轨道交通远期客流。这种客流预测模式又称为趋势外推客流预测模式。

趋势外推客流预测模式能较好地反映近期客流量的增长情况,但由于未考虑土地利用形态等客流影响因素,远期客流预测结果的精度较低,并且在预见未来出行分布的变化上可靠性较差。该客流预测模式操作简单,常用于其他模式预测后的比较验证,或作为定性分析的辅助手段。

(2)基于出行分布的客流预测模式

以市民交通出行起止点调查(Origin Destination Survey,OD调查)为基础,得到现状全方式出行分布,在此基础上预测规划年度的全方式出行分布,然后通过方式划分得到城市轨道交通的站间 OD 客流。这种客流预测模式包括出行生成、出行分布、方式划分与出行分配四个阶段，因此又称为四阶段客流预测模式或方法。

四阶段客流预测模式以现状 OD 调查为基础，结合未来城市发展及土地利用规划，客流预测结果的精度较高。该客流预测模式对基础数据的要求较高、操作复杂。此外，在城市发展未能按规划实现时，预测的客流分布就会存在较大的差异。在实践中，各个建设项目在方式划分阶段的位置、预测模型及参数标定，以及交通规划软件选用等方面存在不同的情形。

(3) 三次吸引客流预测模式

三次吸引客流预测模式认为，可以确定一个城市轨道交通车站对客流的吸引范围，车站吸引范围是一个以车站为圆心，以合理的到达车站时间或到达车站距离为半径的圆形区域。在分析车站吸引范围内的土地利用性质，以及确定合理步行区与合理接运区的基础上，可以预测通过步行、自行车和常规公交三种方式到站乘车的人次，它们分别称为一次吸引客流、二次吸引客流和三次吸引客流，并在车站客流量的基础上进一步推算出线路的断面客流量。西安市的城市轨道交通可行性研究项目中采用了此类客流预测模式。

采用该客流预测模式，需要确定城市轨道交通车站客流吸引范围。根据莫斯科地铁的一项研究，在中间站到站乘客总数中，步行到站乘客约占 58%，利用接驳交通到站乘客约占 42%。因此，确定车站客流吸引范围主要是确定一次吸引的合理步行区与三次吸引的合理接运区。该研究认为：到达城市轨道交通车站的合理步行区应是以车站为圆心、半径为 600～800m 的区域；到达城市轨道交通车站的合理接运区应是以车站为圆心、半径为 2500～3000m 的区域。在有快速公交线路接运的情况下，合理接运区半径可以超过 3000m。此外，研究还指出，城市轨道交通终点站的合理接运区半径一般要比平均值大 30%～50%，在终点站上车的乘客中，利用接驳交通到站乘客比例较高，达到 55%。

2. 四阶段客流预测过程

四阶段客流预测包括出行生成、出行分布、方式划分与出行分配四个步骤，但在实际应用中存在只用三个步骤的情形。四阶段客流预测的一般流程如图 5-3 所示。

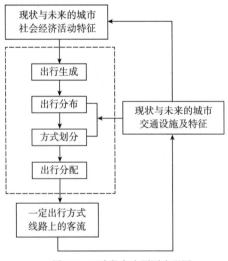

图 5-3　四阶段客流预测流程图

(1) 出行生成

出行生成阶段预测每一交通小区的出行生成量和出行吸引量。出行生成预测的是城市的远景人口数和就业岗位数等数据,而这些数据又需根据远景土地利用规划得出。土地利用规划规定了土地的居住、工业、商业等用途,决定了各种用地上发生的社会经济活动的强度。根据土地利用规划,可以把交通规划的区域划分成许多交通小区,如图5-4所示。在已知各交通小区的居住人口数、就业岗位数,以及家庭人口、收入和私人交通工具拥有量等数据的基础上,预测各个交通小区的出行生成量和出行吸引量。

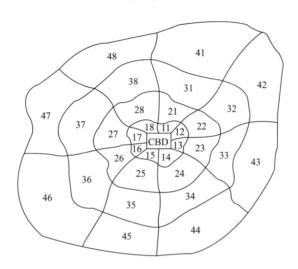

图5-4 交通小区及其结构图

注:以上数字为各交通小区的编号。

(2) 出行分布

出行分布阶段预测各交通小区出行生成量的去向和出行吸引量的来源,即各交通小区间的出行生成与吸引分布。出行分布可用OD矩阵表来表示,见表5-3。

出行分布 OD 矩阵表   表5-3

起止点	1	2	…	j	…	n	合计
1	T_{11}	T_{12}	…	T_{1j}	…	T_{1n}	O_1
2	T_{21}	T_{22}	…	T_{2j}	…	T_{2n}	O_2
⋮	⋮	⋮	⋮	⋮	⋮	⋮	⋮
i	T_{i1}	T_{i2}	…	T_{ij}	…	T_{in}	O_i
⋮	⋮	⋮	⋮	⋮	⋮	⋮	⋮
n	T_{n1}	T_{n2}	…	T_{nj}	…	T_{nn}	O_n
合计	D_1	D_2	…	D_j	…	D_n	T

注:1. O代表出发地,D代表到达地;

2. T_{ij}代表从第i个交通小区出发,到达第j个交通小区的客流量。

3. O_i代表从第i个交通小区出发的所有客流量,D_j代表到达第j个交通小区的所有客流量。

(3)方式划分

方式划分阶段确定城市轨道交通、常规公交、自行车、步行、出租汽车、私人汽车等各种出行方式承担的交通小区间 OD 出行量的比例。

方式划分预测的基本思路为预测出行者对各种出行方式的选择率,用选择率乘交通小区的出行生成量、出行吸引量或者交通小区间的 OD 出行量,得到各种出行方式的运量分担比例。影响出行方式选择的因素主要有:①出行者的特性,如年龄、职业、收入水平、居住位置、私人交通工具拥有状况等。②出行的特性,如出行目的、出行距离、出行时间限制、出行时段、对舒适与安全的考虑等。③交通系统的特性,如票价、运送时间、运输能力、停车设施、服务水平(准时、安全、舒适、便利)等。

(4)出行分配

出行分配阶段将 OD 出行量按一定的规则分配到交通网中的各条线路上。城市交通网中的某个 OD 对间通常会有若干条线路,并且各个 OD 对间的线路存在部分路段重叠的情形。在 OD 出行量较小时,按最短路径进行出行分配通常是可行的,但当 OD 出行量较大时,仍按最短路径分配则会出现因部分线路或路段的能力限制而导致交通拥挤的现象。

学习任务 3 客流分析

📝 知识重点

1. 城市轨道交通客流的时间分布特征。
2. 城市轨道交通客流的空间分布特征。

城市轨道交通的客流是动态流,它的分布与变化因时因地而不同,但这种不同归根结底是城市社会经济活动与生活方式,以及城市轨道交通本身特征的反映,因此客流的分布与变化是有规律的。对客流的分布特征与动态变化进行实时跟踪和系统分析,掌握客流现状与变化规律,有助于经济合理地进行线网规划、运力安排与设备配置,对做好日常行车组织与运营管理工作具有重要意义。客流分析的重点是客流在时间与空间上的分布特征、动态变化规律,以及它们与行车组织、能力配备的关系。

知识点 1 客流的时间分布特征分析

1. 一日内小时客流分布特征

城市轨道交通一日内小时客流随人们的生活节奏和出行特点而变化。通常是夜间少,早晨渐增,上班和上学时段达到高峰,午间稍减,下班和放学时段又是高峰,此后逐渐减少,午夜最少。因此,城市轨道交通一日内小时客流通常是双峰型,这种规律在国内外的城市轨道交通线路上几乎都是一样的,只是程度不同而已。反映城市轨道交通线路分时客流不均衡程度的系数可按式(5-2)计算。

$$a_1 = \frac{P_{\max}}{\sum_{t=1}^{H} P_t / H} \tag{5-2}$$

式中,a_1 为单向分时客流不均衡系数;$P_{\max}$ 为单向高峰小时最大断面客流量(人);P_t 为单向分时最大断面客流量(人);H 为全日营业小时数。

单向分时客流不均衡系数值恒大于1。a_1 趋向于1表明分时客流分布比较均衡,a_1 越大表明分时客流分布越不均衡。$a_1 \geq 2$,表明分时客流的不均衡程度比较大。位于市区范围内地铁、轻轨线路的 a_1 值通常为2左右,而通往远郊区市域城市轨道交通线路的 a_1 值通常大于3。

在一日内小时客流不均衡程度较大的情况下,为实现运营组织的经济合理性,可考虑采用小编组、高密度列车开行方案。小编组、高密度与大编组、低密度两种列车开行方案的分时列车运能不变,但在客流低谷时段,小编组、高密度方案具有能提高客车满载率,但不降低城市轨道交通服务水平的优点。

应该指出,小编组、高密度方案的采用只在一定的客流条件下是可行的。分时客流不均衡程度比较大是一个条件,线路的客流量较小、尚未达到设计客流量是另一个条件。在线路客流量较小的情况下,由于客流低谷时段列车开行数较少,乘客候车时间会延长,城市轨道交通服务水平会降低;而如果为保持城市轨道交通服务水平,在客流低谷时段增加列车开行数,则又会使车辆满载率降低,产生运营不经济的情形。小编组、高密度方案既不增加列车运能,又能提高列车密度,从而解决了上述两难问题。但如果线路客流量已经较大,接近设计客流量,采用小编组、高密度方案,客流低谷时段增开列车问题不大,高峰小时增开列车则会受到线路通过能力的限制。

2. 一周内全日客流分布特征

由于人们的工作与休息是以周为循环周期进行的,这种活动规律性必然会反映到一周内全日客流的变化上来。在以通勤、通学客流为主的城市轨道交通线路上,双休日的客流会有所减少;而在连接商业网点、旅游景点的城市轨道交通线路上,双休日的客流又往往会有所增加。与工作日的早、晚高峰出现时间相比,双休日的早高峰出现时间往往推迟,而晚高峰出现时间又往往提前。另外,星期一与节假日后的早高峰小时客流和星期五与节假日前的晚高峰小时客流都会比其他工作日的早、晚高峰小时客流大。

根据全日客流在一周内分布的不均衡和有规律的变化,城市轨道交通常在一周内采用不同的全日行车计划和列车运行图,以适应不同的客运需求和提高运营经济性。

3. 季节性或短期性客流分布特征

在一年内,客流还存在季节性的变化,如由于梅雨季节和学生复习迎考等原因,6月份的客流通常是全年的低谷。另外,在旅游旺季,流动人口的增加也会使城市轨道交通线路的客流增加。短期性客流激增通常发生在举办重大活动或遇到天气骤然变化的时候。对季节性的客流变化,可采用实行分号列车运行图的措施来缓解运输能力紧张的状况。当客流在短期内增加幅度较大时,运营部门应针对某些作业组织环节、某些设备的运用方案采取应急调整措施,以适应客运需求。

4. 车站高峰小时客流分布特征

车站高峰小时客流是确定车站设备容量或能力的基本依据。车站高峰小时客流分析,首先应确定进出站高峰小时的出现时间,其次才是分析客流量的大小。此外,还应分析客流的发展趋势。随着城市轨道交通新线路投入运营和既有城市轨道交通线路延伸,高峰小时进出站客流会发生较大的变化。而车站吸引区内在住宅、商业和文化娱乐等方面的发展也会使高峰小时进出站客流发生较大的变化。城市轨道交通车站高峰小时客流通常具有以下特征:

(1)车站客流的进出站高峰小时出现时间与断面客流的进出站高峰小时出现时间通常不相同。

(2)各个车站客流的进出站高峰小时出现时间通常不相同,见表5-4。

(3)同一车站客流的进出站高峰小时出现时间通常不相同,见表5-4。

(4)同一车站工作日客流与双休日客流的进出站高峰小时出现时间通常不相同,见表5-4。

进出站高峰小时出现时间 表5-4

站名	工作日高峰小时出现时间		双休日高峰小时出现时间	
	进站	出站	进站	出站
徐家汇站	17:00—18:00	8:00—9:00	16:00—17:00	13:00—14:00
莲花路站	8:00—9:00	18:00—19:00	9:00—10:00	16:00—17:00
河南路站	17:00—18:00	8:00—9:00	16:00—17:00	13:00—14:00
中山公园站	8:00—9:00	18:00—19:00	9:00—10:00	17:00—18:00

注:进出站高峰小时出现时间,工作日按某年3月18—22日统计数据的平均数确定,双休日按某年3月16日、17日、23日、24日统计数据的平均数确定。

(5)工作日高峰小时进出站客流通常大于双休日高峰小时进出站客流,见表5-5。

工作日、双休日高峰小时进出站客流(单位:人) 表5-5

站名	工作日		双休日	
	进站	出站	进站	出站
徐家汇站	5582	5075	5580	4632
莲花路站	4318	3008	2406	1833
河南路站	5470	6564	3025	2538
中山公园站	5862	3505	2451	2360

注:工作日高峰小时进出站客流为某年3月18—22日统计数据的平均数,双休日高峰小时进出站客流为某年3月16日、17日、23日、24日统计数据的平均数。

5. 车站超高峰期客流分布特征

为了避免超高峰期内特别集中的客流影响乘客顺畅地进出车站,甚至影响列车的正常运行秩序,在确定车站设备容量或能力时,有必要适当考虑车站客流在高峰小时内分布的不均衡性。车站超高峰期的客流强度可用超高峰系数来反映,它是单位时间内的超高峰期平均客流量与高峰小时平均客流量的比值。超高峰系数一般取值为 1.1~1.4。对终点站、换乘站和客流较大的中间站通常取高限值,其余车站则可取低限值。

客流的时间分布
特征分析

训练任务 18　客流分析技能训练 1

(一)训练目标

掌握对城市轨道交通车站客流进行分析的基本技能。

(二)训练内容

城市轨道交通车站超高峰系数测算。

(1)实地调查某城市轨道交通车站××年××月××日早高峰时间进站客流。

(2)运用客流调查数据,进行超高峰系数的测算。

(三)训练准备

(1)地铁车站平面分布图样图。

(2)计数器。

(3)某车站早高峰时间内进站乘客数统计表。

(4)某车站早高峰小时与超高峰期时间及其客流量确定统计表。

(四)训练流程

(1)将学生分组,按某车站出入口数量确定各组人数。

(2)派各组学生到某车站进行实地调查,确定该车站出入口客流情况,调整各小组学生数,分配车站出入口人员。

(3)实地调查城市轨道交通线路某车站出入口进站的客流情况。

(4)根据客流调查数据,进行超高峰系数的测算。

(五)训练要求

(1)实地调查城市轨道交通某车站出入口进站的客流情况,统计调查例表如表 5-6、表 5-7 所示。

①连续两个工作日每天调查早高峰与晚高峰小时(如 7:00—9:00,17:00—19:00)的客流,每 5 min 进行一次统计,包括该车站所有出入口的进站客流量。

②将统计数据填入某车站早高峰时间内进站乘客数统计表(表 5-6)中。

(2)根据客流调查数据,进行超高峰系数的测算。

①按照某车站早高峰小时与超高峰期时间及其客流量确定统计表(表5-7)中的要求,对某车站早高峰时间内进站乘客数统计表(表5-6)中的数据进行汇总整理。

某车站早高峰时间内进站乘客数统计表　　　表5-6

时间	××月××日进站人数	××月××日进站人数	时间	××月××日进站人数	××月××日进站人数
7:00—7:05	220	279	8:00—8:05	415	531
7:05—7:10	273	275	8:05—8:10	495	426
7:10—7:15	343	295	8:10—8:15	304	320
7:15—7:20	377	417	8:15—8:20	300	385
7:20—7:25	308	352	8:20—8:25	229	301
7:25—7:30	442	444	8:25—8:30	264	273
7:30—7:35	350	310	8:30—8:35	223	276
7:35—7:40	597	472	8:35—8:40	211	284
7:40—7:45	467	527	8:40—8:45	195	198
7:45—7:50	603	683	8:45—8:50	145	209
7:50—7:55	383	549	8:50—8:55	162	197
7:55—8:00	497	607	8:55—9:00	177	188

某车站早高峰小时与超高峰期时间及其客流量确定统计表　　　表5-7

时间	平均进站人数	按每15min统计的小时段	按每15min统计的小时客流
7:00—7:15		7:00—8:00	
7:15—7:30		7:15—8:15	
7:30—7:45		7:30—8:30	
7:45—8:00		7:45—8:45	
8:00—8:15		8:00—9:00	
8:15—8:30		早高峰小时为_____,客流为_____人 超高峰期为_____,客流为_____人 超高峰期系数=_____	
8:30—8:45			
8:45—9:00			

②根据超高峰期及超高峰系数的概念,计算超高峰系数,并填入某车站早高峰小时与超高峰期时间及其客流量确定统计表(表5-7)中。

知识点2　客流的空间分布特征分析

1. 各条线路客流分布特征

沿线土地利用状况的不同是各条线路客流分布不均衡的决定因素,而城市轨道交通线网与接运交通的现状也是各条线路客流分布不均衡的影响因素。各条线路客流分布不均衡包括现状客流分布的不均衡和客流增长的不均衡两个方面,它们构成了整个城市轨道交通线网客流分布的不均衡。

2. 上下行方向客流分布特征

反映城市轨道交通线路上下行方向客流分布不均衡程度的系数可按式(5-3)计算：

$$a_2 = \frac{\max\{P_{max}^{上}, P_{max}^{下}\}}{(P_{max}^{上} + P_{max}^{下})/2} \tag{5-3}$$

式中，a_2 为上下行方向客流不均衡系数；$P_{max}^{上}$ 为上行方向最大断面客流量(人)；$P_{max}^{下}$ 为下行方向最大断面客流量(人)。

上下行方向客流不均衡系数值恒大于1。a_2 趋向于1表明上下行方向客流比较均衡，a_2 越大表明上下行方向客流越不均衡。$a_2 \geqslant 1.5$ 表明上下行方向客流的不均衡程度比较大。位于市区范围内地铁、轻轨线路的 a_2 值通常小于 1.5，而通往远郊区市域城市轨道交通线路的 a_2 值有可能大于 3。

如图 5-5 所示，上海地铁 9 号线某年早高峰小时两个方向的断面客流一大一小、相差悬殊，上行松江新城至徐家汇方向的断面客流远大于下行徐家汇至松江新城方向的断面客流。经计算，上下行方向客流不均衡系数 a_2 达到 1.59，表明 9 号线上下行方向客流的不均衡程度很大。

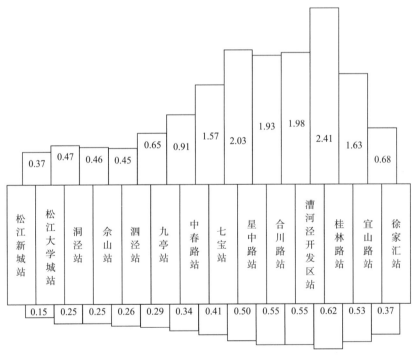

图 5-5 上海地铁 9 号线某年早高峰小时断面客流图

注：图中数据为早高峰小时的断面客流量(单位：万人)。

在上下行方向的最大断面客流不均衡程度较大的情况下，直线线路上要做到经济合理地配备运力比较困难，无法避免断面客流较小方向因车辆满载率过低而引起的运能闲置现象；但在环形线路上可采取内外环线路安排不同运力的措施，以避免断面客流较小方向的运能浪费。

3. 线路断面客流分布特征

在城市轨道交通线路上,由于各个车站乘降人数不同,线路上各区间的断面客流通常各不相同,甚至相差悬殊。断面客流分布通常有阶梯形与凸字形两种情况,前者是指线路上各区间的断面客流为一头大、一头小,后者是指线路上各区间的断面客流为中间大、两头小。反映城市轨道交通线路单向各个断面客流不均衡程度的系数可按下式计算:

$$a_3 = \frac{P_{\max}}{\sum\limits_{i=1}^{K} P_i / K} \tag{5-4}$$

式中,a_3为单向断面客流不均衡系数;P_i为单向断面客流量(人);K为单向线路断面数。

单向断面客流不均衡系数值恒大于1。a_3趋向于1表明断面客流比较均衡,a_3越大表明断面客流越不均衡。$a_3 \geq 1.5$,表明断面客流的不均衡程度比较大。位于市区范围内地铁、轻轨线路的a_3值通常小于1.5,而通往远郊区市域城市轨道交通线路的a_3值通常为2左右。

在断面客流不均衡程度较大的情况下,为了运营的经济性,可考虑采用特殊交路列车开行方案。断面客流分布为阶梯形时,可采用大客流区段和小客流区段分别开行不同数量列车的衔接交路方案,或在大客流区段加开区段列车的混合交路方案;断面客流分布为凸字形时,可采用在大客流区段加开区段列车的混合交路方案。在列车密度较大的情况下,采用特殊列车交路与加开区段列车的措施对行车组织和折返设备都会提出新的要求,此时线路通过能力与中间站折返能力的良好适应是采用该措施的充分条件,因此必须进行能力适应性的验算。

4. 站间 OD 客流分布特征

站间 OD 客流分析的重点是各个客流区段内和不同客流区段间的各站发到客流分布特征。在城市轨道交通线路较长,并且各个客流区段的断面客流不均衡程度较大时,大客流区段通常位于市区,小客流区段通常位于郊区段。站间 OD 客流分布特征可以用市区段内与郊区段内各站间发到客流分别占全线各站总发到客流的百分比,以及在市区段与郊区段间各站发到客流占全线各站总发到客流的百分比来反映。

假设城市轨道交通的车站数为n,其中$1 \sim m$站位于市区段,$m+1 \sim n$站位于郊区段,根据表 5-8,市区段内各站间发到客流占全线总发到客流的百分比φ_1为

$$\varphi_1 = \frac{\sum\limits_{i=1}^{m}\sum\limits_{j=1}^{m} p_{ij}}{\sum\limits_{i=1}^{n}\sum\limits_{j=1}^{n} p_{ij}} \tag{5-5}$$

郊区段各站间发到客流占全线总发到客流的百分比φ_2为

$$\varphi_2 = \frac{\sum\limits_{i=m+1}^{n}\sum\limits_{j=m+1}^{n} p_{ij}}{\sum\limits_{i=1}^{n}\sum\limits_{j=1}^{n} p_{ij}} \tag{5-6}$$

由市区段各站到郊区段各站的客流占全线总发到客流的百分比φ_3为

$$\varphi_3 = \frac{\sum\limits_{i=1}^{m}\sum\limits_{j=m+1}^{n} p_{ij}}{\sum\limits_{i=1}^{n}\sum\limits_{j=1}^{n} p_{ij}} \tag{5-7}$$

由郊区段各站到市区段各站的客流占全线总发到客流的百分比 φ_4 为

$$\varphi_4 = \frac{\sum_{i=m+1}^{n}\sum_{j=1}^{m}p_{ij}}{\sum_{i=1}^{n}\sum_{j=1}^{n}p_{ij}} \quad (5-8)$$

站间 OD 客流表 表 5-8

起止站点		市区段				郊区段			
		1	2	⋯	m	$m+1$	⋯	$n-1$	n
市区段	1	0	$P_{1,2}$	⋯				$P_{1,n-1}$	$P_{1,n}$
	2	$P_{2,1}$	0					$P_{2,n-1}$	$P_{2,n}$
	⋮	⋮	⋮	0				⋮	⋮
	m	$P_{m,1}$	$P_{m,2}$	⋯	0			$P_{m,n-1}$	$P_{m,n}$
郊区段	$m+1$	⋮	⋮			0			$P_{m+1,n}$
	⋮	⋮	⋮				0		⋮
	$n-1$	⋮	⋮					0	$P_{n-1,n}$
	n	$P_{n,1}$	$P_{n,2}$	⋯		⋯		$P_{n,n-1}$	0

在 φ_1 与 φ_2 较大,即线路上以在同一客流区段内发到的短途客流为主时,站间 OD 客流分布一般比较均衡。此时,如果断面客流为阶梯形,可采用衔接交路、站站停车方案;如果断面客流为凸字形,可采用混合交路、站站停车方案。在 φ_3 与 φ_4 较大,即长距离出行乘客比例较大、某些发到站间的直达客流也较大时,为避免大量乘客换乘,不宜采用衔接交路方案,而应考虑采用混合交路、部分列车跨多站停车方案。如果在非高峰时间,通勤、通学的长距离出行乘客比例明显下降,则可停开跨多站停车的列车。

5. 各个车站乘降客流分布特征

在不少线路上,全线各站乘降量总和的大部分往往集中在少数几个车站上,如图 5-6 所示,为上海城市轨道交通 1 号线某年各站进站客流情况。此外,车站乘降客流是动态变化的,新的居民住宅区形成规模、新的城市轨道交通线路建成通车、既有城市轨道交通线路延伸使一些车站由中间站变为换乘站或由终点站变为中间站、列车共线运营等都会使车站乘降量发生较大的变化,从而加剧不均衡或带来新的不均衡。

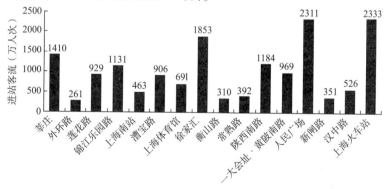

图 5-6 上海城市轨道交通 1 号线某年各站进站客流情况

车站乘降量的不均衡决定了各个车站的客运工作量、设备容量或能力的配置、客运作业人员的配备,以及日常运营管理的重点。

6. 车站内客流分布特征

客流的空间分布特征分析

分析城市轨道交通车站内乘客流向及行程轨迹,发现车站内客流在空间分布上也存在不均衡现象,包括经由不同出入口的客流不均衡、通过不同收费区的客流不均衡、通过同一收费区不同检票机的客流不均衡和上下行方向的乘降客流不均衡等。某车站工作日高峰小时通过进出站检票机、收费区乘客数及其比例见表5-9和表5-10。

某车站工作日高峰小时通过进站检票机、收费区乘客数及其比例　　表5-9

收费区编号	收费区1				收费区2				
检票机编号	G31	G32	G33	G34	G35	G36	G37	G38	G39	G40
通过检票机乘客数(人)	173	339	536	745	468	413	483	640	817	968
通过收费区乘客数(人)	1793				3789					
通过收费区乘客比例	32.1%				67.9%					

某车站工作日高峰小时通过出站检票机、收费区乘客数及其比例　　表5-10

收费区编号	收费区1						收费区2					
检票机编号	G01	G02	G03	G04	G10	G11	G05	G06	G07	G08	G09	G12
通过检票机乘客数(人)	267	254	268	304	347	444	666	496	538	489	493	509
通过收费区乘客数(人)	1884						3191					
通过收费区乘客比例	37.1%						62.9%					

通过进一步分析可以发现,通过各台进站检票机客流按距离售票区域的近远而呈现明显的阶梯状递减趋势,而通过各台出站检票机客流则相对均匀。究其原因,进站客流是陆续到达,乘客为争取时间通常会选择最近的进站检票机;而出站客流是集中到达,乘客为避免排队通常会选择比较空闲的出站检票机。

掌握客流在站内的空间分布特征,对车站自动售检票设备等的合理配置与优化布局具有指导意义。

训练任务 19　客流分析技能训练 2

(一)训练目标

掌握对城市轨道交通车站客流进行分析的基本技能。

(二)训练内容

城市轨道交通车站各出入口客流量分析。

(1)对某城市轨道交通车站××年××月××日高峰时段、非高峰时段各出入口进出站客流量进行现场调查。

(2)运用客流调查数据,进行车站各出入口客流量分布特征分析。

(三)训练准备

(1)地铁车站平面分布图样图。

(2)计数器。

(3)某车站各出入口进出站客流统计调查表。

(4)某车站各出入口进出站客流统计调查汇总表。

(5)某车站工作日高峰小时各出入口进站乘客数及其比例统计表。

(6)某车站工作日非高峰小时各出入口进站乘客数及其比例统计表。

(四)训练流程

(1)将学生分组,按某车站出入口数量确定各组人数。

(2)派各组学生到某车站进行实地调查,确定该车站各出入口客流情况,调整各小组学生数,分配车站出入口人员。

(3)实地调查城市轨道交通线路某车站各出入口进出站的客流情况。

(4)根据客流调查数据,进行车站内客流分布特征分析。

(五)训练要求

实地调查城市轨道交通某车站各出入口进出站的客流情况,完成统计调查表。

(1)连续两个工作日每天调查 2 个高峰时段(7:00—8:00,17:00—18:00)和 2 个非高峰时段(9:00—10:00,13:00—14:00)该车站所有出入口的进出站客流量,将统计数据填入车站各出入口进出站客流统计调查表(表 5-11)中。

车站各出入口进出站客流统计调查表　　表 5-11

_____车站_____出入口进出站客流量统计表

日期	时间段		进站客流量	出站客流量
××年××月××日	非高峰时段	9:00—10:00		
		13:00—14:00		

续上表

日期	时间段		进站客流量	出站客流量
××年××月××日	高峰时段	7:00—8:00		
		17:00—18:00		

(2)汇总某车站各出入口进出站客流统计调查数据,填入车站各出入口进出站客流统计调查汇总表(表5-12)中。

车站各出入口进出站客流统计调查汇总表   表5-12

_____车站各出入口进出站客流量汇总表

出入口编号	日期	时间段		进站客流量	出站客流量
A	××年××月××日	非高峰时段	9:00—10:00		
			13:00—14:00		
		高峰时段	7:00—8:00		
			17:00—18:00		
B	××年××月××日	非高峰时段	9:00—10:00		
			13:00—14:00		
		高峰时段	7:00—8:00		
			17:00—18:00		
C	××年××月××日	非高峰时段	9:00—10:00		
			13:00—14:00		
		高峰时段	7:00—8:00		
			17:00—18:00		
D	××年××月××日	非高峰时段	9:00—10:00		
			13:00—14:00		
		高峰时段	7:00—8:00		
			17:00—18:00		
E	××年××月××日	非高峰时段	9:00—10:00		
			13:00—14:00		
		高峰时段	7:00—8:00		
			17:00—18:00		

(3)根据客流调查数据,进行车站内客流分布特征分析,将分析数据填入车站工作日高峰小时各出入口进站乘客数及其比例统计表(表5-13)、车站工作日非高峰小时各出入口进站乘客数及其比例统计表(表5-14)中。

车站工作日高峰小时各出入口进站乘客数及其比例统计表　　表5-13

出入口编号	A	B	C	D	E	F
通过出入口进站乘客数(人)						
通过出入口进站乘客比例						

车站工作日非高峰小时各出入口进站乘客数及其比例统计表　　表5-14

出入口编号	A	B	C	D	E	F
通过出入口进站乘客数(人)						
通过出入口进站乘客比例						

（4）根据表中数据，说明该车站各出入口客流分布特征，并对该车站客流组织工作提出相关意见和建议。

学习任务4　车站日常客流组织原则及办法

知识重点

1. 城市轨道交通车站日常客流组织的原则。
2. 城市轨道交通车站日常客流组织办法。

知识点1　车站日常客流组织的原则

城市轨道交通车站的日常客流组织主要是对车站设备、设施及车站的空间进行分析，对车站某一时段进出车站的乘客数量进行预测，制定符合车站实际情况的乘客进站、乘车、下车、出站以及换乘的疏导和指引方案t，根据方案进行车站行车、票务和人员的组织，以保障乘客安全有序乘车。

城市轨道交通车站日常客流组织应遵循以下几个方面的原则。

1. 防止客流对流，减少流线交叉

根据乘客在车站的流动方向，车站客流可分为进站客流、出站客流和换乘客流三种。乘客在车站的流动是按照车站预先设计的线路进行的，如果车站的设备没有考虑到乘客流动的路线，就可能引起客流对流，这不仅会使车站的秩序混乱，还有可能造成乘客人身伤害。因此，在设计客流流动路线时，应考虑客流量的大小、车站空间等因素，进行合理的布置。

乘客在城市轨道交通车站活动的时间比较短，若是在中间站，客流流线只有进出两个方向，因此乘客在站内活动的流线及车站的设备设施都比较简单。车站须根据乘客进出站的流程设计合理的客流流线方案，使流线尽可能不相互干扰，为乘客创造便捷的乘降环境。

一般情况下，车站乘客进出站流线如图 5-7 所示。

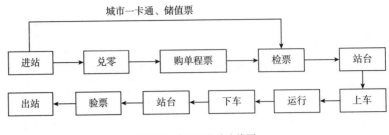

图 5-7　乘客进出站流线图

2. 合理设置导向标识

车站导向标识应遵循"科学、简洁、清晰、醒目"的设计、设置原则，引导乘客迅速地按照车站预先设计的移动路线流动，避免造成站内混乱或拥堵。

3. 考虑乘客的行走习惯

在没有指定路线或进行隔离的自然条件下，我国乘客往往会自觉地或习惯性地靠右侧行走。另外，乘客为了省时、省力、省成本会有就近心理，走捷径已成为许多乘客的一种心理行为。车站强制性的或是临时性的干预可以暂时对客流进行控制、管理，但在没有任何干扰的情况下，人群仍会"抄近路"，所以在设计客流流线的时候均应予以考虑。

4. 消除乘客通行"瓶颈"

车站是乘客相对集中的地方，所以必须使客流有序地进站、出站。乘客在车站的流动空间称为通道，通道断面的最窄处称为"瓶颈"。通道内"瓶颈"的流通量往往就是该通道的最大流通量，因此为了不影响乘客的顺畅通行，车站在布置设备设施时，应满足客流高峰时所需的各种面积规定及楼梯、通道等的宽度要求，以避免人为地造成一些本可避免的"瓶颈"。

5. 实行"出站优先"原则

车站的空间是有限的，如果有大量的乘客滞留在车站，就有可能造成秩序混乱，甚至出现安全隐患，所以，在车站客流组织过程中，必须实行"出站优先"的原则。也就是说，如果只有一台自动扶梯，那么自动扶梯的运行方向原则上应与出站的方向保持一致。

6. 换乘衔接一体化

为了方便乘客，有效地缩短乘客出行的时间，提高运营的效率，在车站设计中应考虑同台换乘或是与其他交通运输方式的无缝衔接。

城市轨道交通车站日常客流组织原则就是在保证乘客安全的前提下实现低成本、大客流，以取得最佳的经济效益。而影响车站客流组织的因素很多，不同类型的车站由于其规模和设备的布置不同，客流组织会有所不同。中小型车站的客流组织比较简单，而大型车站、换乘站因客流量较大、客流方向比较复杂，客流组织也会比较复杂。岛式站台的车站利于乘客的换乘，却不利于分流，售检票机的设置比较集中，利于车站集中管理；而侧式站台的车站却恰恰相反。另外，车站日常客流组织还会受车站候车环境及车站通过能力等的影响。

知识点 2　车站日常客流组织办法

乘客乘坐城市轨道交通的步骤是进站、购票、进闸、候车、上车、乘车、下车、出闸、出站,因此车站的进出站客流组织主要围绕这几个环节进行。

1. 进站客流组织措施

(1)直观、醒目的引导标识可以提高车站吸引乘客的效率,所以应确保车站各出入口的站外导向标志指引清晰、正确、易懂,能正确地指引乘客找到车站的进站口。

(2)禁止携带气球、宠物,易燃、易爆物品等危险品,管制物品的乘客进站乘车。

(3)进站客流应结合实际客流情况进行组织,当车站售检票能力能够满足客流需求时,采用正常的客流组织方法,车站出入口全部开放,正常使用;当客流较大时,在出入口、楼梯或通道内根据需要设置分流隔离设施,确保进出站客流相互不干扰、不冲突。

(4)对于经过通道与站厅连接的出入口,当客流较大时,可在通道内进行客流组织,让乘客排队进入站厅;当客流过大时,需在出入口组织限流,采取分批放行或临时关闭出入口的措施,也可在客流较大的出入口设置限流栏杆,延缓乘客的进站速度。

进站客流组织

(5)对于与商场、写字楼等相连的出入口,应根据客流方向和出行时间等进行组织,当客流较大时,应按双方协定的措施组织客流。

> **· 拓展知识 ·**
>
> **城市轨道交通禁止携带的物品**
>
> 以北京地铁为例,《北京市轨道交通禁止携带物品目录》(2020 修订版)如下。
>
> 一、枪支、子弹类(含主要零部件)
>
> (一)军用枪:手枪、步枪、冲锋枪、机枪、防暴枪等以及各类配用子弹。
>
> (二)民用枪:气枪、猎枪、运动枪、麻醉注射枪等以及各类配用子弹。
>
> (三)其他枪支:道具枪、发令枪、钢珠枪等。
>
> (四)上述物品的样品、仿制品。
>
> 二、爆炸物品类
>
> (一)弹药:炸弹、照明弹、燃烧弹、烟幕弹、信号弹、催泪弹、毒气弹、手雷、地雷、手榴弹等。
>
> (二)爆破器材:炸药、雷管、导火索、导爆索、导爆管、震源弹等。
>
> (三)烟火制品:礼花弹、烟花、鞭炮、摔炮、拉炮、砸炮等各类烟花爆竹以及发令纸、黑火药、烟火药、引火线等。
>
> (四)上述物品的仿制品。

三、管制器具及具有一定杀伤力的其他器具类

(一)管制刀具:匕首,三棱刮刀,带有自锁装置的弹簧刀(跳刀),刀尖角度小于60度、刀身长度超过150毫米的各类单刃、双刃和多刃刀具,刀尖角度大于60度、刀身长度超过220毫米的各类单刃、双刃和多刃刀具,以及符合上述条件的陶瓷类刀具。

(二)催泪器、催泪枪、电击器、电击枪、防卫器、弓、弩等具有一定杀伤力的器具。

(三)射钉弹、发令弹等含火药的制品。

(四)菜刀、砍刀、美工刀等刀具,锤、斧、锥、铲、锹、镐等工具,矛、剑、戟等,以及其他可造成人身被刺伤、割伤、划伤、砍伤等的锐器、钝器。

(五)警棍、手铐等军械、警械类器具。

四、易燃易爆品类

(一)压缩气体和液化气体:氢气、甲烷、乙烷、丁烷、天然气、乙烯、丙烯、乙炔(溶于介质的)、一氧化碳、液化石油气、氟利昂、氧气(供病人吸氧的袋装医用氧气除外)、水煤气等及其专用容器。

(二)易燃液体:汽油、煤油、柴油、苯、乙醇(酒精)、丙酮、乙醚、油漆、稀料、松香油及含易燃溶剂的制品等及其专用容器。

(三)易燃固体:红磷、闪光粉、固体酒精、赛璐珞、发泡剂H等。

(四)自燃物品:黄磷、白磷、硝化纤维(含胶片)、油纸及其制品等。

(五)遇湿易燃物品:金属钾、钠、锂,碳化钙(电石)、镁铝粉等。

(六)氧化剂和有机过氧化物:高锰酸钾、氯酸钾、过氧化钠、过氧化钾、过氧化铅、过醋酸、双氧水等。

(七)2个以上普通打火机;2小盒以上安全火柴;20毫升以上指甲油、去光剂、染发剂;120毫升以上的冷烫精、摩丝、发胶、杀虫剂、空气清新剂等自喷压力容器。

五、毒害品类:氰化物、砒霜、剧毒农药等剧毒化学品以及硒粉、苯酚等。

六、腐蚀性物品类:硫酸、盐酸、硝酸、氢氧化钠、氢氧化钾、蓄电池(含氢氧化钾固体、注有酸液或碱液的)、汞(水银)等。

七、放射性物品类:放射性同位素等。

八、传染病病原体:乙肝病毒、炭疽杆菌、结核杆菌、艾滋病病毒等。

九、其他危害公共安全、列车运行安全的物品,如可能干扰列车信号的强磁化物、有强烈刺激性气味的物品、不能判明性质可能具有危险性的物品等。

十、国家法律、行政法规、规章规定的其他禁止持有、携带、运输的物品。

2. 购票客流组织措施

(1)引导乘客到自动售票机前购票,维持乘客购票秩序,并对重点乘客给予关注和适当的帮助。

(2)当排队购票的乘客较多时,可增加临时售票亭,尽可能分散购票的乘客,同时利用广

播进行宣传和引导,避免大量乘客集中于自动售票机前。

(3)合理利用导流设施,组织乘客有序排队购票、充值,并且不影响正常进出站的客流。

(4)当需要乘客排队购票时,可利用隔离栏杆等在站厅客流较少的空间组织乘客排队。

(5)提前在单程票售票量较大的车站做好准备工作,将自动售票机的票箱加满,发售预制单程票,并利用闲暇时间填补票箱,进而提高客流高峰期乘客购票的速度。

3. 进闸客流组织措施

(1)主动引导、协助乘客进闸,尤其是对初次使用票卡进闸的乘客,不仅要协助他们使用票卡,还要提示其在检票正常显示绿色箭头的情况下刷卡进闸。

(2)对携带大件行李及乘坐轮椅的乘客,应引导其由宽通道闸机刷卡进闸。

(3)乘客刷卡进闸时,应指引乘客右手持卡(单程票),站在闸机通道外,按顺序排队刷卡进闸。

(4)对于无票乘客,引导其至自动售票机或半自动售票机前购票后,检票进闸。

(5)大量乘客进闸时,车站须组织乘客有序进闸,避免与出站客流发生交叉。

(6)对于携带免票儿童的乘客,为防止闸机伤到儿童,应引导儿童走在大人前面通过闸机或让大人将儿童抱起通过闸机。

(7)车站可根据进出站实际客流情况,视需要调整双向检票机的方向,保证出站客流优先,同时也应尽量减少进出站客流的交叉,提高客流组织效率。

> **拓展知识**
>
> **车站工作人员对突发问题的处理方式**
>
> (1)易地处理:将乘客请至房间内或僻静处处理。
>
> (2)易人处理:必要时,交给其他站务员或值班站长处理。
>
> (3)易性处理:原则性与灵活性有机结合。

4. 候车客流组织措施

(1)乘客进入付费区后,能够根据导向标识、告示、隔离栏杆等快速进入站台层候车。

(2)站台设置的导向标识和乘客信息显示系统能够指引乘客正确地选择乘车方向,并了解列车到站时间。

(3)为确保站台候车乘客的安全,应组织乘客在安全区域候车,重点留意老人、儿童。

(4)发现乘客有在站台追逐打闹、奔跑等危险行为,应及时制止。

(5)没有站台门的车站,应引导、组织乘客站在黄色安全线以内候车,以免发生危险。

(6)在列车到站之前,站台工作人员须引导乘客按箭头方向排队。

(7)站台工作人员应疏导聚集在一端的乘客到排队乘客较少的位置候车,并提醒乘客不要倚靠站台门。

(8)加强站台巡视,注意候车乘客动态,发现可疑情况或携带危险品的乘客,必须及时上报处理。

（9）对于楼梯边缘与站台边缘相距较近的区域，应尽量疏导乘客使之不在此处滞留，以保证足够的通行空间，防止发生意外事件。

> **· 拓展知识 ·**
>
> **站台岗位服务技巧**
>
> 1. "四到"
> （1）心到：精神高度集中，随时应变异常；
> （2）话到：提醒乘客按排队箭头候车，及时进行安全广播；
> （3）眼到：密切监控闭路电视系统（CCTV），注意乘客动态、站台门工作状况；
> （4）手到：主动处理问题，如发现地面有水，及时设置"小心地滑"牌，如有故障，放"暂停服务"牌，地面有脏物时及时通知保洁人员清除。
> 2. "四多"
> （1）多监控：密切监督站台乘客情况、站台门工作状况，必要时采取控制措施；
> （2）多广播：通过广播提醒乘客看管物品、看好小孩，不得跑闹追逐、不得推挤站台门，到人少的一端候车等；
> （3）多联系：发现异常情况及时与司机、站控室及其他岗位联系；
> （4）多巡视：在每次列车到达间隙巡视站台一遍，巡视时"三步一回头"。
> 3. "三勤"
> （1）站台发现乘客伤亡事件或其他异常情况时，及时寻找目击证人并做记录；
> （2）遇到蛮横不讲理的乘客时，及时与公安联系，不与乘客发生正面冲突；
> （3）站台客流不均匀时，及时引导控制，防止乘客拥挤。

5. 乘车客流组织措施

（1）乘客乘降时，站台工作人员应提醒乘客先下后上，注意安全，将下车的乘客及时疏导出站。

（2）列车关门时，站台工作人员应及时阻止乘客抢上抢下，防止车门、站台门夹伤乘客以造成列车晚点，并及时处理突发事件。

（3）列车关闭车门、站台门后，要观察其关闭状况。

（4）若由于物品被车门夹住，导致车门、站台门未正常关闭，应呼叫司机，重新开启车门、站台门，将乘客所夹物品取出。

（5）在列车出站过程中，若发现异常情况危及行车安全时，站台工作人员应立即按压紧急停车按钮，呼叫司机并报车控室。

· 拓展知识 ·

客伤事件的处理

(1)车站发现客伤事件后,应第一时间派人赶到现场,了解情况,掌握原因,并及时做好记录。

(2)视情况询问乘客是否需车站协助致电120急救中心,若乘客伤害程度严重,车站应及时拨打120急救中心电话,同时须报告行车调度员、车站站长及运营单位客伤主管部门的相关人员。

(3)寻找目击证人,并留下其联系方式,对现场进行拍照,必要时对有关区域进行封锁,严禁闲杂人员进入。

(4)询问乘客家属联系电话,联系其家属并通知家属尽快赶来。

(5)待乘客家属到站后,车站协助将人接走,如车站已致电120急救中心,救护人员到达后,车站协助将乘客送至救护车上。

(6)如乘客认为是车站原因导致其受伤,要求车站派人陪同去医院时,车站人员不得擅自离岗,获站长及运营单位客伤主管部门允许后方可派人陪同前往医院。

6. 下车引导客流组织措施

(1)及时疏散下车的乘客,组织引导其经楼梯或自动扶梯等设施进入站厅层付费区,避免乘客在站台逗留时间过长。

(2)列车开门后,站台工作人员应引导乘客在规定的时间内有序上下车,对于下错车的乘客应正确引导其再次乘车。

(3)对于需要换乘的乘客,应耐心引导其换乘。

· 拓展知识 ·

边门管理

车站边门设置于付费区和非付费区之间,是隔离围栏的一部分,可以单独打开和关闭上锁,平时处于锁闭状态,一般车站至少设置2个边门。

正常情况下一般不使用车站边门,只有在车站发生突发事件(检票机故障、火灾等),需快速疏散乘客,或因地铁设备、设施维修的需要,需运送大型工具时才开启。

另外,车站边门还可以作为临时人工检验车票进出站的闸口。

7. 出闸客流组织措施

(1)主动引导、协助乘客出闸,对于持票出不了闸的乘客,要引导其到票亭对车票进行有关的处理后再出闸。

(2)对于无票乘客,要解释相关票务政策,进行乘客事务处理后再出闸。

(3)对于携带大件行李及乘坐轮椅的乘客,引导其由特殊通道离开付费区。

(4)站厅付费区设有导向标识,付费区出站导向标识提示各出入口周边建筑设施、道路信息,乘客根据出站导向标识指引,选择正确的出闸方向并通过出站检票机验票出闸。

(5)当乘客使用储值票时,指导乘客右手持卡,在检票机通道外持卡出闸;当乘客使用单程票时,指导乘客右手持票,将车票投入回收口,验票通过检票机。

(6)当大量乘客集中出闸时,要组织乘客有序出闸,必要时可采用限流措施减缓出站速度,避免多人争抢出闸造成卡票、误刷卡等情况。

(7)对进闸客流与出闸客流共用的车站区域,应减小进站客流对出站客流的负面影响,优先确保出站客流的迅速疏散。

(8)当乘客不能正常出闸时,应组织引导车票车资不足、无效车票或无票乘车的乘客到票亭办理相关乘客事务,待乘客办理完毕后方可组织出闸。

• 拓展知识 •

遇到出闸乘客询问不熟悉的乘车线路时的处理技巧

对于乘客提出的问题,车站工作人员必须有问必答。当对乘客询问的乘车线路不熟悉时,不可主观臆断,应积极请其他工作人员帮助解决或向乘客道歉,让其询问其他人。

8. 出站客流组织措施

(1)出站乘客通过出站检票机(单程票出闸时将被收回),进入站厅层非付费区后,通过导向标识找到相应的出入口,经通道、出入口出站。

出站客流组织

(2)票卡车资不足、无效车票或无票乘车的乘客须到票亭办理相关乘客事务后,方可出站。

(3)发现有乘客在地铁站滞留时,应及时询问乘客滞留的原因,礼貌地请乘客尽快出站,以维护车站正常的运营秩序。

(4)车站工作人员须定期巡视检查,发现通道及出入口有摆摊、宣传、卖艺等人员时及时将其驱赶出车站,若不听劝阻,则报告地铁执法部门或车站公安。

• 拓展知识 •

乘客要求找人或找物时的处理技巧

真正树立"想乘客所想、急乘客所急、帮乘客所需"的主动服务意识。在不影响正常作业的情况下,主动为乘客提供找人(物)的办法,或根据乘客提供的线索与其他站联系。若没有结果,请乘客留下联系方式,以便后续事情有进展时联系。

训练任务 20　车站日常客流组织技能训练

(一) 训练目标

掌握城市轨道交通车站日常客流组织的基本技能。

(二) 训练内容

(1) 到某城市轨道交通车站现场观察学习,观察乘客进站、购票、进闸、候车、上车、乘车、下车、出闸、出站的全过程,注意观察乘客在乘车全过程中车站工作人员的引导工作及遇到各种突发情况的处理方法。

(2) 根据观察记录,对照以上各环节服务要求,做出相应的评价和提出改进建议。

(三) 训练准备

(1) 某车站乘客乘车情况记录表。

(2) 某车站乘客乘车情况评价与改进建议表。

(四) 训练流程

(1) 将学生分组,确定各组人数。

(2) 派各组学生到某地铁车站进行实地观察。

(3) 记录车站乘客乘车全过程情况。

(4) 对照以上各环节服务要求,做出相应的评价和提出改进建议。

(五) 训练要求

(1) 实地调查城市轨道交通某车站乘客乘车全过程,将相关观察结果记录到表 5-15 中。

车站乘客乘车情况记录表　　　　　　表 5-15

乘客乘车流程	观察记录
进站	
购票	
进闸	
候车	
上车	
乘车	
下车	
出闸	
出站	

(2)对照以上各环节服务要求,做出相应的评价和提出改进建议,将评价和改进建议填入表 5-16 中。

车站乘客乘车情况评价和改进建议表　　　　　　表 5-16

乘客乘车流程	评价	改进建议
进站		
购票		
进闸		
候车		
上车		
乘车		
下车		
出闸		
出站		

模块6

车站换乘作业组织

学习引导

随着国内城市轨道交通的网络化，换乘作业组织工作的重要性日益突显。方便、快捷的换乘作业组织体现了城市轨道交通的服务水平，也关系到城市轨道交通的吸引力。作为换乘车站的站务管理人员，开展换乘分析，掌握换乘站客流组织特点，根据换乘客流组织的原则，不断进行换乘客流组织优化，才能保障城市轨道交通运营目标的达成。通过本模块的学习，能够掌握换乘的方式、换乘站的形式、换乘分析、换乘方案设计及选择、城市轨道交通与其他交通方式换乘、换乘站客流组织特点、换乘客流组织的原则、换乘客流组织的评价指标与优化等重要内容。

知识导航

知识梳理	知识运用	能力迁移与拓展
换乘的方式	搜集资料，补充城市交通的换乘方式	广州地铁的服务理念：提供安全、准点、便捷、人性化的轨道交通服务，同时依托资源和实力优势，从出行到商住，提供一体化生活方式，并依靠多年的经验和知识，提供专业的行业服务，最终践行全程为你的品牌理念。 理念解读：规划、建设，人性化运营服务，公共运输全程为你；商业、住宅，一体化生活方式，价值创造全程为你；经验、沉淀，产业链专业服务，行业贡献全程为你。
换乘站的形式	换乘站的形式对换乘方式起到什么作用？	
换乘分析	为什么从两个角度对换乘进行分析？是否还有其他角度？	
换乘方案设计及选择	现实中换乘方案的选择还需要考虑什么因素？	
与对外交通换乘	对外交通具体包括哪些方式？	
与常规公交换乘	除本书所讲内容外，还有哪些与常规公交换乘的方式？	
与私人交通换乘	私人交通的发展与城市轨道交通发展的关系是怎样的？	

续上表

知识梳理	知识运用	能力迁移与拓展
换乘站客流组织特点	比较一下铁路车站与城市轨道交通换乘车站客流组织特点的异同	学习广州地铁的服务理念,结合本模块内容,思考城市轨道交通换乘作业组织与服务理念之间的关系
换乘站客流组织的原则	合理设计乘客流向的原则在具体工作中是如何体现的?	
换乘站客流组织的评价指标与优化	你认为哪个换乘站客流组织的评价指标最重要?	

学习任务 1　换乘概述

知识重点

1. 换乘的基本概念。
2. 换乘的方式和不同换乘方式的特点。
3. 换乘站的形式以及不同换乘站形式的换乘方式。

随着国内城市轨道交通的快速建设和逐步形成,市民对换乘时间、出行质量的要求更高,换乘问题逐渐突出,并得到重视。良好的换乘条件不但关系到城市轨道交通的服务水平,而且关系到城市公共交通的吸引力。

乘客换乘虽是一个运营组织问题,但与规划设计密切相关。没有合理的换乘规划设计,良好的换乘就难以实现,因此,在线网规划及换乘站设计阶段充分考虑未来运营阶段的换乘优化是非常有必要的。

城市轨道交通的换乘包括乘客在线网内同一线路上换乘、乘客在线网内不同线路间换乘、乘客在城市轨道交通与其他交通方式间换乘三种情况。

知识点 1　换乘的方式

乘客在线网内同一线路上换乘,主要是由采用衔接交路或非站站停车方案引起的。

城市轨道交通如采用列车跨线运行方案,乘客在线网内不同线路上换乘无须换站台,还能充分运用运能,减少运行车辆数。但列车跨线运行也存在缺点,如共线区段的通过能力限制了非共线区段的列车密度,使乘客的候车时间有所增加;共线区段的列车密度有可能大于客流密度,造成运能浪费;一条线路的列车运行延误可能会传递给线网中的其他线路,从而引起线网中多条线路的列车运行秩序紊乱。鉴于上述不利于运营的因素,在客流量较大的城市轨道交通线网中,一般很少采用列车跨线运行方案。

城市轨道交通如采用列车独立运行方案,则在不同线路间出行的乘客需要换乘。对乘客换乘而言,提高服务水平的关键是缩短换乘时间。在换乘站,换乘时间长短主要取决于换乘走行距离,而换乘走行距离又与采用的换乘方式直接相关。

根据乘客换乘的客流组织方式,可将车站换乘方式分为站台换乘、站厅换乘、通道换乘、站外换乘和组合换乘。

1. 站台换乘

(1)同站台换乘。两条不同线路的站线分设在同一个站台的两侧,乘客可在同一站台由一线换乘到另一线,即同站台换乘。

同站台换乘采用双岛式站台的结构形式,可以在同一平面上布置,如图 6-1a)所示,也可以双层布置,如图 6-1b)所示。这两种形式的换乘站都只能实现 4 个换乘方向的同站台换乘,而另外 4 个换乘方向则要采用其他换乘方式。

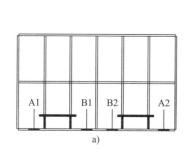
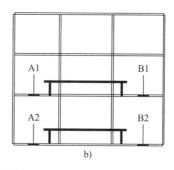

图 6-1 同站台换乘车站形式

(2)上下层站台换乘。乘客由一个车站的站台通过楼梯或自动扶梯直接换乘到另一个车站的站台,如图 6-2 所示。

站台换乘的换乘线路最短,没有换乘高度的损失,乘客换乘非常方便,如工程条件许可,应积极采用此形式。

图 6-2 上下层站台换乘车站形式

2. 站厅换乘

站厅换乘是指乘客由一个车站的站台通过楼梯或自动扶梯到达另一个车站的站厅或两站共用的站厅,再由这一站厅前往另一个车站的站台的换乘方式。

站厅换乘方式与站台换乘相比,乘客换乘路线通常要先上(或下)再下(或上),换乘总高度大。若站台与站厅之间有自动扶梯连接,可改善换乘条件。

3. 通道换乘

两个车站之间设置单独的换乘通道供乘客换乘使用。两线交叉处的车站结构完全分开,车站站台相距较远或受地形条件限制不能直接设计通过站厅进行换乘时,可以考虑在两个车站之间设置单独的换乘通道来为乘客提供换乘途径。

下列两种情况下常采用通道换乘。

(1) 当两条城市轨道交通线路在区间相交时,两线车站布置成"L"形,两线上的城市轨道交通车站均应靠近交叉点设置,并用专用的人行通道连接。图 6-3 是"L"形交叉时的地下换乘站。

(2) 当一条线路的区间与另一条线路的车站"T"形交叉时,可按图 6-4 所示的换乘站形式组织换乘。

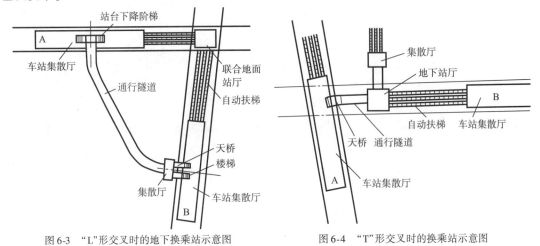

图 6-3　"L"形交叉时的地下换乘站示意图　　图 6-4　"T"形交叉时的换乘站示意图

4. 站外换乘

站外换乘是乘客在车站付费区以外进行换乘,实际上就是没有专用换乘设施的换乘方式。它在下列情况下可能会出现:

(1) 高架线与地下线之间的换乘,因条件所迫,不能采用付费区内换乘的方式。

(2) 两线交叉处无车站或两车站相距较远。

(3) 规划不周,已建线未作换乘预留,增建换乘设施又十分困难。

采用站外换乘方式,往往是无路网规划造成的"后遗症"。由于乘客增加一次进出站手续,步行距离长,再加上在站外与其他人流混合,因此显得很不方便。对城市轨道交通自身而言,这是一种系统性缺陷的反映。因此,在路网规划中应尽量避免站外换乘方式。

5. 组合换乘

在换乘方式的实际应用中,若单独采用某种换乘方式不能奏效,则可采用两种或多种换乘方式组合,以达到完善换乘条件、方便乘客使用、降低工程造价的目的。

知识点 2　换乘站的形式

换乘站的形式有以下几种。

1. "一"字形换乘站

两个车站上下重叠设置构成"一"字形组合的换乘车站,一般采取站台换乘或站厅换乘方式,其简要示意图如图 6-5 所示。

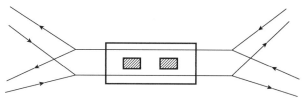

图 6-5 "一"字形换乘站示意图

2. "L"形换乘站

两个车站平面位置在端部相连构成"L"形,高差要满足线路立交的需要。这种车站一般在相交处设站厅进行换乘,也可根据客流情况设通道进行换乘,其简要示意图如图 6-6 所示。

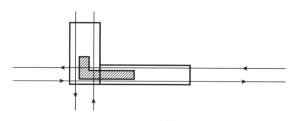

图 6-6 "L"形换乘站示意图

3. "T"形换乘站

两个车站上下相交,其中一个车站的端部与另一个车站的中部相连,在平面上构成"T"形,一般可采用站台换乘或站厅换乘,其简要示意图如图 6-7 所示。

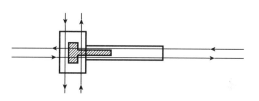

图 6-7 "T"形换乘站示意图

4. "十"字形换乘站

两个车站在中部相立交,在平面上构成"十"字形。这种车站一般采用站台换乘或站厅加通道换乘,其简要示意图如图 6-8 所示。

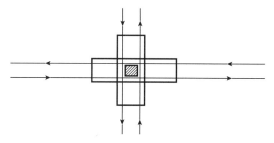

图 6-8 "十"字形换乘站示意图

5. "工"字形换乘站

"工"字形换乘站是指两个车站设置在同一水平面,换乘通道和车站构成"工"字形。这种车站一般采用站厅换乘或站台到站台的通道换乘。"工"字形换乘站的简要示意图如图 6-9 所示。

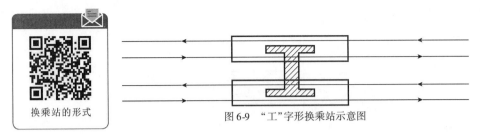

图 6-9 "工"字形换乘站示意图

在城市轨道交通线路交叉或衔接的情况下,列车运行组织可以有各条线路列车独立运行和部分线路列车跨线运行两种情形。

换乘案例

1. "一"字形换乘站的实例

(1) 东京地铁表参道站

表参道站是日本东京地铁银座线和半藏门线之间的换乘站,其站台和站线布置如图 6-10 所示。车站共设有两个岛式站台,将银座线布置在两个岛式站台之间,而将半藏门线布置在两个岛式站台的外侧。其换乘特点是同一方向的列车换乘在同一站台上完成。

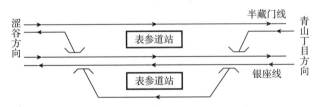

图 6-10 东京地铁表参道换乘站布置示意图

(2) 香港地铁太子站、旺角站

太子站、旺角站是香港地铁荃湾线和观塘线之间的两个连续换乘站。在一期工程中,就将这两个换乘站按两层结构进行设计和建造。通过在两条线路站间设置立体交叉,从而使所有方向的换乘都能在同一站台上实现,如图 6-11 所示。

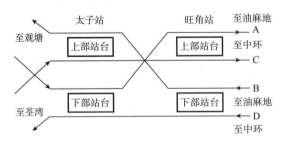

图 6-11 香港地铁太子、旺角换乘站布置示意图

2. "T"形换乘站的实例

复兴门站是北京地铁 2 号线环线与 1 号线相交的换乘站,如图 6-12 所示,两站设置在不同的高度上,能组织立体换乘,且从环线下楼梯可直接进入 1 号线的站台,但由于两线车站叠合部分较少,从 1 号线到 2 号线环线要通过较长的一段地下通道才能进行换乘。

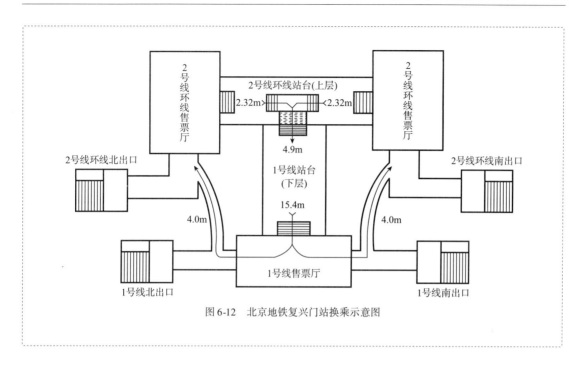

图 6-12 北京地铁复兴门站换乘示意图

学习任务 2　换乘分析及改善

📝 知识重点

1. 换乘分析的要素。
2. 不同换乘方式在换乘时间和换乘能力上的不同。
3. 设计换乘方案需考虑的影响因素。
4. 换乘方案的选择。

知识点 1　换乘分析

1. 换乘时间

换乘时间主要取决于换乘走行距离。一般而言，各种换乘方式的换乘时间，按同站台换乘、上下层站台换乘、站厅换乘、通道换乘和站外换乘依次增加。

（1）同站台换乘的换乘时间

同站台换乘时，在列车共线运行区段的换乘站，乘客在同一站台的同一侧换乘，无换乘走行距离；在两线平行交织的共用换乘站，乘客在同一站台的另一侧换乘，换乘走行距离小于站台宽度。因此,同站台换乘的换乘时间最短。但应指出,双岛式站台只能实现4个换乘方向的客流在同站台换乘;岛侧式站台只能实现2个换乘方向的客流在同站台换乘;单岛式站台,每一层均只能实现2个换乘方向的客流在同站台换乘。其余换乘方向的乘客,仍然需要通过站厅(双岛式、岛侧式)或自动扶梯、楼梯(单岛式)进行换乘,换乘时间相应增加。

(2)上下层站台换乘的换乘时间

上下层站台换乘时,采用"一"字形、"十"字形、岛侧式或侧式上下层站台组合时,换乘走行距离与换乘时间较短;采用"T"形或"L"形上下层站台组合时,由于换乘走行距离增加,换乘时间相应延长。如为减小下层车站的埋深,两个车站拉开一段距离,形成准"T"形或准"L"形换乘,乘客需要通过站厅进行换乘,换乘走行距离与换乘时间会更长。

(3)站厅换乘的换乘时间

站厅换乘时,乘客换乘走行路线为下车站台—自动扶梯(楼梯)—站厅收费区—自动扶梯(楼梯)—上车站台。在各种换乘方式中,站厅换乘的换乘走行距离与换乘时间大体居中。

(4)通道换乘的换乘时间

通道换乘时,换乘走行距离取决于两线车站连接的情况,连接站台的通道换乘与连接站厅收费区的通道换乘比较,后者的换乘走行距离较远,因而换乘时间也较长。为提高服务水平,应缩短换乘时间,换乘通道长度不宜超过100m。

(5)站外换乘的换乘时间

站外换乘时,乘客换乘走行包括出站走行、站外走行和进站走行,换乘走行距离与换乘时间均是各种换乘方式中最长的。站外换乘大多数情况是由线网规划阶段没有考虑换乘问题所致。由于没有站内换乘设施会给乘客带来极大不便,故应尽量避免站外换乘。

2. 换乘能力

换乘能力是指换乘设施在单位时间内能够通过的换乘客流量,换乘能力不足会产生客流拥挤、滞留,导致换乘时间延长,乘客产生抱怨,甚至还会引发不安全因素。

换乘能力的制约因素是站台、自动扶梯(楼梯)、通道与检票口等设施、设备的能力,并且通常受限于它们中能力最小的设施或设备。

(1)同站台换乘的能力

在各种站内换乘方式中,同站台换乘的能力最大,适用于优势方向换乘客流量较大的情形。对同站台换乘而言,制约其换乘能力的主要因素是站台宽度与列车间隔,前者关系到站台的容量,后者关系到站台出清快慢。因此,站台加宽还应考虑列车运行时间间隔。

同站台换乘除前面已经提及的双岛式和单岛式外,还可考虑采用相邻两站均为单岛式的换乘方案,即两条线路平行运行一个区间(含两个车站),两个车站的站台均采用上下层结构,从而将换乘客流疏解到相邻两个车站,如图6-13所示。该换乘方案的能力更大,适用于换乘客流量很大且各个换乘方向客流量比较接近的情形。

(2)上下层站台换乘的能力

在各种站内换乘方式中,上下层站台换乘的能力最小。上下层站台换乘通过自动扶梯(楼梯)进行,换乘能力的瓶颈因素是自动扶梯(楼梯),而站台宽度、长度往往又限制了自动扶梯(楼梯)的数量与宽度。对各种上下层站台配置组合而言,交叉点越少(如十字交叉),换乘能力就越小,反之亦然。实践中,通过增加站台宽度来扩大交叉处面积,是提高上下层站台换乘能力的基本途径。

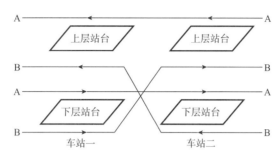

图 6-13　相邻两站上下层均为单岛式换乘示意图

(3) 通道换乘与站厅换乘的能力

在平面换乘的情况下,通道换乘与站厅换乘的能力居中。通道宽度可根据换乘客流状况适当增加,从而提高通道换乘的能力。在垂直换乘的情况下,自动扶梯(楼梯)的能力往往限制了通道换乘能力与站厅换乘能力的最终实现。此外,如果换乘过程中需要进出收费区,则检票口的能力也有可能成为限制因素。

知识点 2　换乘方案设计及选择

1. 设计换乘方案需考虑的影响因素

在进行换乘方案设计时,除应满足换乘时间短、换乘能力大等基本要求外,还应考虑客流组织、工程实施等因素。

1) 客流组织

换乘站的客流,除具有车站客流的一般特征外,还具有客流量大、多方向性等特征。在换乘站的客流中,既有进出站客流,又有换乘客流。就换乘客流而言,在两线连接的换乘站,有 4 个方向列车到达,8 个乘客换乘方向;在三线连接的换乘站,有 6 个方向列车到达,24 个乘客换乘方向;各个换乘方向的客流通常是不均衡的。此外,各种同方向、反方向客流存在交叉干扰。

鉴于换乘站客流量大、流向复杂,在进行换乘设计时,应注意通过调整设施布局、设置导向标志等措施,避免或减少换乘客流与进出站客流的交叉干扰。例如,采用上下层站台换乘时,除自动扶梯(楼梯)的高差应小些、通过能力配置应大些外,还应使换乘客流与出站客流的交叉干扰小些;采用通道换乘时,通道设计应考虑避免或减少双方向换乘客流的交叉干扰,以及换乘客流与进出站客流的交叉干扰。

2) 工程实施

缩短换乘时间和提高换乘能力,通常会使换乘设施复杂,增加施工难度。

从降低施工难度、利于分期建设方面考虑,一般应避免 4 条线路在一个换乘点交汇,同时应控制上下不超过 2 个站台层。对三线换乘站而言,应尽可能形成 3 个两两相交的换乘节点。

换乘节点的衔接部分应做到同步设计,并尽可能同时施工,一次建成。

(1)同站台换乘的实施。同站台换乘时,需要对线路的曲线、坡道进行特殊处理,工程量相应增加、施工比较复杂,因此需要在线网规划时就统筹考虑好。在两线建设分期实施时,为降低施工难度,应处理好共用换乘站及相邻区间的预留工程。

(2)上下层站台换乘的实施。上下层站台换乘,换乘设施布局紧凑,比较容易实现,对线路在区间的走向要求不高。

(3)站厅换乘的实施。站厅换乘,两条线路共用站厅收费区。由于上下层站台、自动扶梯(楼梯)布局不同,换乘设施设计有较多的变化。一般而言,工程量低于同站台换乘、高于通道换乘。在两线建设分期实施时,需要处理好工程预留接口。

(4)通道换乘的实施。通道换乘在两条线路无法共用换乘站时采用,两线车站的相对位置有一定调整余地。通道换乘布置灵活、施工方便,两线分期建设时,预留工程较少。

3)其他考虑因素

设计换乘方案时还应考虑的因素主要有工程投资、施工技术水平、线形是否顺直、地下管线与障碍物对道路交通影响、城市轨道交通与其他交通方式的换乘等。为保证换乘设计方案的实现,要求城市轨道交通线网规划保持稳定,严格控制换乘站周边规划用地。

2. 换乘方案的选择

换乘方案的选择是一个多目标函数问题,需要综合考虑线路衔接方式、站位布置形式、站台形式及其组合、换乘时间、换乘能力、工程实施、投资费用等多方面因素。

从换乘时间的角度,同站台换乘和上下层站台换乘的换乘时间比较短,但是否适用还需进一步分析。在换乘客流量不大或各个换乘方向的客流比较均衡时,采用同站台换乘并不是最理想的;由于受到自动扶梯(楼梯)能力的限制,上下层站台换乘难以适应换乘客流量较大的情形。而对于通道换乘,虽然换乘走行距离较长,但如在通道内设置自动人行道则能缩短换乘时间,当然这会引起换乘相关费用的增加。

因此,在工程实施具有可行性,其他条件不成为限制因素的前提下,应优先考虑换乘能力能够适应远期换乘客流需求、换乘时间与投资费用相对较少的换乘方案。根据上述思路,提出换乘方案选优模型如下:

$$\min\{T_{换,i}V + C_{换,i}\}$$

约束条件为

$$n_{换,i} > P_{设计}^{换}$$

式中:$T_{换,i}$——第 i 种换乘方式的换乘时间总和(h),其中,$T_{换,i} = T_{走,i} + T_{候,i}$,$T_{走,i}$ 为第 i 种换乘方式的换乘走行时间总和(h),$T_{候,i}$ 为第 i 种换乘方式的二次候车时间总和(h);

V——单位时间价值(元/h);

$C_{换,i}$——第 i 种换乘方式的相关费用(元);

$n_{换,i}$——第 i 种换乘方式的换乘能力(人次/h);

$P_{设计}^{换}$——远期高峰小时设计换乘客流量(人次/h)。

换乘方案选优模型采用货币指标统一量纲。公式中的换乘时间可根据远期高峰小时设计换乘客流量、各种换乘方式的换乘走行时间与二次候车时间计算确定。其中的换乘走行时间与换乘走行距离、自动扶梯(楼梯)高差,以及自动扶梯(楼梯)和通道的通过能力等因素有关;二次候车时间可按列车间隔的 1/2 近似确定;单位时间价值可按小时国民收入值确定。约束条件强调了任何一种换乘方式的能力均应满足远期高峰小时的换乘客流需求。

训练任务 21　换乘分析及换乘客流组织技能训练

(一)训练目标

(1)掌握城市轨道交通换乘车站客流分析的基本技能。

(2)掌握制定换乘方案的基本技能。

(二)训练内容

(1)对换乘车站客流方向进行分析。

(2)制定不同方向乘客的换乘方案。

(三)训练准备

(1)换乘车站平面分布图样图。

(2)换乘方向说明表。

(3)乘客换乘方案汇总表。

(四)训练流程

(1)换乘车站平面分布例图如图 6-14 所示,对换乘车站的客流方向进行分析。

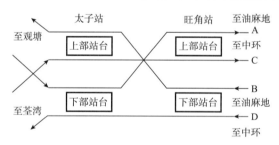

图 6-14　换乘车站平面分布图样图

(2)根据换乘车站客流方向的分析结果,制定不同方向乘客的换乘方案。

(五)训练要求

(1)设 A—B 和 C—D 两个方向的线路相交。

(2)分析经过太子站、旺角站两个换乘站,利用同站台换乘方式实现的每个车站的 8 个换乘方向(图 6-13 中以 A、B、C、D 表示),以及每个换乘方向经过的具体车站(太子站、旺角站)、站台(上部、下部)及换乘方式(上下层站台、同站台),将分析结果填入换乘方向说明表(表 6-1)中。

换乘方向说明表 表 6-1

换乘方向	车站名称	站台	换乘方式

（3）根据太子站、旺角站两个换乘站，利用同站台换乘方式实现的每个车站的 8 个换乘方向的分析结果，制定不同换乘方向乘客采用站台直接换乘的换乘方案，填入乘客换乘方案汇总表（表 6-2）中。

乘客换乘方案汇总表 表 6-2

换乘方向	车站名称	站台

学习任务 3　城市轨道交通与其他交通方式换乘

知识重点

1. 城市轨道交通与其他交通方式换乘的类别。
2. 城市轨道交通与对外交通换乘的方式。
3. 城市轨道交通与常规公交换乘的方式。
4. 城市轨道交通与私人交通换乘的方式。

城市轨道交通与其他交通方式的换乘包括城市轨道交通与对外交通的换乘、城市轨道交通与常规公交的换乘、城市轨道交通与私人交通的换乘。

知识点1　与对外交通换乘

城市轨道交通与对外交通的换乘是指城市轨道交通与铁路、民航、公路、水运等的换乘。城市轨道交通线路延伸至城市对外交通的车站或港区,城市轨道交通车站与铁路客站、机场、长途汽车站、港口等形成换乘枢纽,充分发挥城市轨道交通大运量、快速集散乘客的功能,完成接运换乘。

1. 与对外交通换乘的方式

城市轨道交通与对外交通换乘的方式主要有层间换乘、通道换乘与站外换乘三种。

(1) 与对外交通进行层间换乘

在层间换乘时,不同交通方式的站厅设置在换乘枢纽的不同层面,乘客通过自动扶梯完成城市轨道交通与对外交通的换乘。对乘客而言,换乘走行距离及换乘时间较短,比较理想。但要实现层间换乘,需要对换乘枢纽进行统筹规划、同步建设,并在票务管理方面为乘客提供方便。

(2) 与对外交通进行通道换乘

在通道换乘时,不同交通方式的站厅设置在换乘枢纽的不同位置,由通道连接。换乘的便捷性取决于通道长度,以及是否设置自动人行道。从换乘枢纽规划的角度,通道换乘是主要的换乘方式。

(3) 与对外交通进行站外换乘

在站外换乘时,乘客一般需要走到地面,完成出站(港)和进站(港)的换乘过程,换乘走行距离及换乘时间较长。由于乘客通常携带行李,故这种换乘方式对乘客来说很不方便。

2. 与铁路换乘

在城市轨道交通与对外交通的衔接中,与铁路的衔接是不可或缺的。但城市轨道交通管理体制与铁路管理体制分属两家,且票务系统相互独立,乘客在两者间的无缝换乘目前难以实现。在过去,由于缺乏统筹规划和各自进行建设等,城市轨道交通车站的出入口一般设置在铁路客站的站前广场,乘客换乘走行距离较远。近年来,新建铁路客站时,便捷换乘问题得到重视。

上海南站换乘枢纽在规划建设过程中较好地考虑了换乘问题。上海南站是上海主要铁路客站之一,城市轨道交通1号线、3号线和15号线在此呈"工"字形交汇。1号线设于铁路客站下方(地下一层或地下三层),1号线地面车站配合铁路客站建设同步改建为地下二层车站,3号线为地面车站。由于统筹规划、同步实施,上海南站换乘枢纽建成后,可实现城市轨道交通与铁路的便捷换乘。

3. 与民航换乘

近年来,许多城市在规划建设连接机场的城市轨道交通线路,为民航乘客提供快捷的换乘服务。城市轨道交通机场线建设应注意以下两方面的问题。

一是客流量大小。客流量直接关系到机场线的运营效益。因此,需要对客流来源及数量、乘客出行需求特征和机场客流接运市场份额等进行分析。机场线的客流来源相对稳定和单一,由乘坐飞机乘客与接送亲友、机场及周边企业职员等构成。分析乘坐飞机乘客对接运服务的需求,考虑到其随身携带行李,因此方便、舒适是主要的;考虑到去机场时间安排通常比较充裕,因此快捷是次要的。机场巴士和出租汽车由于在门到门服务方面具有一定优势,因而在机场客流接运市场占有相当份额。在上海,地铁2号线和磁浮线连接浦东机场,乘坐飞机乘客携带行李乘地铁,再换磁浮线到机场,与乘坐机场巴士到机场相比,不具有方便、舒适与价格方面的优势。

二是换乘的便捷性。城市轨道交通车站与机场候机厅应尽可能实现无缝连接。如果连接车站与候机厅的通道较长,应考虑安装自动人行道或配备专用小车供乘客推运行李。换乘路径应设置导向标志。此外,在市中心的机场线车站设置市区航站楼,预先办理除安检以外的登机手续,如行李托运、发放登机牌等,可以方便乘客乘坐机场线换乘飞机。

知识点2　与常规公交换乘

城市轨道交通与常规公交的换乘是指城市轨道交通与公共汽车等常规公交车辆的换乘,乘坐常规公交到达城市轨道交通车站是换乘方式之一。改善城市轨道交通与常规公交的换乘,主要涉及公交换乘站点设置的优化和公交线网布局及运营的优化,它们对城市轨道交通吸引客流、提高交通服务水平具有重要作用。

1. 公交换乘站点设置

由于常规公交系统的运营特性,公交换乘站点设置的弹性较大,它们可以设置在高架车站下面、地下车站地面或附近,也可以设置在建筑设施的地面一层等,乘客通过自动扶梯(楼梯)、通道或人行天桥等进入城市轨道交通车站进行换乘。

按城市轨道交通车站客流量及综合换乘情形的不同,城市轨道交通与常规公交的换乘有一般换乘点和大型换乘点两种。

(1) 一般换乘点

一般换乘点是指常规公交衔接客流不大的城市轨道交通中间站。对一般换乘点,要求公交车站尽可能离城市轨道交通车站的出入口近些。

(2) 大型换乘点

大型换乘点是指常规公交衔接客流较大的城市轨道交通换乘站或终点站,通常还与铁路客站、长途汽车站衔接,形成综合换乘枢纽。对大型换乘点,理想的规划设计是将城市轨道交通车站、铁路车站、公共汽车站、出租汽车站、大型商场和地下停车场等布局在同一建筑设施内或由自动扶梯(楼梯)、通道连接的不同建筑设施内,从而实现地下、地面和地上的立体换乘,有效减少街道上的人流,缓解地面交通拥挤。

大型换乘点的公交车站,在用地受限制时,可考虑设置在建筑设施的地面一层;在土地利用宽裕时,宜设计成具有多条公交线路车位的港湾式车站。在规划设计时,公交车站与城市轨道交通车站的间距不宜过远,并应通过采取人车合理分流、设置导向标志等措施,减少换乘过程中的进站客流与出站客流、客流与车流的径路交叉。

2. 公交线网布局及运营

从提高整体运行效率、增加城市轨道交通客流和减少地面交通拥挤出发,在城市轨道交通线路投入运营后,应适当调整公交线网布局,如减少平行运营的公交线路,增加垂直方向的接运公交线路等。

城市轨道交通车站合理接运区的半径为 2500～3000m。在超过 3000m 时,由于接运时间间隔过长,市民会放弃换乘城市轨道交通出行。但在缩短公交接运时间间隔的情况下,能够扩大合理接运区的范围,提高常规公交换乘城市轨道交通的乘客比例。缩短公交接运耗时的措施有使乘客一次乘车就能换乘城市轨道交通,高峰时间增开跨站运行公交线路,开通连接大型住宅区的公交接运专线等。

知识点3　与私人交通换乘

城市轨道交通与私人交通的换乘是指城市轨道交通与自行车、私人汽车等交通工具的换乘。鉴于国内自行车出行的比例较高、私人汽车拥有量增长较快,鼓励采用"停车 + 换乘"出行方式吸引城市轨道交通客流、缓解市区道路拥挤,对节约能源和保护环境均具有积极意义。

1. 停车点(场)的设置

鼓励采用"停车 + 换乘"(Park and Ride, P + R)出行方式,在换乘设施方面主要是解决停车点或停车场的设置问题。

为适应自行车换乘的需求,城市轨道交通车站应设置停车点。对于高架车站,可在高架结构下的地面层设置自行车停车点;对于地下和地面车站,可在出入口附近设置自行车停放场地。自行车停车点的规模取决于采用自行车方式换乘城市轨道交通的客流大小。

根据对自行车接运区的合理半径、自行车换乘出行目的等进行分析,合理的自行车接运范围应是以城市轨道交通车站为圆心,以 800~2000m 为半径的区域。采用自行车换乘方式的大多是通勤客流,因此,如果自行车接运半径内有大型住宅区,由于到站客流中的自行车换乘比例通常比较高,自行车停车点的设计规模一般也应大些。

为减少私人汽车进入市中心区,设置公共停车场、提供"停车 + 换乘"的服务十分必要。停车场的位置一般选择在市区外围的城市轨道交通车站附近,并结合城市轨道交通换乘枢纽的建设、车站周边商业与办公设施的建造,统筹安排设置。鉴于城市用地紧张,停车场应尽可能按立体多层设计,充分利用地下空间。

2. 停车收费政策

停车收费政策是城市交通需求管理的重要方面。自行车换乘免费停放、私人汽车换乘收取较低的停车费、对高峰时间内进入市中心区的车辆收取交通拥挤费等措施,均有利于鼓励和推行"停车 + 换乘"出行方式。

学习任务 4　换乘站客流组织

知识重点

1. 换乘站客流特点。
2. 换乘站客流组织的原则。
3. 换乘站客流组织的评价指标。
4. 换乘站客流组织的优化。

知识点 1　换乘站客流特点

换乘站的客流构成与特性区别于普通车站,往往是客流组织与地铁运营的重点和难点。换乘站客流特点决定了其客流组织的特点。

1. 高集中性

换乘站除了具有普通车站的进出站客流外,还汇集有相交线路甚至全网多座车站之间的交换客流,由此造成换乘站客流集中,往往是普通车站客流量的数倍。

2. 客流流线复杂

由于进出站客流、换乘客流具有不同的出行目的和出行方向,即对应不同的出行路径,因此存在多股客流的交织,形成多个冲突点。

3. 方向不均衡性

同一时段、不同换乘方向的客流量存在较大的差异。

4. 短时冲击性

换乘站客流随列车的到达呈现脉冲式的分布规律,会在短时间内对换乘设施产生较大的冲击。当一批客流到达时,会在换乘设施的端部造成拥堵和客流排队,当拥堵人数较多时,会带来较大的安全隐患。

知识点 2　换乘站客流组织的原则

换乘站客流组织的原则如下。

(1)随时掌握客流变化规律,经常统计分析客流量,监视客流的骤变,同时密切关注乘客的安全状况。

(2)合理设计乘客流向,在站台、楼梯和站厅处尽量减少客流交叉和对流,并设计标线,要求乘客在楼梯和自动扶梯上尽量靠右行走和站立,有序上下。

(3)在客流容易混行的区域,如站厅或楼梯等处,需设置必要的安全线或栅栏隔离,以免流向不同的乘客互相干扰。

(4)引导乘客在换乘通道内单向流动,以免双方向大客流相互冲击。

(5)完善统一导向标识系统,准确、快速地分散客流,避免客流交叉、聚集和拥挤。

(6)应尽量为乘客提供方便,缩短进出站和换乘的时间及距离。

(7)站内应有空气、温度调节设备,并设置无障碍通道。

(8)应建立完善的突发事件应急客流组织和统一指挥系统。

知识点 3　换乘站客流组织的评价指标与优化

1. 换乘站客流组织的评价指标

(1)换乘走行距离

换乘走行距离是指乘客完成整个换乘过程走行的平均距离。换乘走行距离短,换乘效率高;换乘走行距离长,换乘效率低。

(2)换乘时间

换乘时间是指乘客在站内完成换乘所花费的平均时间,包括换乘走行时间和二次候车时间。

(3)干扰度

干扰度是指在换乘过程中各方向客流相互干扰的程度,反映站内交通组织水平。

(4)便捷度

便捷度是用来衡量站内换乘的方便程度的指标,可以用换乘时间占乘客出行总时间的百分比来计算。

(5) 舒适性

舒适性可量化为人均换乘面积,衡量换乘设施容纳乘客的能力,反映换乘设施的拥挤程度。舒适性还体现在信息发布的及时性和诱导标识的完善性上。

(6) 安全性

安全性是体现换乘站使用质量的指标,用来衡量客流组织是否满足乘客乘降的安全要求及枢纽内发生紧急事故时乘客的疏散措施是否有效等,可以用人均对冲点数的倒数来量化。

2. 换乘站客流组织的优化

换乘站客流组织的优化可以从内部设施布局和客流组织运行效率两方面来进行。

1) 内部设施布局的优化

对换乘站内部设施的布局进行优化时,可以采用功能布局优化法和引导法两种方法。

(1) 功能布局优化法

功能布局优化法是通过调整自动售检票机及客服中心的位置,来实现合理的布局。在优化的过程中,结合车站运营的合理化管理和方便乘客出行的要求,进行 AFC 设备布局的设计和调整。乘客到达车站是一个随机过程,根据乘客的分布规律,合理设置售检票机的数量及位置,使乘客平均排队长度和等待时间在可以接受的范围内,并满足高峰时段客流通过的要求。另外,自动售检票机的合理布局还能起到延时的作用,减小客流对客运设施(如楼梯、自动扶梯等)的压力。

(2) 引导法

引导法主要依据服务信息和导向标志对客流进行引导。由于换乘站的衔接方向较多,因而应根据客流流向的需求合理设置导向标识的位置。通过对进站客流、出站客流、换乘客流的明确指引,保证客流的顺畅流动。

2) 客流组织运行效率的优化

客流组织运行效率的优化可以通过物理切割法、提高流速法和源头控制法三种方法来实现。

(1) 物理切割法

采用物理切割法可以将进出站客流和换乘客流在空间上进行分割,以减少对冲点。对冲点的减少可以降低干扰度、缩短换乘时间,使换乘方案更优。物理切割法可以借助移动围栏或其他设施将客流在平面上进行空间隔离,从而理顺换乘站内各方向客流的行走秩序,解决乘客行走习惯与车站布局的矛盾。开辟新的换乘通道也可以作为物理切割法的一种。

(2) 提高流速法

提高流速法是通过选用最短路径来提高乘客的行走速度,相对缩短乘客对车站设施、设备的占用时间,从而提高设施、设备利用率和流线的流动速度。可以利用站务员、车站公安人员维持各站台和通道的秩序,避免乘客长时间逗留,从而保持各区域畅通无阻。

(3) 源头控制法

源头控制法是通过控制各种流线的流量以达到疏解流线交叉的目的,降低客流对冲的可能性。车站协调组织各线运营计划,依据各线高峰时段客流量确定各方向列车到发点,应尽量避免不同方向的列车同时到达,以避免乘客密集到达,缩短乘客换乘时间,提高换乘的舒适性和安全性。

训练任务 22　换乘案例分析技能训练

（一）训练目标

（1）掌握城市轨道交通换乘车站客流分析的基本技能。

（2）掌握制定客流换乘方案的基本技能。

（二）训练内容

北京南站换乘枢纽案例分析。

（1）根据理论知识的学习，结合给定的北京南站换乘枢纽案例，分析换乘功能实现的途径。

（2）根据理论知识的学习，结合给定的北京南站换乘枢纽案例，拟定换乘站客流组织方案。

（3）说明北京南站换乘枢纽的设计思想，以及换乘功能实现与换乘站客流组织的具体方法。

（三）训练准备

（1）北京南站换乘枢纽概况。

（2）北京南站换乘枢纽换乘路径汇总表。

（3）北京南站换乘枢纽换乘客流组织方案汇总表。

（四）训练流程

（1）根据北京南站换乘枢纽概况，对北京南站换乘枢纽的进出站客流方向进行分析。

（2）根据北京南站换乘枢纽的进出站客流方向的分析结果，制定进出站方向乘客的换乘方案。

（五）训练要求

（1）了解北京南站换乘枢纽概况。

（2）对北京南站换乘枢纽的进出站客流方向进行分析，将分析结果填入北京南站换乘枢纽换乘路径汇总表（表6-3）中。

（3）根据北京南站换乘枢纽的进出站客流方向的分析结果，制定进出站方向乘客的换乘方案，将方案填入北京南站换乘枢纽换乘客流组织方案汇总表（表6-4）中。

北京南站换乘枢纽概况

北京铁路局直属客运特等站——北京南站是中国最大的客运特等站，客流量名列世界第三，被誉为"亚洲第一站"，也是迄今为止融合交通元素最多的交通枢纽。北京南站作为京津城铁、京沪高铁的始发站和终到站，东端衔接北京站，西端衔接京山铁路、永丰铁路，是一个集铁路、地铁和市政交通设施于一体的大型综合交通枢纽，也是中国第一座高标准现代化的客运专线大型客站。

北京南站将公交、地铁、出租、长途客运、小汽车等城市交通形式都整合进来，成为多功能的超大型客运交通枢纽,乘客可以享受"零换乘"的便捷。

1. 建筑特色

2008年8月正式重新启用的北京南站,建筑面积32万平方米,椭圆形建筑形态,主体为钢结构,分为主站房、雨篷两部分,如图6-15所示。主站房为双曲穹顶,最高点高40m,檐口高度为20m,以天坛鸟瞰效果为基本形状,中间设有3个层次,隐喻中国皇家建筑的层次感和地位。两侧雨篷为悬索形结构,最高点高31.5m,檐口高度为16.5m。雨篷钢结构采用了A形塔架支撑体系、悬垂梁结构等多项施工技术。椭圆形中央站房屋顶和两侧雨篷的主要材料为银色的金属铝板。

图6-15 北京南站建筑形态

北京南站突出环保、节能等理念,在众多大型火车站中首次采用太阳能发电。在高架候车厅屋顶中央采光带设置太阳能光电板,总功率为350kW,太阳能发电系统在白天开启,辅助解决车站用电问题。北京南站利用城市原生污水冬季水温高于大气温度、夏季水温低于大气温度的特点,冬季从污水取热供暖,夏季进行排热制冷。

2. 设施一流

北京南站站台轨道层(图6-16)共设13座站台,24条到发线,3个客运车场。其中从北往南依次为:普速车场设到发线5条,站台3座;客运专线车场设到发线12条,站台6座;城际铁路车场设到发线7条,站台4座。它承担了京津城际铁路列车的到发任务,还是京沪高速铁路等客运专线列车在北京到发的客运站。北京南站现代化候车大厅如图6-17所示。

图6-16 北京南站站台轨道层　　　　图6-17 北京南站候车大厅

3. 换乘设计

1) 主体建筑内换乘设计

北京南站交通系统总共5层,由地上2层、地下3层以及高架环形车道组成。

从上到下依次为:地上二层是高架候车层;地面层是站台层和列车到发层;地下一层是换乘大厅;地下二层是地铁4号线;地下三层则是地铁14号线。乘坐地铁4号线和14号线到北京南站,不用出车站就可以实现换乘,这也是国内第一个实现"零换乘"的火车站。

(1) 高架候车层

北京南站环绕中央站房和两侧雨篷建有环形高架桥,全长2.8km。高架候车层主要通行的是出租车和社会车辆,乘客进站可直接进入高架候车大厅。在东南西北四个方向均建有立交高架桥,与南二环、南三环、马家堡西路、马家堡东路连接,实现了铁路站房与市政交通的连接。

高架候车层是乘客进站层,建筑面积为 $4.765 \times 10^4 m^2$,其中央为独立的候车室,东西两侧是进站大厅,自北向南依次为各候车区。高架候车大厅的四个角设有售票办公楼,车站共设置了84台窗口售票机和39台自动售票机。检票进站可全部由自动验票系统控制。北京南站每个站台上都有多部直梯和扶梯,这些电梯将候车大厅、站台层和地下换乘大厅连为一体。站内共设有111部电梯,乘客可以通过这些设施无障碍地进出站和到达车站的各个服务区域。

(2) 地下一层

地下一层为整个车站的换乘空间及乘客出站系统,面积为 $1.199 \times 10^5 m^2$,大部分乘客在此换乘,此处是北京南站的枢纽,其东西边为乘客出站大厅。另外,地下一层东西两侧设停车泊位1000个。

2) 北广场换乘设计

北京南站北广场同样贯彻了立体交通的设计思想。

北广场分为地上一层,地下两层。地上一层白色的棚顶如一片巨大的叶片舒展开来,南侧连接着极具现代风格的北京南站主体建筑,向北侧弧形上翘,仿佛振翅欲飞,设计来自不同的设计单位。北京南站北广场与北京南站主体建筑也不是同时设计的,但在风格上实现了和谐统一。

北广场的地上一层为公交车落客区。乘客下车后,可以直接进入北京南站的北入口;地下二层则是北京南站的北出口,乘客出站后,乘坐自动扶梯到达北广场的地下一层,那里是公交车的接客区。这样的设计不但分流了进出北京南站的乘客,而且让驶入和驶出北广场的公交车也上下分层。乘客换乘公交距离短,即便是最外侧的公交车站台,距离北京南站的候车大厅也不超过200m。

北京南站换乘枢纽

由于车辆分层单向行驶,进出站乘客严格分流,不同交通方式有不同的进出站通道,北京南站交通枢纽全新的客流组织模式不但能有效避免站内外车流人流交织,而且大大缓解了大型火车站客流高峰期成为市区交通拥堵源头的状况。

3) 南广场换乘设计

南广场则充分利用狭长地形,采用地面落客、地下接客的客流设计原则,公交车在地面停驻,到发分区明确,流线清晰,也实现了人车分流。

北京南站换乘枢纽换乘路径汇总表　　　　　　　　　表 6-3

客流方向	进站/出站地点	交通方式	换乘方案
进站客流	北广场		
	南广场		
	地下一层		
	环形高架桥		
出站客流	北广场		
	南广场		
	地下一层		

北京南站换乘枢纽换乘客流组织方案汇总表　　　　　表 6-4

客流方向	进站/出站地点	换乘方案
进站客流	北广场	
	南广场	
	地下一层	
	环形高架桥	
出站客流	北广场	
	南广场	
	地下一层	

模块7 车站大客流组织

学习引导

城市轨道交通线路走向往往都是客流集中的交通走廊,连接着重要的客流集散点,如铁路车站、汽车客运站、航空港、航运港等交通枢纽,大型商业经济活动中心,体育场、大剧院等重要文体活动中心,以及规模较大的住宅区等。正因如此,某些特殊车站会不定期地遇到大客流。为了保证乘客的安全和正常的运营秩序,这些车站在客流组织方面应备有完善的运营组织方案和措施,车站管理人员也应具备相关的客流组织能力和技能。通过本模块的学习,能够掌握大客流的分类和特点、大客流的组织原则与主要组织措施、大客流应急处理程序、节假日的客流特点和客流组织的方法、大型活动的交通特性和大型活动客流组织措施等重要内容。

知识导航

知识梳理	知识运用	能力迁移与拓展
大客流的分类	试说明大客流不同分类之间的关系	成都地铁有限责任公司的服务理念:服务大众是地铁的天职,大众是地铁服务的最终对象,也是评判服务质量的最佳裁判。唯有心怀服务大众之志,方能以大众需求为导向,不分亲疏远近,接纳四海、惠及八方。 秉持真诚是服务的本源,真诚是地铁服务的核心要义,也是检验服务质量的根本标准。唯有秉持真诚为民之心,方能以大众满意为追求,不计荣辱得失,寒暑不易,春秋不改。
大客流的特点	不同大客流之间的共同点是什么?	
大客流的组织原则	试说明"由下至上,由内至外"的客流控制原则的适用性	
大客流的主要组织措施	除了本书所讲内容外,你是否还知道其他的大客流主要组织措施?	
大客流应急处理程序	搜集并学习你所在城市或所熟悉城市的城市轨道交通车站大客流应急处理程序	
节假日的类型	按照你的想法,给节假日重新划分类型	
节假日的客流特点	目前客流量最大的节假日是哪一个?	

续上表

知识梳理	知识运用	能力迁移与拓展
节假日客流组织的方法	车站做好节假日客流组织最常用的方法是什么？	学习成都地铁的服务理念，结合本模块内容，思考城市轨道交通车站大客流组织与服务理念之间的关系
大型活动的交通特性	如何理解"保证优先，兼顾公平"的原则？	
大型活动客流组织措施	如何利用各种信息平台做好信息发布与引导措施？	

学习任务 1　车站大客流概述

知识重点

1. 大客流的基本概念。
2. 大客流的分类。
3. 大客流的特点。
4. 大客流的主要组织措施。

大客流一般在大型文体活动散场时或重要枢纽节假日期间发生。大客流发生时，主要表现为非常拥挤或极度拥挤、乘客流动速度明显减缓、客流交叉干扰严重等。因此，大客流会对乘客的出行造成不利影响，对运营安全造成较大威胁。当车站发生可预见性大客流或突发性大客流时，车站应合理安排人员，对客流做好疏导和组织工作，并会同地铁公安部门对客流进行控制。

知识点 1　大客流的分类

大客流是指车站在某一时段集中到达的，客流量超过车站正常客运设施或客运组织措施所能承担的流量时的客流。按不同的分类方式，大客流可分为不同的种类。

1. 根据大客流产生的影响和后果分类

根据大客流产生的影响和后果，大客流分为一级大客流和二级大客流。

(1) 一级大客流

一级大客流的判定标准：各车站根据本站的正常乘客数量进行比较，站台聚集人数达到或大于站台有效区域的 80%，并且持续时间大于实际行车间隔时间。这种情况给乘客及城市轨道交通运营安全造成影响，存在明显的安全隐患。

(2)二级大客流

二级大客流的判定标准:各车站根据本站的正常乘客数量进行比较,站台聚集人数达到站台有效区域的70%以上、80%以下,并有持续上升的趋势。这种情况下,乘客的正常出行和城市轨道交通所提供的服务水平受到一定程度的影响,车站比较拥挤,乘客感觉比较压抑,但尚未对乘客及城市轨道交通运营安全造成影响。

2. 根据客流的时效性分类

根据客流的时效性,大客流分为可预见性大客流和突发性大客流。

3. 根据客流的产生原因分类

根据客流的产生原因,大客流分为节假日大客流、暑期大客流、大型活动大客流和恶劣天气大客流。

知识点2　大客流的特点

大客流因类型不同有各自的特点。

1. 节假日大客流的特点

节假日大客流主要由购物休闲、旅游观光、返乡探亲等乘客构成,在国家法定的元旦、春节、劳动节、中秋节、国庆节等假期内,城市轨道交通各站客流较平时有大幅上升,购买单程票和初次乘坐地铁的乘客居多。

2. 暑期大客流的特点

暑期大客流主要由购物休闲、旅游观光乘客和放暑假的学生等构成,每年7月、8月城市轨道交通各站客流较平时有明显增加。暑期大客流高峰时段一般集中在每日的8:00—16:00。

3. 大型活动大客流的特点

大型活动大客流的特点是:在特定时间段(如大型活动结束后)客流会显著增加;大型活动一般都在周末举行,因大客流所发生的时间和规模大多可预见,且持续时间较短,影响范围有限,通常只对该活动地点附近的车站影响较大;大型活动大客流主要由购物休闲的乘客构成。

4. 恶劣天气大客流的特点

恶劣天气大客流是指当出现酷暑、大雨、暴雪、台风等恶劣天气时,地面交通受到较大影响,市民改乘城市轨道交通或进入城市轨道交通车站躲避,造成城市轨道交通车站客流明显增加,给车站客流组织带来一定困难。

知识点3　大客流的组织原则

大客流的组织应在保证客流安全的前提下,尽快疏散客流。为了保证大客流发生时能安全疏散客流,各车站应根据本站具体情况制订切实可行的大客流控制预案,合理安排各岗位和地点的具体工作,迅速缓解车站压力,避免意外发生。大客流的组织原则如下。

1. "由下至上,由内至外"的客流控制原则

在车站出入口、进站闸机、站厅与站台的楼梯和自动扶梯处重点控制进站客流,组织乘客上下车,保证客流均匀上下扶梯和尽快上下列车,保证站台候车的安全。

2. 客流控制组织机构分工原则

客流控制组织机构可分为点控和线控,控制中心负责地铁全线的客流控制,车站站长或值班站长负责本站的客流控制。

3. "集中领导,统一指挥"的原则

车站在实施大客流控制之前,须向行车调度员报告。

知识点4　大客流的主要组织措施

各城市轨道交通运营单位应根据具体情况制定大客流组织的具体措施,以保证控制客流的顺利实施。大客流的主要组织措施如下。

1. 增加列车运能

根据大客流的方向,在发生大客流时,利用就近的折返线、存车线组织列车运行方案,增开临时列车,增加列车运能,从而保证大客流的疏散。增加列车的运能是车站大客流组织的关键。

2. 增加售检票能力

售检票能力弱是大客流疏散的主要障碍,因此车站在设置售检票设备位置时应考虑提供疏散大客流的通道。在大客流疏散时,可事先做好票务服务及相关服务设备设施的准备工作。具体工作如下:

(1)售检票设备的准备。在大客流发生前,设备维护人应事先对车站全部售检票设备进行维护、检修,确保在大客流发生时售检票设备能正常使用。

(2)车票和零钞的准备。车站应根据客流预测和以往大客流所消耗的车票数及零钞数,在大客流发生前,向票务部门申领和储备充足的车票和零钞。

(3)临时售票亭的准备。车站应根据大客流的进出方向,选择在进站客流较集中的位置设置临时售票亭。站厅面积较小的车站,可考虑将临时售票亭设置在进站客流较多的通道内。

3. 提升车站客运设备能力

(1)自动扶梯和垂直电梯的准备。车站应事先通知厂商对车站全部自动扶梯和垂直电梯进行维护、检修。重点检查自动扶梯的毛刷、梳齿板和扶手带,确保在大客流三级控制时,自动扶梯能正常开启转换。

(2)临时导向标志和隔离设备的准备。车站应储备一些临时导向标志、告示牌和铁马、伸缩铁围栏、隔离带等设备,在大客流发生前,车站根据大客流的进出方向和客流组织的要求,选择适当的位置张贴和摆放临时导向标志、告示牌和铁马、伸缩铁围栏、隔离带等。

(3)其他客运设备设施的准备。大客流发生前,车站还应准备人工语音广播和语音合成广播设备、急救药品、担架等,并根据车站工作人员的情况,相应增加手提广播、对讲机等客运设备。

4. 控制车站客流

采取站台客流控制、站厅付费区客流控制、站厅非付费区(出入口)客流控制三级客流控制方法。

(1)站台客流控制

站台客流控制的控制点在站厅与站台的楼梯(或自动扶梯)口。车站应将站厅与站台之间的自动扶梯改为向上方向,避免客流交叉。

(2)站厅付费区客流控制

站厅付费区客流控制的控制点在进站闸机处。车站可根据实际情况适当关停部分自动售票机,进站闸机关停或将部分双向闸机设为只出不进,紧急情况下可以采用隔离带、铁马隔离进站闸机,以减缓乘客进入付费区的速度,防止付费区压力过大。

(3)站厅非付费区客流控制

站厅非付费区客流控制的控制点在车站出入口处。车站组织人员人为地控制出入口的乘客进站速度,必要时可关闭部分出入口。

5. 关闭出入口或进行分流

为了保证大客流发生时疏散客流的安全,在难以采用有效措施及时疏散客流时,可采取关闭出入口或在某部分出入口限制乘客进入车站的措施来减少一部分客流或延长大客流疏散的时间。

车站大客流组织措施

训练任务 23　大客流组织与调整技能训练

(一)训练目标

掌握城市轨道交通车站大客流组织的基本技能。

(二)训练内容

(1)大客流组织与调整方法分析。
(2)大客流组织与调整方案分析。

(三)训练准备

(1)大客流组织与调整案例。
(2)大客流组织与调整示意图。
(3)大客流组织方案汇总表。

(四) 训练流程

(1) 按大客流组织与调整示意图(图 7-1)及案例,对换乘车站不同时间段的不同客流方向进行分析。

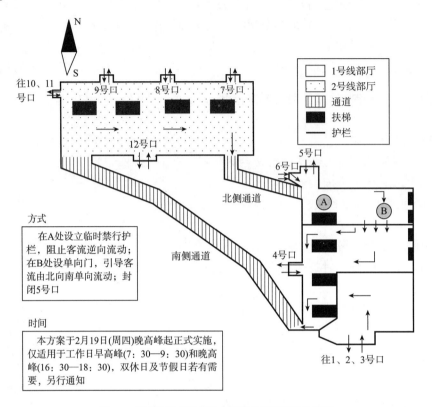

图 7-1　城市轨道交通车站大客流组织与调整示意图

(2) 根据换乘客流方向的分析结果,制定不同时间段不同方向乘客的大客流组织方案。

(五) 训练要求

(1) 对大客流组织与调整案例进行分析。

(2) 分析在 7:30—9:30、16:30—18:30 的高峰时段,以及非高峰时段不同方向乘客的换乘方向,以及每个换乘方向经过的具体出入口、站厅及通道,将分析结果填入大客流组织方案汇总表(表 7-1)中。

大客流组织方案汇总表　　　　表 7-1

时段	大客流组织方案			
	客流方向	出入口	站厅	通道
高峰时段(7:30—9:30、16:30—18:30)				
非高峰时段				

某市地铁运营公司大客流组织与调整案例

图 7-1 是某市地铁运营公司根据工作日早晚高峰期间大客流情况,为避免出现严重的换乘通道处客流对冲现象而采取的一种限时段的换乘客流组织方式。

在 7:30—9:30、16:30—18:30 的高峰时段,将原来南北两条双向换乘通道改为单向通道,形成"顺时针"单向换乘的客流组织方式,减少不同方向的客流对冲。

知识点 5　大客流应急处理程序

大客流应急处理程序如下。

(1) 车站要及时了解清楚产生突发性客流的原因、规模及可能持续的时间,并合理安排岗位。利用广播系统认真做好宣传,及时组织人员维持秩序,理顺购票队伍,对乘客做好疏导、服务工作。

(2) 如车站现有人员无法应对突发性客流组织的需要,值班站长应组织驻站人员参与客流控制,报告行车调度员并提出支援请求。

(3) 站台拥挤时,应立即安排人员到站台维持候车秩序,对站厅与站台的楼梯、自动扶梯处进行客流控制,先让下车出站的乘客出站,再让坐车的乘客进入站台,控制进站的乘客数。利用广播提醒乘客注意安全,同时加强对站台乘客候车动态及站台门工作状态的监控。

(4) 当客车发生运行故障,造成始发、到达晚点,车站乘客产生拥挤时,车站应及时通知公安协助,做好乘客广播(解释和引导)。售检票员及站务员应分别在出入口、售票亭及进站闸机前摆放告示,告知购票进闸的乘客客车延误信息,同时做好退票的工作准备。

(5) 由于特殊气象(如暴雨)导致突发性大客流时,车站及时做好对滞留在车站及出入口乘客的疏散工作,及时启动有关应急处理程序(预案),必要时请求公安配合,并调集站务、维修、保安等所有驻站的工作人员做好抗灾准备。

表 7-2 是某地铁公司车站可预见性大客流应急处理程序,表 7-3 是某地铁公司车站发生突发性大客流应急处理程序。

某地铁公司车站可预见性大客流应急处理程序　　　　　表 7-2

职位	时间段	可预见性大客流应急处理程序
值班站长	上下班高峰期	(1) 加强对站厅、站台客流情况的监视。 (2) 及时通知属地公安部门协助。 (3) 增加高峰期岗位
	节假日及重大活动	(1) 根据节日性质及节日活动的具体地点、时间,做好监控工作。 (2) 加强对客流情况的监视,根据现场情况采用本站大客流组织方案。 (3) 根据需要调配突击队、机动队员岗位。 (4) 通知属地公安部门协助。 (5) 按信息汇报程序进行通报

续上表

职位	时间段	可预见性大客流应急处理程序
行车值班员	上下班高峰期	(1) 及时调配站厅、站台岗位人员,通知各岗位注意客流变化。 (2) 加强对站厅、站台客流情况的监视。 (3) 根据车站客流的特点,增加高峰期岗位。 (4) 利用广播疏导乘客
行车值班员	节假日及重大活动	(1) 加强对站厅客流情况的监视。 (2) 检查站厅各设备、设施的运作情况,如有问题及时处理、报修。 (3) 协助站厅进行客流疏导
客运值班员	上下班高峰期	(1) 加强对站厅客流情况的监视。 (2) 加强对各兑零点、预制票点情况的监控和调配工作。 (3) 检查站厅各设备、设施的运作情况,如有问题及时处理、报修。 (4) 协助站厅进行客流疏导
客运值班员	节假日及重大活动	(1) 加强对站厅客流情况的监视。 (2) 做好各兑零点、预制票点情况的监控和调配工作。 (3) 提前检查站厅各设备、设施的运作情况,保证设备运行状态良好。 (4) 协助站厅进行客流疏导
售票员、站厅安全员	上下班高峰期	(1) 加强对站厅客流的引导。 (2) 检查站厅各设备、设施的运作情况,如有问题及时处理、报车站控制室
售票员、站厅安全员	节假日及重大活动	(1) 加强对站厅客流的引导。 (2) 检查站厅各设备、设施的运作情况,如有问题及时处理、报车站控制室
站台安全员	上下班高峰期	(1) 加强对站台客流的引导。 (2) 加强对站台候车乘客的安全宣传
站台安全员	节假日及重大活动	(1) 加强对站台客流的引导。 (2) 加强对站台候车乘客的安全宣传

某地铁公司车站发生突发性大客流应急处理程序 表 7-3

职位	突发性大客流应急处理程序
值班站长	(1) 接到报告后及时到达现场维持秩序。 (2) 接到行车值班员启动应急预案的通知后,命令行车值班员广播宣布执行大客流控制的应急预案。 (3) 密切监视车站大客流的情况,加强与车站各岗位的联系。 (4) 指示站务员携带手提广播到站台维持秩序,设置临时导向标志、警戒带;确保站台候车乘客的安全及乘客能尽快上下车;设立指示牌及隔离设施以控制客流的方向;关闭部分入口或通过进出分流来控制乘客进入车站。 (5) 指示客运值班员安排人员出售纸票,站务员打开边门,做好纸票的检票工作,各站务员与公安协调在重点位置部署。 (6) 继续指挥站务员控制车站内的客流。 (7) 要求站务员停止售卖纸票,关边门,并通知行车值班员向行车调度员汇报。 (8) 指示行车值班员及各站务员撤除指示牌及隔离设施,车站恢复正常运营服务

续上表

职位	突发性大客流应急处理程序
行车值班员	(1)向行车调度员报告车站人潮已形成,向属地公安部门通报情况,请求支援。 (2)通过闭路电视监视系统(CCTV)及站务人员的报告,观察列车乘客涌入或停留在站台、站厅的情况;及时向控制中心调度部汇报。接到行车调度员启动应急预案的通知后,通知值班站长。接到值班站长广播宣布执行大客流控制的应急预案的命令后,广播宣布启动预案。 (3)加强车站广播:劝请站台候车乘客移动到较不拥挤的地段使通道便于疏通;劝请乘客不在站厅逗留及闲荡;劝请需要出站的乘客迅速离开车站。 (4)及时向行车调度员汇报车站当前大客流趋势。 (5)向行车调度员报告大客流控制情况尚未改善,启用纸票。 (6)加强广播,车站开始售卖纸票。 (7)加强广播,及时将车站客流情况向行车调度员汇报。 (8)向行车调度员汇报车站大客流已消除,售卖纸票已停止。 (9)加强广播,车站已恢复正常运营服务。 (10)报告行车调度员车站恢复正常运作
站务员	(1)发现车站大客流已形成,立即通知行车值班员和值班站长。 (2)各站务员执行所应采取的疏导措施。 (3)各站务员观察已经执行的措施,报告行车值班员、值班站长乘客有继续增加的情况。 (4)各站务员执行值班站长的指示携带手提广播到站台维持秩序,设置临时导向标志、警戒带;确保站台候车乘客的安全及乘客能尽快上下车;设立指示牌及隔离设施;关闭部分入口或进行进出分流。 (5)各站务员向行车值班员、值班站长报告大客流控制情况尚未改善。 (6)出售纸票,打开边门,执行值班站长所指派的任务,与公安人员协调部署。 (7)站台上的站务员启用手提广播提醒候车乘客维持秩序,确保站台候车乘客的安全。 (8)各站务员继续按程序进行,汇报行车值班员、值班站长客流的拥挤程度逐渐缓和。 (9)各站务员向行车值班员、值班站长汇报大客流已消除。 (10)停止售卖纸票,关边门。 (11)各站务员执行值班站长的指示撤除指示牌及隔离设施,报告值班站长指派任务完成。 (12)各站务员汇报车站各岗位的正常运作

学习任务2 节假日客流组织

知识重点

1. 节假日的客流特点。
2. 节假日客流组织的方法。

知识点1 节假日的类型

节假日及其活动是现代文明与现代社会生活的重要组成部分,直接关系到人们的生活质量。节假日出行活动与日常出行活动差别较大,节假日交通与平日交通相比呈现出明显的不同于平日的特征和规律。

不同国家或地区由于其民族文化背景与生活习俗的差异而具有不同的节假日,而不同类型的节假日一般也具有不同的客流特征。我国节假日主要包括以下几种类型。

1. 休息日

休息日又称公休假日,是劳动者满一个工作周后的休息时间。《中华人民共和国劳动法》第 38 条规定,用人单位应当保证劳动者每周至少休息一日。1995 年颁布的《国务院关于修改〈国务院关于职工工作时间的规定〉的决定》(国务院令第 174 号)规定,我国职工的休息时间标准为工作 5 天、休息 2 天。该决定同时规定,国家机关、事业单位实行统一的工作时间,周六和周日为周休息日;企业和不能实行国家规定的统一工作时间的事业单位,可以根据实际情况灵活安排周休息日。

自 1995 年 5 月 1 日实行五日工作制以来,城市居民的工作时间由 48h 变为 40h,人们周末的出行习惯发生了较大变化。一般来说,周一至周五为工作日,具有相似的出行规律,其中周一早高峰、周五晚高峰客流比其他工作日高峰客流要大,周六、周日为假期,其出行特征与工作日不同。

2. 法定年节假日

我国现行法定年节假日标准为 11 天,根据 2013 年《国务院关于修改〈全国年节及纪念日放假办法〉的决定》(国务院令第 644 号),全体公民放假的节日具体为:新年,放假 1 天(1 月 1 日);春节,放假 3 天(正月初一、初二、初三);清明节,放假 1 天(清明节当日);劳动节,放假 1 天(5 月 1 日);端午节,放假 1 天(端午节当日);中秋节,放假 1 天(中秋节当日);国庆节,放假 3 天(10 月 1 日、2 日、3 日)。部分公民放假的节日及纪念日为:妇女节(3 月 8 日),妇女放假半天;青年节(5 月 4 日),14 周岁以上的青年放假半天;儿童节(6 月 1 日),不满 14 周岁的少年儿童放假 1 天;中国人民解放军建军纪念日(8 月 1 日),现役军人放假半天。

放假制度的改变使人们的出行习惯发生了变化,更多的人愿意选择出门旅行,形成了罕见的客流高峰期。一般来说,放假时间长短直接关系到人们的出行计划安排,研究城市地区不同长度假日中的客流规律是城市客运管理的一项重要内容。

知识点 2　节假日的客流特点

不同类型节假日的客流具有不同的时间与空间特征,需要对这些特征进行专题研究。

对部分地区黄金周交通出行的调查表明,职业、年龄等个人属性对于节假日居民出行典型活动模式选择的影响显著。节假日居民出行主要以弹性较大的维持型活动和休闲型活动为主,而日常出行活动以弹性小的强制性出行为主。

从客流规模的角度来看,春节、劳动节、国庆节为峰值较大的日期。周末的客流在商业区、大型居住区附近的区域会形成高峰,早高峰客流出现的时间会晚于工作日早高峰出现的时间,晚高峰客流出现的时间会早于工作日晚高峰出现的时间。清明节的客流可能在部分区域形成高峰,但全城客流的峰值一般低于春节、劳动节、国庆节期间。不过,还有一些日期,虽然不是规定的假日,但客流规律仍会有些许变化,如教师节等。

知识点3 节假日客流组织的方法

节假日客流组织的方法如下。

1. 加强客运组织工作

在客流高峰期到来之前,应将工作人员的数量和职责确定下来,使其参与到引导客流的工作中,在站台、扶梯口利用广播对乘客进行引导,解答乘客有关问题,做好乘客心理安抚工作,确保乘客能够以稳定的心态面对可能发生的大客流。对于大客流情况,应实时监控,并灵活采用疏通方法,对客流方向进行及时引导。如果出现乘客拥堵现象,值班站长应立即委派工作人员前往拥堵口,分析拥堵的原因,并解决拥堵问题,必要时可劝说乘客更换乘车工具。对整个车站要实行集中领导、统一指挥的原则,当出现电梯故障或其他设备故障时,要及时对客流进行控制,防止发生混乱。

2. 做好票务组织工作

在客流量较大的情况下应关闭所有进站闸机,等客流量减少时再放行,也可以关闭一两个出入口,延长客流疏散时间。同时,可以在节假日增设临时售票亭,根据乘客出入的方向,选择客流较为集中的位置,设置的位置要以不妨碍客流疏散为基本原则。对于一些不熟悉购票流程的乘客,为了防止耽误其他乘客的时间,可以在购票处增设咨询人员,以解答乘客关于购票的问题,减少乘客停留的时间。

3. 注重对车站内各种设备的升级和管理

应增设临时导向标志并增加广播的频率,使乘客能够明确乘车地点和方向,还可以增设LED指示灯等设备来辅助乘务员进行客流组织工作。地铁控制中心应根据客流量的大小来对列车的车次和时间间隔进行调整,适当增加车次,以提高输送乘客的能力。列车内的硬件设施也应配置齐全并保证使用质量,不得出现损坏、不显示等情况,防止在遇到紧急情况时无法准确将信息传递给每一名乘客。由于地铁车站中乘客对于引导标志的信赖度和依赖度非常高,因此换乘站应着重加大对引导标志数量和质量的投入,并在其中加入更多高新技术,为乘客全方位介绍车次、人流量、换乘方向等内容,让乘客不再产生焦灼心理,从而能够以平和的心态有秩序地乘车。

除此之外,很多地铁车站开始采用闭路电视监视系统对车站内的人流量、乘客行为进行不间断的监视,随着时代的发展,还可能将现有的功能扩大,设计能够计算人流量的设备,为节假日乘客的安全出行带来更多的技术保障。

学习任务 3　大型活动中的客流组织与管理

📝 知识重点

1. 大型活动的交通特性。
2. 大型活动的客流组织措施。

知识点 1　大型活动的交通特性

随着我国经济的飞速发展,各种国际性的大型活动纷纷选择中国的城市作为举办地,如 2008 年北京承办第 29 届夏季奥林匹克运动会(2008 年北京奥运会),2010 年上海承办第 41 届世界博览会(世博会)。奥运会、世博会等大型活动的举办,在促进我国大城市经济发展的同时,也给北京、上海的交通组织带来了前所未有的压力和挑战。为保证大型活动的顺利举办,在交通方面要保证活动参与者出行的安全、准时、快捷、舒适,同时尽可能减少对活动所在城市居民出行的干扰。这就需要在日常交通措施、政策的基础上,针对大型活动交通组织的特点,采取针对大型活动交通的特殊交通组织措施。

大型活动举办期间,城市交通呈现出与平时不同的特殊性,这种特殊性表现在此时的城市交通系统承担着保证活动相关出行和维持城市居民日常出行的双重任务。同时,城市交通系统面对的交通主体对服务的要求有很大差异,活动承办城市需要对不同的服务对象提供有针对性的交通服务,为与活动相关的出行提供专用的通道并制定相应的交通组织方法,保证活动的顺利进行。具体来看,举行大型活动期间的交通出行呈现出以下特性。

(1)交通流时间与空间高峰显著

大型活动中,由于活动开始和结束的时间固定,活动举办场馆、换乘枢纽、场外交通节点存在交通短时积聚、消散的特点,与城市平日的交通高峰相比,大型活动形成的交通高峰时空特性较为显著。

活动举办场馆的行人交通,主要出现在观众进场和散场时。观看竞技性或重要赛事的观众会提前到达比赛场馆并在比赛散场时逗留时间稍长,从 2004 年雅典奥运会的统计结果来看,比赛前 1~2h 观众开始进场,比赛结束后 0.5~1h 观众基本散场完毕。由于部分赛事在同一场馆连续进行,有一定比例的观众不退场连续观看比赛,这种情况需要结合具体赛事安排与门票销售情况进行分析。

(2)出行者出行要求差异显著

大型活动期间,交通参与者包括贵宾及官员、活动的主要参与者(运动员等)、观众、媒体记者、服务人员、城市其他出行人员,不同参与者对于出行的要求有着显著的差异。例如,贵宾及官员、活动的主要参与者,出行时对安全和准时性有着严格的要求,他们出行活动的起讫点也多集中于酒店至活动举办场所之间;媒体记者出行对准时性要求较高,活动区间多位于酒店、媒体中心和活动举办场所;观众多以家和活动举办地为出行起讫点,出行要求以准时性为主。

(3) 出行者采用交通工具差异显著

在日常出行活动中,出行者根据自身出行差异选择不同的交通方式。大型活动期间,为保证活动的顺利进行,活动组织者需要根据不同出行者的出行要求,主动提供对应的交通服务。如对于贵宾及官员、活动主要参与者、媒体记者,应提供专用的车队,保证其安全、准时到达会场;对于服务人员和观众、城市居民,应根据地区特点及活动要求,提供方便快捷的大运量公共交通,如地铁、穿梭巴士;对于自驾车出行的观众,应引导其采用"停车+换乘"方式,在活动举办地外围采用公交方式到达会场,缓解交通压力。

(4) 保证优先,兼顾公平

平日城市交通中,除特勤管制情况外,城市居民出行具有等同的优先级,拥有相同的使用交通基础设施的权利。大型活动期间,针对不同出行者出行要求的差异性,城市交通管理部门须根据不同的优先级,制定大型相应的交通政策和管理措施来保证高优先级群体出行的便利,使大型活动顺利组织和开展。国外大型活动组织的经验表明,大型活动期间,城市居民日常出行的优先级就相对较低,需要采取交通需求管理(Transportation Demand Management,TDM)等相关政策对城市居民日常出行进行一定限制。在保证出行优先级不同的前提下,应对不同出行群体的公平性加以考虑,对城市居民正常出行提供额外的服务,补偿其为保证活动进行而受到的损失,保证城市交通系统的有效运行。

知识点2　大型活动客流组织措施

大型活动客流组织措施如下。

1. 高强度客流集聚安全措施

(1) 控制人流集聚密度

大型活动场所内的主要客流集聚区,应设置人流密度安全预警标准。当集聚区人流密度达到安全预警值时,须通过分流、限行等措施禁止行人进入该区域。如一项针对上海世博会客流安全保障的研究,将客流排队等候区的安全集聚密度预警值设为 1.25 人$/m^2$,客流游览区的安全集聚密度预警值设为 0.5 人$/m^2$。人流密度超过预警值则启动分流限行措施。

(2) 预留客流安全缓冲区

当有大量行人聚集时,人群内部的一个偶然事件(如受到惊吓)可能就会导致整个群体的混乱,从而发生不可预料的结果。因此,在高密度人群聚集区域附近可预留一定大小的缓冲区。

(3) 避免行人流线交叉冲突

行人活动流线的交叉会降低步行效率,同时增加人群碰撞、拥挤踩踏等事故的风险。应通过步行空间的分离化设置,辅以引导标志、现场安排工作人员引导等方法优化行人的空间活动流线,减少不同方向人流在空间上的冲突和交织。

2. 有序排队控制措施

排队等候区人流组织管理的重点是保证人员有序、舒适地排队,并使排队人员不超出划定的排队区,以免影响其他区域的活动。对于空间有限但排队需求大的区域,可通过隔离栏等设施迂回排队,增加行人的实际排队空间。对一些展览活动的排队时间的分析表明,参观游客最大等候时间以不超过 2h 为宜,极限情况可达到 3~4h。若能使等候时间维持在 1h 以内,游客的心理接受程度则会大大提高。在可能出现长时间排队情形时,排队区可设置顶棚和娱乐设施,避免过长等候时间使人员产生焦躁情绪从而影响排队秩序。

3. 特殊人群管理措施

大型活动中一般都会有一些具有特殊需求或优先通行权的人群参与,如贵宾、轮椅使用者等行动不便者。贵宾要求具有相对独立的通行空间,而行动不便者要求步行设施和流线组织满足无障碍通行要求。对于这些特殊人群的组织管理,需要采取差别化的对策。

(1) 对于贵宾

大型活动中贵宾需要与普通参与者在参观流线上完全分离,通常使用的方法是开设专用的贵宾入口和贵宾通道,并通过专人管理等手段禁止普通参与者进入这些活动空间。

(2) 对于行动不便者

本着人性化的理念,大型活动中任何行人可利用的空间都需要设置专供行动不便者使用的无障碍通道、无障碍电梯、无障碍座椅、无障碍卫生间等专属设施,并设置无障碍设施标志。同时,当行动不便者和一般人群发生流线交织冲突时,应通过设置导向标志、安排工作人员引导等方法,保证行动不便者的优先通行权。

4. 信息发布

由于大型活动时空组织的复杂性,及时、准确的信息发布成为正确引导人们的重要手段。信息发布包含两个方面。

(1) 活动前信息发布

利用各种媒体手段进行综合信息发布,让人们在参与大型活动之前能够较为全面地了解活动的相关信息。对于规模非常大的大型活动,可以直接向观众发布宣传手册,如历届奥运会的信息手册。

(2) 活动中信息发布

活动过程中发布的信息要实时、准确、有针对性且醒目,如活动安排与导览信息、排队时间信息、人群聚集密度信息等。对于活动中可能造成影响的异常状况信息也要及时发布。在大型活动中发布的实时信息推荐采用可变电子信息牌,其具有位置移动灵活、信息可变等优点。

• 案例分析 •

上海世博会客流组织与管理案例

2010年5月1日至10月31日,上海举办了世博会,历时184天,其间上海交通港航行业完成了7308万人次的客流运送任务,成功应对了单日百万超大客流。全市公共交通客运总量30.95亿人次,园外交通运送世博客流约1.48亿人次,平均日客运量约80.4万人次;园内交通客运量2.1亿人次,平均日客运量114.1万人次。单日入园人数创最高纪录103.28万人次,累计参观人数达6462.08万人次,双双刷新了1970年日本大阪世博会单日客流83.6万人次和累计参观人数6422万人次的历史纪录。

统计数据表明,在184天的世博会中,上海世博交通保障经受了24次50万以上人次大客流(单日最高客流103.28万人次),连续阴雨、持续高温、强对流天气和台风等恶劣气候影响,以及劳动节、端午节、中秋节、国庆节等假日考验,世博会交通保障卓有成效。

为从容应对大客流,世博会交通协调保障组精心准备各种应对方案,形成了包括道路交通组织、客运交通服务、综合交通管理等内容的"世博交通保障总体方案",并通过新闻媒体和网络向社会公示,充分听取社会意见,开展不同预案演练,为正式开园迎客积累经验,将世博会交通对常规交通的影响降到最低。

1. 世博会交通需求特性分析

世博会交通问题首先是客运问题。常规交通指城市日常的工作、学习、生活、娱乐等社会活动产生的交通,因而具有常态的规律性特征。世博会交通类似于旅游交通,与会展的精彩程度、举办城市的影响度、会展区位和规模等因素密切相关,具有弹性和特殊性。世博会交通不论是对交通工具选择的偏好还是对票价的敏感程度均不同于常规交通。不仅如此,参照历届世博会经验,结合上海市的实际情况,参观世博会本身也与一般的旅游出行不同。

上海世博会除了具备历届世博会的一般性特征外,还有一些不同。上海世博会会址位于城市中心区南部,跨越黄浦江两岸,以15km为半径的吸引区基本覆盖了市区中心、副中心。大量游客通过不同的交通方式进入上海市中心区后才能到达园区,将会对上海全市的交通系统造成不同程度的冲击和影响,需要依托市域综合交通系统满足世博会交通出行需求。因此,在预测分析世博会交通需求特征的基础上,需要重点关注上海世博会交通与城市常规交通需求高度重叠后表现出的方向高强度、时间高强度和区域高强度特征。

(1)方向高强度

方向高强度特征表现为世博会客流流向与城市常规交通需求主流向的重叠。上海市域的商办岗位主要集中在市中心的几大商圈内,全市常规交通流在早高峰有十分明显的向心特征。然而,世博园区正好也位于市中心,进入园区的交通流向与常规交通的向心流在主要交通走廊上正好重叠。

(2)时间高强度

时间高强度表现在世博客流的早高峰时段,将与城市常规交通的早高峰时段高度重叠。若延续现行的上班时间政策,7:00—8:00是上海市常住人口出行的早高峰时段。借鉴以往世博会经验,由于参观世博会时间较长,大多数游客都会选择在开园前后到达,甚至在开园前园区入口处已经有许多游客在排队等待入园。根据世博会票务政策,世博会9:00开园,则游客出行早高峰与常规交通早高峰有相当部分重叠。

(3) 区域高强度

区域高强度表现为世博会期间以世博会园区为中心、半径2~3km范围的区域,交通流量密度的成倍增加。大规模的世博交通流不仅可能会对该区域的骨干交通系统产生较大影响,还会让该区域的微循环交通系统面临前所未有的压力,如停车泊位、交叉口渠化、信号灯配时等。

由此可知,世博会期间,海量的世博游客从国内外涌入上海市域后,不仅对城市基础交通设施造成巨大冲击,与日常交通高强度叠加后,相互之间也会产生很大的影响。特别是在入园方向、早高峰入园时段和园区周边区域,世博会与常规交通的交织影响会更加明显。本着减少对常规交通影响的原则,世博会期间交通保障的对象不仅仅是世博会交通或常规交通,而是两股交通的叠加流。因此,世博会期间进行交通需求分析时,要在分析常规交通和世博会交通需求特征的基础上,综合分析这两股交通流的叠加影响,反映上海综合交通运输系统的运行水平。

2. 世博园外城市轨道交通实施方案

(1) 组织

上海世博会期间市内共有12条城市轨道交通线路投入运营,其中有6条线路服务于世博会,分别是4号线、6号线、7号线、8号线、9号线、13号线(世博会园区内线路)。世博会期间,上海城市轨道交通路网一共有逾270座车站投入运营(其中包括世博线3个车站),并且有30座是换乘站,其中1座车站是4线换乘站,22座车站是2线换乘站。城市轨道交通线网和城市轨道交通车站的合理布局提高了世博会客流出行的便捷性。

(2) 运能方案

世博会期间,主要通过投放备车、优化交路设置、公交配套疏解、客流引导等多种措施保证城市轨道交通运能,解决高峰时段城市轨道交通大运量客流组织问题。在基本保障方案的基础上,城市轨道交通保障方案根据客流情况进行动态优化调整,视情况增加运能,及时启动世博专线"长短交路"行车保障方案,实施6号线和8号线增能,并且完成了2号线、10号线覆盖高峰,启用2号线虹桥火车站等一系列行车调整工作。

城市轨道交通运营时间与世博园开闭园时间紧密衔接。例如,世博会闭馆时间为22:30,世博客流只要在涉博车站上车后,基本可达全路网其他各站;世博会闭园时间为24:00,世博客流在涉博车站上车后,基本可达服务世博线路各站(本线),其余线路车站需换乘其他交通方式实现有条件可达。此外,涉博轨道线路根据夜场客流特征动态优化运营方案,最晚班次延长到次日凌晨00:10,保障世博会游客离园需求。

据统计,世博会期间,城市轨道交通全路网累计开行88.5万列次,列车运营里程超过15000万车千米,全网最高配置车辆数419列2589辆,全市城市轨道交通单向高峰运能达到每小时35万人次。在出行高峰期,直接为世博会服务的6条城市轨道交通线路单向高峰运能达到每小时11万人次,6条线路占全网单向高峰运能的31%。

(3) 客运组织

针对世博会期间城市轨道交通车站的地理位置、在路网中的作用和客流的新特点，对城市轨道交通路网重点车站进行重新梳理和划分，对世博专线车站、涉博车站、换乘枢纽站和交通集散地车站四类制定专项客运组织方案，采取多样性的引导措施和票务组织方式等，提供标准化、人性化的服务措施，满足世博会期间的各种服务需求。

(4) 应急响应

世博会城市轨道交通应急处置预案体系分为四个部分，分别为总体预案、一线一预案、一站一预案、设施设备故障处置预案。应急预案重点对车站公共安全类事件处置预案、大客流疏散处置预案重新进行了梳理和完善，针对各种公共安全类情形制定了运营调整预案，落实到一线一预案。此外，研究制定了城市轨道交通设施设备故障处置预案，以涉及城市轨道交通运营安全的环境和设备为目标，结合世博会期间城市轨道交通运营的新特点，对现有预案进行重新梳理和完善，以适应世博会的复杂客流环境。

3. 世博园内公交一体化实施方案

世博园内主要交通方式为城市轨道交通和公共交通，为世博园游客构建了互为补充、通达便利的园区交通网络。

(1) 世博园内城市轨道交通

城市轨道交通世博专用线实行"三站两区间"，承担入园、离园和园区内的越江交通任务。

① 线路站点。世博专用线三站两区间的长度为3.2km，三个站点分别为内外交通转换的马当路站、浦西园区的卢浦大桥站、浦东园区的世博大道站。

② 运力配置。世博专用线配置6节编组列车4列。每天计划列车310列，实际开通约为310列。运营时间为9:00—24:00。

(2) 世博园内公交运营管理

园区内设立交通运行调度中心（世博局交通管理部），它是园区运行指挥中心的二级平台，受园区指挥部指挥，对下联系城市轨道交通运营主体申通集团、园内公交运营主体巴士集团、水上交通运营主体交运集团。运行调度中心及运营单位人员到位、交通管理信息系统联动，不同运输方式之间加强配合与衔接。根据工作内容特点，总体工作措施主要包括以下三个方面。

① 做好前期规划建设，确定园区交通总体运行方案。交通管理部于2007年成立后就开展园内公交专项研究，确定以"城市轨道交通为主体，地面公交为基础，越江轮渡为补充"的公共交通运营体系，明确交通线路、车辆类型和数量，构筑以解决越江交通为主、以满足浦东园区交通为辅的公交线路，建立"人车分离"的主体公交与辅助公交相结合的多层次公交服务网络，确定园区交通"零排放"原则，落实园区新能源车辆类型；同时进行世博园周边区域交通调查，园区周边接口道路项目梳理，推进园区水门建设，组织开展园区8个地面出入口交通功能设计。

② 动态调整交通方案，完善线网布局和运力配备。经过前期规划建设，开园伊始，有3条公交线路、2条观光线路，230余辆公交车和观光车，游客园内通行以地面公交为主，其承担了70%以上的客运总量。随着客流增加，公交线路增加至4条，观光线路增加至5条。

③城市轨道交通调整方案。针对开园初期园内轨道交通客流较低的情况,6月份在园内及相关站点增加了一系列引导标志,使园内乘坐轨道交通越江的客流明显增多。为缓解卢浦大桥站越江客流的压力,自6月15日起又运行世博大道站—卢浦大桥站的"小交路"。8月初,为平衡各出入口客流,马当路站在开园前增加3个车次,使城市轨道交通客流进一步增加。

训练任务 24　大型活动客流组织案例分析技能训练

(一)训练目标

(1)掌握大型活动中客流分析的基本技能。
(2)掌握大型活动中客流组织的基本技能。

(二)训练内容

2008年北京奥运会客流组织与管理案例分析。

(1)根据理论知识的学习,结合给定的北京奥运会客流组织与管理案例,分析大型活动客流组织的措施。

(2)总结北京奥运会客流组织与管理的基本思想,特别是北京奥运会期间城市轨道交通客流组织的具体方法和基本思路。

(三)训练准备

(1)北京奥运会客流组织与管理案例。
(2)北京奥运会客流组织措施汇总表。
(3)北京奥运会城市轨道交通客流组织措施汇总表。

(四)训练流程

(1)根据北京奥运会客流组织与管理概况,对北京奥运会客流组织措施进行分析。
(2)将对北京奥运会客流组织措施的分析结果填入相应表格中。

(五)训练要求

(1)了解北京奥运会客流组织与管理概况。

(2)对北京奥运会期间客流组织进行分析,将分析结果填入北京奥运会客流组织措施汇总表(表7-4)中。

(3)对北京奥运会期间城市轨道交通客流组织措施进行分析,将分析结果填入北京奥运会城市轨道交通客流组织措施汇总表(表7-5)中。

北京奥运会客流组织措施汇总表　　　　表 7-4

交通保障类别	交通保障区域和方式	交通保障措施
道路交通保障	场馆周边	
	奥运常备路线	
	奥运专用车道	
	开幕式交通安全保障	
公共交通保障	城市轨道交通	
	奥运专线巴士	
	公共汽电车	
	出租汽车	
智能交通服务	智能公交系统	
	城市轨道交通信息系统	
	电子收费系统	
	公众出行动态交通信息服务系统	
	长途客运联网售票系统	
	出租汽车调度及浮动车信息采集系统	
	交通综合信息平台	

北京奥运会城市轨道交通客流组织措施汇总表　　　　表7-5

交通保障类别	线路	交通保障措施
城市轨道交通保障		

北京奥运会客流组织与管理案例

北京奥运交通保障从2008年7月20日奥运村开村至9月20日残奥村闭村的后3天,总计两个多月时间,基本为24h全天运行。交通安保工作包括3项奥运交通安保总体方案,35项各训练活动保障工作方案,94项奥运场馆、非竞赛设施交通安保工作方案,合计132项。

奥运交通组织管理主要从道路交通保障、公共交通保障、智能交通服务三大方面推进开展。首先,为了保障奥运会期间道路交通有序运行,以及最大限度地减少交通排放,适应增量需求,北京市制定了公务车、货车、外地车禁行,单双号出行等一系列削减机动车出行总量的管理措施;同时,制订了完备的城市轨道交通、公共汽电车、奥运专线、出租汽车等多种公共交通的保障计划,最大限度地保障乘客出行。此外,建成了先进高效的智能交通系统,极大提高了首都科学交通管理水平,保障了道路交通安全、有序、畅通。

1. 道路交通保障方案

1）场馆周边交通管控措施

所有奥运比赛场馆、训练场馆、非竞赛场馆,均按照场馆运行要求,由内至外划定交通管制区（安保封闭区）、交通控制区（场馆区）、交通疏导区（交通管控区）,分区实施管控措施,并结合周边道路条件科学地组织交通运行。交通管制区内实施全封闭证件管理措施,在进入交通管制区的主要路口设置车辆验证点,除持有专用车证、公交专线车证及交通管制区内居民临时通行证、单位发放的临时通行证的车辆外,禁止其他车辆通行。

在交通控制区内进入管制区的各相关路口部署交通警察,设置车辆限行标志,视情况分时、分段采取限行、绕行等分流措施,缓解交通管制区内交通压力。在交通疏导区周边的主要路口设疏导岗和巡逻岗,加强对疏导区域内道路的巡控工作,采取交通分流、劝绕、限行车辆等措施,削减社会交通流量,缓解交通管控区交通压力,确保道路畅通、秩序良好。

2）奥运常备路线和奥运专用车道设置

(1) 奥运常备路线

为确保奥运会交通组织安全、准点、可靠、便利,根据奥运场馆、设施分布和赛时各项交通活动需求,结合北京市道路实际情况,设置了480多千米的奥运常备路线。根据勤务规格,将奥运常备路线划分A、B、C、D四个等级部署警力、措施,对沿线路口、立交桥区、环路出入口进行控制;同时,在行车路线、场馆周边安装约1.6万面奥运专用交通标志,引导车辆、行人有序通行。

另外,针对可能出现的路面积水、恶劣天气等意外事件,每条常备路线都设置了专门的各种绕行路线。

(2) 奥运专用车道

依照往届奥运会做法和国际奥委会要求,在连接机场、奥林匹克住地、媒体酒店、比赛场馆、训练场馆、非竞赛场馆、奥运相关设施的道路,设奥林匹克专用车道标志、标线和地面标志(图7-2),供持有奥林匹克专用车证,享有相应通行权限的车辆通行。北京奥运专用车道共285.7km,主要设置在城市二环路、四环路、五环路、机场高速、京承高速等20多条道路上。

图7-2 北京奥运专用车道的相关标志

此外,根据奥运会赛事日程安排和各项活动交通需求,在不具备或者具备施划专用车道条件,但运行时段相对较短、奥运交通流量较小的连接比赛、训练场馆,以及往返京外赛区的道路上设置了延伸路线,拓展了奥运专用车道的服务范围。

3) 开幕式交通安全保障

参加开幕式的观众及工作人员等约有16万人,按照"外围集结,远端安检,集中乘车,分时分路抵离"的交通集散组织原则,从2008年8月8日11点30分起对中心区及周边道路实施管制措施,从8日12点30分起,分6个时段,组织各客户群集结抵达,在中心区设置17处停车场,保证车辆停放有序。

2. 公共交通保障方案

1) 城市轨道交通

城市轨道交通是奥运交通组织的骨干。根据预测,赛事期间城市轨道交通日均客流将达到382万人次,其中因机动车停驶及赛事需求(高峰日)净增75万人次。奥运会期间,北京共有城市轨道交通运营线路8条,总计200km,其中包括3条新线,合计58km,分别是机场快线、10号线1期、奥运支线(8号线)。

机场快线实现机场与市中心30min快速连通。机场快线是接通机场和市区的快速城市轨道交通线，为满足航空乘客的出行需求，车厢内设置排式座椅和行李架。机场快线起点为东直门，终点为首都机场T3航站楼，全长28.1km，设东直门、三元桥、T2航站楼和T3航站楼4个站。在东直门站与地铁2号线、13号线进行换乘，在三元桥站与地铁10号线进行换乘。机场快线采用直流电机牵引系统，设计速度达到110km/h。根据实际测试，从T3航站楼出发，6min到达T2航站楼，停车4min后直达三元桥枢纽，全程耗时28min，实际运行速度可以达到60km/h。奥运会期间，机场快线的运营时间为早06:00到次日00:10，列车运行间隔为15min，4节编组，整趟列车共200个座位，还有站席，满载时可以承载720人。预计运能1万人次/日，全程单一票价25元。

奥运支线直达奥林匹克公园，站外安检换乘确保集散安全。奥运支线是与奥运场馆直接联通的城市轨道交通线路，南起北土城站，北至中森林公园南门，共设4站（现为南锣鼓巷站至朱辛庄站），其中北边3个地铁站都位于奥运中心区；线路开通初期运行间隔为3min，6节编组，预计运能22万人次/日。线网客流通过10号线在北城路站换乘进入奥运支线，并在奥林匹克公园站（与大型的下沉式广场直接联通）直达奥林匹克核心区。由于地铁抽查的安检方式无法满足奥运会安全检查需要，出于奥运会安保需要，乘地铁10号线前往中心区观赛的观众，须在北土城站下车并出站，接受地面安检后，再换乘地面上的公交车、奥运专线公交等进入奥运中心区。奥运会期间，奥运支线只接待持有当天奥运会比赛、开闭幕式门票的乘客。

赛时城市轨道交通通过旧线改造和新线开通等措施新增运能110万人次/日，最高可达到412万人次/日。主要保障措施如下。

(1) 增加现有线路编组或缩短最小发车间隔。如2号线最小发车间隔由3min缩短至2.5min，购置144节新车，增加运能51%。13号线、八通线将列车编组由每列4节改为6节，发车间隔由3.5min缩短至3min，运能增加77%。

(2) 开通新线路。新开通的10号线和奥运支线，在线路开通初期运行间隔均为3min。

(3) 延长早晚高峰时间，实现24h运营。早高峰由2h延长为3h左右，晚高峰由2h延长为3h，并确保城市轨道交通24h运营。

(4) 通过临时加车方式满足高峰客流需求。

(5) 以人为本，实施城市轨道交通无障碍改造。对原有的5条城市轨道交通运营线路的所有93个车站的出入口、垂直升降系统、盲道系统进行改造，保证奥运会前所有开通运营的城市轨道交通线路的车站至少有一个出入口能满足坐轮椅乘客从地面到站台的出行需求，每个车站都有完善的盲道系统。

2) 奥运专线巴士

为方便观众、志愿者及工作人员便捷地前往各奥运场馆，进一步提高奥运交通出行的集约化水平，奥运会期间，在公交、轨道线网的基础上，开通39条奥运公交专线，配车1500辆，并做好如下保障措施。

(1) 功能差别化线路布局及运营模式。奥运专线主要服务中心区和赛事场馆，分为普线和快线两种。普线有10条，其作用是弥补奥运场馆周边常规公交、地铁在线路走向上的不足，主要布设在奥运场馆和新建道路上，采取常规公交线路形式组织运行，中途设站，开通日期是2008年7月20日—9月20日，每日开通时间为7条线路24h运行，2条线路5:30—23:00运行，1条线路5:30—20:30运行。快线有29条，主要承担场馆间及场馆与主要交通枢纽间的快速交通直达联系。运行时间为比赛日期内,从开赛前3h至赛后1.5h有车。

(2)清洁能源车辆配置。奥运专线使用了大量的清洁能源(氢能、混合动力)车,充分体现了绿色奥运的理念。

(3)以人为本的无障碍站台设计。奥运专线的站台设计充分体现了以人为本的理念,在有条件的300余处站点进行无障碍改造,配备部分无障碍公交车辆,实现奥运专线能够满足行动不便人员无障碍需要。

3)公共汽电车

除去城市轨道交通和奥运专线外,日常公共汽电车也是奥运会期间公共交通的重要组成部分。奥运前期,北京市共有公共汽电车线路643条,车辆19395部,日均发车15.4万车次,日均客运量1100万~1200万人次。预测奥运会期间,公共汽电车日均客运量将达到1480万人次,其中由于机动车停驶及赛事需求(高峰日)净增280万人次。为确保奥运会期间公共汽电车的正常运行,赛时公共汽电车将提高运输效率,采用新增车辆、现状车辆挖潜、开通奥运专线等措施新增运力约284万人次/日,达到1576万人次/日。

4)出租汽车

奥运前期,北京实际运营出租车车辆6.6万辆。由于奥运会期间交通单双号管制,赛时车辆运行速度将提高16%~20%,空驶率降低14%,全天可在日均客运量188万人次的基础上增加60万人次,达到248万人次/日。

为强化管理,满足日常社会出租车需求,奥运会期间高度重视奥运场馆运力保点安排,"保点"出租车,即给部分出租车发放特定的证件,允许其进入场馆区,在安保封闭线外等候乘客。为提高出租车无障碍保障能力,完成50辆无障碍出租汽车车队组建工作。50辆无障碍出租汽车(30辆旋转式、20辆直入式)于2008年5月18日投入运营,设置了预约服务电话,奥运会前无障碍出租汽车达到70辆(30辆旋转式、40辆直入式)。

3. 智能交通服务应用

奥运会期间智能交通服务应用可分为两个层次:一是用于日常交通管理的智能交通系统服务,以提高日常交通的管理水平;二是奥运特色智能交通系统服务,以保障奥运交通出行的便捷和安全。

用于日常交通管理的智能交通系统主要有现代化的交通指挥调度系统、交通事件自动检测系统、自动识别"单双号"交通综合监测系统、数字高清奥运中心区综合监测系统、闭环管理数字化交通执法系统、智能化区域交通信号系统、快速路交通控制系统、公交优先的交通信号控制系统、连续诱导的大型路侧可变情报信息板和交通实时路况预测预报系统。

此外,北京市交通委员会在日常交通信息化的基础上,抓住奥运会的机遇,推出了一系列智能交通系统应用项目,建立了奥运特色智能交通系统。主要有如下子系统。

1)智能公交系统

北京智能公交系统以城市快速公交系统(Bus Rapid Transit,BRT)监控调度运营管理系统为特色,涵盖奥运专线调度系统(观众为主)、奥运人家庭公交专用调度系统、公交电子站牌等方面,具有公交车辆GPS调度、视频监控、信息服务、公交信号优先等功能。

2) 城市轨道交通信息系统

(1) 北京市城市轨道交通系统已完成对原有线路的一票通、一卡通改造，建立了城市轨道交通自动售检票系统、联网调度系统、站点和车内信息服务系统等。

(2) 北京市地铁运营公司将移动数字广播技术应用于地铁车厢和地铁车站，使广大乘客可以实时观看奥运比赛实况和新闻。

(3) 城市轨道交通车站有触摸屏查询设备和信息发布屏，可以查询全路网的城市轨道交通线路信息、周边交通等，通过车厢信息板可以一目了然地了解当前所在车站、已经经过的站点和将要到达的站点。

3) 电子收费系统

奥运前期，北京已有600万市政交通一卡通用户，应用领域包括公交、出租、地铁和高速公路不停车电子收费系统(Electronic Toll Collection，ETC)等；作为交通运输部高速公路ETC系统的试点项目，北京建成了ETC示范工程，有3万试验用户，使连接北京市的11条高速公路的38个收费站56条车道实现不停车收费。

4) 公众出行动态交通信息服务系统

该系统以公众出行动态交通信息服务为核心，以交通信息产业化为长远目标，充分利用浮动车信息资源，全面整合各类交通信息，为公众和企业提供了多种服务手段的动态交通信息服务。公众可以通过96166交通服务热线、12580中国移动服务热线、北京市交通委员会交通信息网站、车载导航仪、手机点播等多种方式获得动态交通信息。

5) 长途客运联网售票系统

北京省际长途客运联网售票首期试运行系统的服务主要基于北京市六里桥、八王坟、莲花池、木樨园4个长途客运站的站间互售、代售点预售及网上查询、订票服务等。建立联网售票系统后，市民可以通过网络预订车票，并且能够通过网络查询各车站的售票情况、车辆到达情况、所乘坐车辆的座位情况。通过网络查询，乘客可以选择适合自己出行的车次和时间。同时，该系统的运营费用全部由运营单位承担，不会增加乘客订票、购票和查询的费用。该系统完全实现了国产化，同时也证明国产芯片在价格和技术等方面的优势逐步显现，采用国产芯片的计算机系统完全可以适应商用环境的要求。

6) 出租汽车调度及浮动车信息采集系统

为了使出租汽车行业以全新面貌迎接奥运会，北京几大国有投资主体的出租汽车公司分别建成了出租汽车调度系统和浮动车信息采集系统，实现了出租汽车GPS定位、调度、翻译服务、实时交通状况数据采集、一卡通付费、员工考勤等功能。

7) 交通综合信息平台

北京交通综合信息平台基本建成，旨在整合交通行业各部门的交通信息，经过分析处理、数据融合、数据挖掘等，为政府、企业和公众提供交通综合信息服务。

模块8

车站突发事件客流组织及应急处理

学习引导

城市轨道交通车站及列车是人群集中点,一旦发生突发事件,势必会严重地影响社会秩序。当城市轨道交通车站发生突发事件时,车站各岗位员工应遵循突发事件的处理原则,按照各岗位职责分工团结协作、迅速高效地妥善处置,防止事故的扩大、升级,最大限度地减少事故造成的危害与损失。通过本模块的学习,能够掌握车站突发事件的处理原则、报告原则、报告前应采取的行动、报告内容、报告程序,不同突发事件的应急处理办法等重要内容。

知识导航

知识梳理	知识运用	能力迁移与拓展
车站突发事件的处理原则	谈谈你对"对外宣传归口管理"原则的理解	学习交通运输部关于印发《城市轨道交通运营突发事件应急演练管理办法》的通知,并关注第八条中关于关键岗位的现场处置方案的相关要求
车站突发事件的报告原则	"逐级上报的原则"是在什么情况下都适用吗?	
车站突发事件报告前应采取的行动	去地铁车站找寻站台紧急停车按钮所在的位置	
车站突发事件的报告内容	模拟一种突发事件的发生,列出报告内容	
车站突发事件的报告程序	请将图8-1从车站各岗位层级角度补充完整	
疏散	疏散措施范围划分的原则是什么?	
清客	除了突发事件,清客措施通常在什么时候运用?	
隔离	车站最常在什么情况下使用隔离措施?	
车站突发事件应急处理办法	搜集并学习不同城市轨道交通运营企业车站突发事件应急处理办法	

续上表

知识梳理	知识运用	能力迁移与拓展
自然灾害车站应急处理办法	搜集并学习不同城市轨道交通运营企业车站自然灾害应急处理办法	
车站站台事故应急处理办法	搜集并学习不同城市轨道交通运营企业车站站台事故应急处理办法	

学习任务1 车站突发事件的处理概述

知识重点

1. 突发事件的概念。
2. 车站突发事件的处理原则。
3. 车站突发事件的报告原则。
4. 车站突发事件报告前应采取的行动。
5. 车站突发事件的报告内容。
6. 车站突发事件的报告程序。

车站突发事件是指在没有任何征兆的情况下,在城市轨道交通车站内、列车上或其他设备设施内突然发生的危及人身安全的事件,如自然灾害地震、人为因素爆炸、设备故障火灾等。

我国各个城市的轨道交通建设不尽相同,不同城市采用不同的车辆、设备制式,各城市轨道交通运营企业的岗位设置、岗位职责及作业程序也不同,车站突发事件的应急处理办法也存在较大差异。本单元所列知识内容以个别城市轨道交通运营企业为例,供教师教学、学生学习时参考。

知识点1 车站突发事件的处理原则

城市轨道交通车站及列车是人群集中点,一旦发生火灾、爆炸、恐吓等突发事件,不仅会引起轨道交通沿线的交通瘫痪,若应急处置不当,还会造成群死群伤的严重后果,严重影响社会秩序。当城市轨道交通车站发生突发事件时,各岗位员工应遵循突发事件的处理原则,团结协作、迅速高效地妥善处置,防止事故的扩大、升级,最大限度地减少事故造成的危害与损失。

车站突发事件的处理原则如下。

(1)突发事件发生时,城市轨道交通运营企业的应急处置指导思想是先控制、后处置,救人第一。

(2) 突发事件现场应急处置的重点是控制事故源头、危险区域,组织人员撤离和抢救受伤人员。

(3) 各岗位员工应按规定程序及时间,及时向有关方面报告,迅速开展工作,尽一切可能控制事故扩大,以减少伤害与损失。

(4) 各岗位员工应沉着冷静,严格执行规定的标准和程序,优先组织人员疏散、伤员抢救,做好乘客疏导和安抚工作,维持秩序,减少乘客恐慌。

(5) 各岗位员工应坚守岗位,立即进入突发事件抢险救灾状态,兼顾重点设备和环境的防护,采取一切可能措施减少损失。

(6) 兼顾现场的保护工作,以利于公安、消防和事件调查部门现场取证。

(7) 坚持对外宣传归口管理的原则,不得擅自发布相关信息。

(8) 坚持就近处理的原则,在上一级事故处理负责人到达现场前,由表8-1所示人员担任现场指挥,担负临时事故处理负责人职责。

临时事故处理负责人 表8-1

序号	事故发生处所	现场临时负责人
1	列车上(列车在区间)	本次列车司机
2	列车上(列车在车站)	所在站值班站长
3	车站	所在站值班站长
4	区间线路上	行车调度员指定的值班站长
5	车厂	车厂调度员
6	其他场所	现场职务最高的员工

知识点2　车站突发事件的报告原则

车站突发事件的报告原则如下。

(1) 迅速、准确、完整的原则。

(2) 逐级上报的原则。

事故发生在区间,列车司机应立即上报行车调度员;事故发生在车站内或车厂内,车站值班站长或车厂调度员应立即上报行车调度员。任何员工发现或接到突发事件信息,均应立即执行规定的通报流程,不得延误、中断或缺漏。

知识点3　车站突发事件报告前应采取的行动

在报告突发事件前,站务人员应根据事故的严重性,果断采取下列其中一项行动。

(1) 若发现任何可能影响列车安全运行的情况,例如信号设备损坏、异物落入轨道等异常情况,必须立即利用下列方法,截停可能受影响的列车。

①操作车站控制室内的紧急停车按钮。
②按动站台紧急停车按钮。
③猛烈摇动"危险"手信号,或猛烈摇动任何易引起注意的其他物品。
(2)若发现设备或装置有故障,则必须立即停用或隔离有关故障设备或装置。

知识点 4　车站突发事件的报告内容

报告突发事件时,应尽可能全面,具体内容如下。
(1)报告人姓名、职务、单位。
(2)事件发生的时间(时、分)、地点(区间、百公尺标、公里标或股道)。
(3)事件发生的概况、原因(若能初步判断)及对运营影响的程度。
(4)人员伤亡情况、设备设施损毁情况。
(5)已经采取的措施。
(6)请求救援的内容(如公安、消防、救护等)。
(7)其他必须说明的内容。

知识点 5　车站突发事件的报告程序

突发事件发生后,现场人员应严格遵守报告程序迅速上报,调度控制中心根据当时各部门、各车站上报的情况及时汇总,确认突发事件性质、原因,作出准确判断,高效调动、协调企业内外资源,确保事态得到有效控制,力争将损失降到最低限度。因此,城市轨道交通运营企业内部必须建立起一套严格、高效的信息传递程序。具体报告程序如图 8-1 所示。

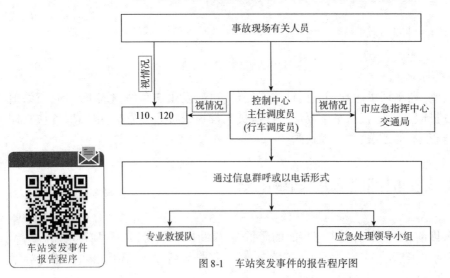

图 8-1　车站突发事件的报告程序图

学习任务 2　车站突发事件客流组织方法

📝 知识重点

1. 车站突发事件客流组织方法的类别。
2. 车站突发事件客流组织方法的具体内容。

突发事件发生时在车站内或列车上的客流均称为突发事件客流。各车站应根据本站具体情况建立切实可行的突发事件客流组织预案，合理安排各岗位和地点的具体工作，迅速疏散客流，避免意外发生、扩大和蔓延。

当发生突发事件时，车站可根据实际情况采用不同的客流组织方法对乘客进行疏导，主要有疏散、清客和隔离三种方法。

知识点 1　疏散

疏散是指在紧急情况下，利用一切通道和出口迅速将乘客从危险区域全部转移到安全区域，包括车站疏散和隧道疏散。

疏散需要各个岗位密切高效配合，争取在最短的时间内尽快疏散客流。对于城市轨道交通运营企业而言，应该定期进行现场模拟演练，让每个岗位的工作人员都得到充分锻炼，这样才能有效保证在真正的突发事件来临时井然有序地进行疏散。

训练任务 25　车站和隧道疏散组织工作技能训练

(一) 训练目标

掌握突发事件客流疏散方法实施的基本技能。

(二) 训练内容

按照各岗位作业内容，正确完成车站各岗位疏散组织作业模拟训练过程。

(三) 训练准备

(1) 模拟车站 (车站控制室、站厅、站台、客服中心、票务室)。
(2) 各岗位人员日常使用器具。

(四)训练流程

(1)角色扮演,10 名学生分别扮演值班站长、行车值班员、客运值班员、站务员、保安和乘客。

(2)扮演值班站长、行车值班员、客运值班员、站务员和保安的学生相互配合,组织扮演乘客的学生进行车站和隧道疏散组织工作技能训练。

(3)车站疏散组织工作。

①值班站长工作内容。

a.宣布车站执行疏散程序,在上级领导到达前担任现场临时指挥。

b.指挥抢险或乘客疏散。

c.疏散完毕后,检查是否还有乘客滞留,关闭出入口。

d.如灾害危及车站员工安全,应组织员工到紧急出入口或后备紧急出入口集中。

e.如乘客被困在站台,应要求行车调度员安排一列空车前往车站疏散乘客,安排人员安抚乘客和维持站台秩序,组织全部乘客上车后,指示站台保安向司机显示"好了"信号,登乘驾驶室离开。

f.需要外部支援时,安排一名站务员到紧急出入口引导支援人员进入车站。

②行车值班员工作内容。

a.报告行车调度员疏散原因、是否影响列车运行、是否需要支援。

b.视情况致电 110、120 请求支援。

c.通知地铁公安到场维持秩序。

d.需要时,开启相应环控模式。

e.按动 AFC 紧急按钮,使闸机为常开状态,并将 TVM 和 AVM 设为暂停服务。

f.通过乘客咨询显示系统发布疏散信息;通过广播通知银行、商铺工作人员和乘客疏散(注意尽量不要引起乘客恐慌)。

g.向站长通报有关情况。

h.当留在车站控制室有危险时应向安全地点集中。

③其他工作人员的工作内容。

a.客运值班员协助伤者离开危险区域或指引乘客疏散。

b.站务员负责打开员工通道和协助客运值班员工作,视情况关停相关扶梯。

c.站厅保安到站台疏散乘客。

d.站台保安将站台乘客往站厅疏散。如安排列车接载站台乘客疏散时,保安及车站其他工作人员在站台疏散人员上车完毕后,向司机显示"好了"信号。

e.售票员到楼梯、扶梯口维持秩序,必要时其中一人应到紧急出入口接应外部支援人员。

(4)隧道疏散组织工作。

①车站值班站长担任临时应急负责人。

②接到行车调度员或列车司机需要隧道疏散的通知后,车站值班站长通知各岗位员工执行车站疏散程序,指定客运值班员负责组织指挥疏散车站乘客。

③开启隧道灯,需要时开动隧道风机进行排烟(或由环控调度员开启)。
④车站值班站长带领站务员或站台保安,穿好装备,到隧道疏散现场负责引导乘客往车站疏散。
⑤在确认乘客疏散完毕和线路出清后,行车值班员报告行车调度员,关闭车站。
⑥消防人员到车站后告知有关情况,带领员工参加应急处理救援工作。

知识点 2　清客

清客是指当车站或列车出现异常时,需要将乘客从某一区域全部转移到另一区域,包括车站清客和列车清客。

训练任务 26　车站和列车清客组织工作技能训练

(一)训练目标

掌握突发事件客流清客方法实施的基本技能。

(二)训练内容

按照各岗位作业内容,正确完成车站各岗位清客组织作业模拟训练过程。

(三)训练准备

(1)模拟车站(车站控制室、站厅、站台、客服中心、票务室)。
(2)各岗位人员日常使用器具。

(四)训练流程

(1)角色扮演,10名学生分别扮演值班站长、行车值班员、客运值班员、站务员、保安和乘客。
(2)扮演值班站长、行车值班员、客运值班员、站务员和保安的学生相互配合,组织扮演乘客的学生进行车站和列车清客组织工作技能训练。
(3)车站清客组织工作。
①值班站长工作内容。
a.组织车站员工对车站乘客进行清客,引导乘客退票。
b.待乘客全部出站后,检查站厅、站台是否有滞留乘客,关闭出入口。
c.安排车站人员到紧急出入口值勤。
d.召集车站其他工作人员留守车站,等待恢复运营。
e.向站长汇报情况,并做好详细记录。
②行车值班员工作内容。
a.通知各岗位员工车站停止服务,执行清客程序。

b. 通知地铁公安到现场维持秩序。
c. 做好乘客广播工作。
d. 按动 AFC 紧急按钮,使闸机为常开状态,将 TVM 和 AVM 设为暂停服务。
e. 通过乘客咨询显示系统发布车站停止服务信息。
f. 关站后,执行节电照明模式。
③客运值班员工作内容。
a. 引导乘客办理退票或出站。
b. 根据需要为售票员配备零钞。
c. 统计退票数量,并将回收单程票封好后上交票务室。
④其他工作人员的工作内容。
a. 站务员打开车站员工通道门,引导乘客退票或出站。
b. 售票员负责办理退票。
c. 保安负责维持秩序。
(4)列车清客组织工作。
①值班站长的工作内容。
a. 组织站台保安和站务员在规定时间内完成对列车上乘客的清客工作。
b. 清客完毕后及时通知车站控制室,指示站台保安显示"好了"信号后发车。
c. 引导部分乘客退票,组织和引导部分乘客在同站台或另一站台等候下一趟列车,做好候车乘客的解释和安抚工作。
d. 向站长汇报情况,并做好详细记录。
②行车值班员的工作内容。
a. 接到列车清客命令后,立即通知值班站长、站务员和站台保安执行清客程序。
b. 通知地铁公安到现场维持秩序。
c. 做好乘客广播工作。
d. 通过乘客咨询显示系统发布相关服务信息。
e. 及时将清客完毕时间汇报行车调度员。
③其他工作人员的工作内容。
a. 站务员和站台保安在规定时间内完成对列车上乘客的清客工作。
b. 站务员和站台保安引导乘客退票或在同站台或另一站台等候下一趟列车。
c. 售票员负责办理退票。
d. 站台保安负责维持秩序。

知识点 3 隔离

隔离是指采用某种方式或设备人为地隔开人群或封闭某个区域。根据造成隔离的原因,隔离的组织方法分为非接触式纠纷隔离、接触式纠纷隔离、客流流线隔离和疫情隔离。

训练任务 27　车站和列车隔离组织工作技能训练

(一) 训练目标

掌握突发事件客流隔离方法实施的基本技能。

(二) 训练内容

按照各岗位作业内容,正确完成车站各岗位隔离组织作业模拟训练过程。

(三) 训练准备

(1) 模拟车站(车站控制室、站厅、站台、客服中心、票务室)。
(2) 各岗位人员日常使用器具。

(四) 训练流程

(1) 角色扮演,10 名学生分别扮演值班站长、行车值班员、客运值班员、站务员、保安和乘客。

(2) 扮演值班站长、行车值班员、客运值班员、站务员和保安的学生相互配合,组织扮演乘客的学生进行车站和列车隔离组织工作技能训练。

(3) 非接触式纠纷隔离。

①乘客发生口头纠纷时,离现场最近的工作人员要立即上前调解。
②必要时要把纠纷双方分别带到人少的地方(或带到车站会议室),进行劝说和调解。
③如有其他乘客围观,应及时劝离现场。
④维持好车站正常秩序。

(4) 接触式纠纷隔离。

①乘客打架时,离现场最近的工作人员要立即赶到现场,与车站安保人员一起把打架双方隔开,并通知地铁公安到场。
②车站控制室通知值班站长赶到现场处理,将涉事双方移交地铁公安处理。
③车站要及时疏散围观的其他乘客。
④寻找目击证人填写事件记录。

(5) 客流流线隔离。

①当车站某一端排队购票队伍与进、出客流发生交叉干扰时,车站工作人员可以利用伸缩铁围栏、隔离带、铁马等设备人为地隔开人群。
②保持进、出客流畅通。
③利用手提广播引导一部分乘客到人少的一端购票进站,避免出现乘客排长队的现象。

(6) 疫情隔离。

①车站发现有恶性传染病疫情时,必须采取隔离组织办法,关闭各出入口。
②列车不停站通过。
③对与疑似人员有过密切接触的物品、人员进行消毒、隔离。
④疑似人员未经防疫部门的许可不能离开车站。

学习任务 3　车站突发事件应急处理办法

知识重点

1. 车站失火应急处理办法。
2. 列车失火应急处理办法。
3. 乘客受伤事故处理办法。
4. 列车撞人、撞物事故处理办法。
5. 炸弹及不明气体、物体恐吓/袭击事件应急处理办法。

知识点 1　车站火警应急处理办法

根据火灾发生时间、地点的不同,车站火灾可分为车站在运营期间/非运营期间失火、站台失火、站厅失火、设备用房失火、车站外失火、邻站失火、列车在车站失火、列车在区间失火等多种情况。

1. 车站失火应急处理办法

1) 火警的处理原则

火警处理的首要原则是保障乘客及工作人员的生命安全,一旦生命安全受到威胁,所有人员必须立即撤离至安全的范围。任何员工若发现地铁范围内出现火情,必须立即通知有关车站的值班站长,通过行车调度员要求消防部门协助,在确保个人人身安全的情况下,可尝试将烟火扑灭。

拓展知识

地铁灭火的小常识

地铁范围内出现火情,通常可采用以下方法灭火。
(1) 隔绝空气法。将物件与空气隔绝,关闭门窗将火与空气隔绝。
(2) 冷却灭火法。将温度降至燃烧物的燃点以下。
(3) 及时关闭通往其他区域的门窗及通道入口。
(4) 使用灭火器灭火时,在安全的情况下,应尽量靠近并对准燃烧火焰根部喷射。
(5) 电器起火时,只能用气体灭火器灭火,不可用水。
(6) 轨道扣件上发生明火时应用沙扑灭,在火熄灭后,应继续将扣件完全埋在沙下。
(7) 立即移走起火点附近的易燃物品。
(8) 有人身上衣物着火时,应立即协助其平躺在地上,用毛毯、外衣、地毯等物品覆盖或包裹其身体。着火人员切勿在地面滚动,以免火势蔓延至身体其他部位。

> **拓展知识**
>
> **火警后恢复行车服务**
>
> 行车调度员在与值班站长确认站内火已熄灭,烟雾也明显消散后,方可恢复该站的行车服务,允许列车驶经该站。值班站长应根据车站火警后的损毁程度或水淹情况,决定全面或局部重开车站。

2)站外失火应急处理办法

当车站外发生火灾时,空气的自然流动、车站通风设备的运作、列车移动的活塞效应都会使站外产生的烟气通过通风井、车站出入口而扩散至站内,对车站内的乘客产生巨大威胁。因此,车站员工应正确操作车站环控设备,确保车站内乘客的生命安全。

(1)一旦发现烟气经由通风井进入站内,必须执行相关程序,阻截烟气继续进入。值班站长应做好以下工作。

①由行车调度员处取得该车站环控设备的控制权;

②将车站公共范围的通风设备关掉;

③通知行车调度员将有关通风设备关掉,关闭相应的风闸。

行车调度员应指示环控调度员操作有关环控设备。

(2)一旦发现有烟经由车站入口扩散到公共范围,应执行下列程序。

值班站长应做好如下工作。

①通知行车调度员,说明烟的浓度;

②关闭有关的入口;

③取得该车站环控设备的控制权,操作环控设备。

行车调度员应指示各邻站的值班站长做好如下工作。

①取得所管辖车站的环控设备的控制权;

②将车站公共范围的通风设备关掉;

③操作环控设备,帮助驱散受影响车站的浓烟。

各邻站的值班站长应取得所管辖车站环控设备的控制权。

3)车站区间火灾应急处理办法

车站区间发生火灾时要确定:第一,区间是否有行驶的列车;第二,行驶的列车是否已到达起火的区域;第三,若列车已到达起火区域,是否还能够移动。车站区间火灾应急处理程序见表8-2。

车站区间火灾应急处理程序　　　　表8-2

		程序	负责人
事故发生	1	接到行车调度员通知车站区间起火,向行车调度员确认右列详情	起火的准确位置(区间、百公尺标)	行车值班员
			火势或烟的浓度	
			可能的起火原因,火势是否可以控制	
			是否有人受伤或有设备损毁	
			区间是否有行驶的列车,可否继续安全行车	

续上表

		程序		负责人
事故发生	2	召唤紧急服务	通过行车调度员召唤紧急服务（地铁公安、119、120）；当无法与行车调度员取得联系时，则通过外线电话直接拨打地铁公安、119、120	行车值班员
		区间没有列车		
事故处理	1	紧急停车	立即启动车站控制室内IBP盘上的紧急停车按钮	值班站长
	2	监控、操作环控设备	监控环控设备的运行	
			若设备不能正常运行，及时通知行车调度员，执行隧道起火模式	
	3	准备进行清客作业	根据行车调度员的指示及站内的情况，协助相关人员进行疏散及清客事宜	
			将相应端的站台门端门设为敞开状态	站台站务员
	4	准备进入区间并清客	通过PA、PIS向乘客发布暂缓进站的通知，关闭进站闸机，停止售票，建议乘客换乘其他交通工具	值班站长
			在车站控制室开启隧道灯	
			穿好反光背心、绝缘鞋，携带好手台，佩戴好呼吸器及灭火器等，准备进入区间灭火	行车值班员、站务员
			接到行车调度员接触轨已断电的通知，在做好自身安全防护的前提下，带领消防人员开始进行区间灭火或隧道消火栓灭火	
	5	火势扑灭后，恢复运营	火势扑灭后，与相关部门确认具备运营条件，向行车调度员汇报	值班站长
		区间的列车还未到达起火区域		
事故处理	1	紧急停车	当接到行车调度员命令——起火区间的列车反方向行车时，立即启动车站控制室IBP盘上的紧急停车按钮	值班站长
	2	在站台进行清客作业	当接到行车调度员命令后，在该列车到达站台时进行清客作业	站务员
	3	车站客流控制	根据现场情况，对车站进行客流控制	站务员

续上表

程序			负责人
区间的列车到达起火区域无法移动			
事故处理	1	紧急停车,准备进行区间疏散工作	如果区间有列车无法移动到站台,根据行车调度员命令组织区间疏散,所有进入区间的人员佩戴好呼吸器、手电、穿好反光背心、绝缘鞋等防护用品	值班站长
			立即启动车站控制室内IBP盘上的紧急停车按钮	
			向邻站值班站长请求人力支援	
	2	进行区间疏散作业	站台人员打开疏散端安全门的端门	站务员
			在确定接触轨已断电,区间照明已开启后,带领消防人员立即前往现场灭火,同时与司机联系,组织列车乘客向车站疏散	
			随时与值班站长和行车调度员保持联系,及时将事件最新进展情况向行车调度员汇报	
			到达现场后,与司机共同对列车上的乘客进行疏散	
			到达现场后,负责岔口、洞口处指引乘客疏散的工作,防止疏散方向错误	
			在保证自身安全的情况下,确认乘客从列车上疏散完毕,跟随最后一名乘客疏散到站台,并确认无乘客遗留在区间	
			对区间疏散的乘客进行清点并报告事故处理负责人	
	3	视情况进行车站疏散	如有需要,根据行车调度员的指示对车站进行疏散	站务员

2. 列车失火应急处理办法

列车在车站发生火灾或列车在区间发生火灾时,列车司机或站务员必须迅速将列车的位置及列车编号、列车起火或冒烟的车卡编号、火势大小、是否有人受伤、是否有设备损毁等情况通知值班站长或行车调度员。

1)列车在站台失火应急处理办法

列车在车站发生火灾时,司机应迅速打开站台侧所有车门,使用车内灭火器进行扑救,广播疏散乘客,配合车站工作人员的引导将乘客疏散到安全区域。列车在站台失火应急处理程序见表8-3。

车站失火应急处理办法

列车在站台失火应急处理程序　　　　　　　　　　　　　　　表8-3

	程序		负责人
事故处理	1　确认火灾的真实性	向值班站长汇报：在站台停靠列车有起火冒烟现象	司机或站台监控人员
		立即通过CCTV进行察看，确认现场情况	值班站长
	2　向行车调度员汇报	列车的位置、编号（车次）	行车值班员
		列车的起火位置或冒烟的车卡编号	
		伤亡情况（大概人数）	
		火情的大小（冒烟、明火等）	
		初步判断的火灾性质	
		设备损毁情况	
	3　召唤紧急服务	通过行车调度员召唤紧急服务（地铁公安、119、120）	行车值班员
	4　恢复运营	经消防部门同意后全面或局部重新开站	值班站长

● 案例分析 ●

2003年韩国大邱地铁纵火案

2003年2月18日，韩国一名有精神病史的中年男子在大邱地铁1号线中央路车站纵火，最终造成巨大人员伤亡。

当时，在车站停靠的1079号列车上有乘客400人，该精神病患者突然将装在奶瓶里的汽油点燃，并扔到车厢内，大火瞬间蔓延。在1079号地铁列车迅速燃烧时，行车调度员仍允许另一辆相反方向驶来的1080号列车进站，此时两列车共800多人都汇合到事发现场。1080号列车司机害怕有毒气体进入车厢而没有及时打开车门疏散乘客。因1079号列车的车门是打开的，该车乘客得以及时逃生，而1080号列车24个车门仅有4个被打开，死难者大都为该次列车上的乘客。

本次事故死伤惨重的实质原因为大邱地铁公司员工和联络指挥体系存在严重问题。如果1079号列车司机能够迅速报告火情；如果调度中心能做出果断决定阻止1080号列车进站；如果1080号列车司机能正确判断形势，在进站前主动停车，或者迅速对乘客进行疏散，火灾的损失将会小很多，伤亡的数字可能仅限于1079号列车的伤亡人员。

2）列车在区间失火应急处理办法

列车在区间发生火灾时，在地下线路运行的列车应尽一切可能运行到前方车站，并及时向行车调度员报告，请求前方车站协助；若无法运行到前方车站，司机应立即向行车调度员报告并进行初期灭火扑救，同时将起火车厢的乘客疏散到其他车厢，确认灭火器不能抑制火灾时，请求行车调度员使接触轨停电，就地疏散乘客。列车在区间发生火灾时，车站工作人员应急处理程序见表8-4。

列车在区间失火应急处理程序　　　　　　　　　　　　　　　表8-4

程序			负责人
事故发生	1　接到行车调度员的通知，列车在区间起火，向行车调度员确认右列详情	列车的位置、编号(车次)	行车值班员
		列车起火或冒烟的位置	
		伤亡情况	
		疏散的大概人数	
		可能的起火原因，火情的大小(冒烟、明火等)	
		设备损毁情况	
	2　召唤紧急服务	通过行车调度员召唤紧急服务(地铁公安、119、120)；当无法与行车调度员取得联系时，则通过外线电话直接拨打地铁公安、119、120	行车值班员
火势可以控制时			
事故处理	1　监控、操作环控设备	监控环控设备的运行	行车值班员
		若设备不能正常运行，及时通知行车调度员，执行隧道起火模式	
	2　准备进行清客作业	与行车调度员确认列车是否可以继续运行至车站，若可以，则立即做好到站列车的清客准备工作	值班站长
	3　现场扑救火势并清客	立即到达站台，对到站起火列车进行扑救	值班站长、站务员
		进行列车清客工作，对受伤的乘客进行救助	
	4　做好乘客疏导工作	引导乘客远离起火列车，维持站台秩序	站务员
		做好站内的人潮控制工作	
火势无法控制时			
事故处理	1　接到行车调度员指示：在区间协助司机紧急疏散	如果列车在区间无法继续前行，接到行车调度员指示：在区间协助司机进行紧急疏散	值班站长
	2　与行车调度员确认下车安排	确定列车准确的停车地点	值班站长
		确定接触轨已停电	
		进行疏散准备	
	3　监控环控设备的运行	提醒行车调度员相关运行模式是否运行	行车值班员

续上表

		程序	负责人
事故处理	4 做好车站紧急疏散准备工作	立即通过手台向所有人员下达车站紧急疏散命令	值班站长
		在车站控制室启动 IBP 盘上的紧急停车按钮,按压 AFC 紧急按钮,打开所有闸机扇门	
		通过 PA、PIS 发布车站紧急疏散的信息	
		向相邻车站的值班站长请求人力支援	
	5 进行区间疏散作业	若区间失火列车无法到达站台,根据行车调度员命令组织区间疏散	站务员
		所有进入区间人员应佩戴呼吸器、手台,穿好反光背心、绝缘鞋等防护用品	
		站台人员打开疏散端安全门的端门	
		在确定接触轨已断电,区间照明已开启后,立即前往现场	
		与司机联系,组织列车乘客向车站疏散	
		随时与值班站长和行车调度员保持密切联系,及时将事件最新进展情况向行车调度员汇报	
		到达现场后,与司机协商对列车上乘客进行疏散	
		到达现场后,在岔口、洞口处指引乘客疏散,防止乘客走错方向	
		在保证自身安全的情况下,确认乘客从列车上疏散完毕	
		跟随最后一名乘客疏散到站台,并确认无乘客遗留在区间	
	6 关闭车站	引导乘客离开站台	站务员
		接到执行疏散的通知后,客服中心停止售票,进行票务处理	票务岗位员工
		确保所有乘客安全离开后,关闭出入口并张贴"车站关闭"通告	站务员
	7 等待救援、善后处理	担任临时事故处理负责人	值班站长
		在指定出入口等待救援人员,并带他们到达事发地点	站务员
		乘客撤离后,检查站台、站厅是否还有乘客,并将结果报告给事故处理负责人	
		在火灾扑灭后,根据上级命令,同时根据列车、车站的毁损情况,经消防部门同意后全面或局部重新开站	值班站长

> **案例分析**
>
> **香港地铁金钟站失火**
>
> 　　2004年1月5日,香港地铁尖沙咀至金钟站之间发生了一起列车纵火事件。当日上午,一名患有精神病的男子携带易燃物品进入一辆荃湾线列车,并在列车即将进入金钟站时点燃了该物品,威胁到乘客安全。9:12,一辆前往中环站的列车车长向控制中心报告,列车发生火警紧急事故,要求金钟站职员候命协助。当列车进入金钟站时,有烟从列车里冒出。地铁公司迅速安排列车上的乘客疏散,9:16疏散完成,随即将金钟站关闭。疏散乘客约1200人,只有14名乘客因吸入烟气被送往医院,但很快就全部康复出院。在疏散的同时,车站员工利用灭火器将火焰扑灭,消防处及警务处人员也很快抵达现场提供协助。在此期间,荃湾线列车服务维持在荃湾站与尖沙咀站之间,港岛线列车服务维持正常,列车仅在金钟站通过不停车。列车的火焰被扑灭后,列车被移离载客服务行车线,以便地铁公司、警务处及消防处进行深入调查。上午9:40所有列车服务恢复正常。
>
> 　　香港地铁之所以能够在短短的4min内对1200名乘客进行安全疏散,主要是因为香港地铁公司定期举行各种公众教育活动,提醒乘客危险品有可能危害公众及乘客的安全,同时地铁公司还与各紧急服务部门进行定期演习,训练员工在发生紧急事故时的应变及疏散能力。

训练任务28　车站(运营期间)失火应急处理技能训练

(一)训练目标

掌握车站(运营期间)失火应急处理的基本技能。

(二)训练内容

按照各岗位作业内容,正确完成车站(运营期间)失火应急处理模拟训练过程。

(三)训练准备

(1)模拟车站(车站控制室、站厅、站台、客服中心、票务室)。

(2)各岗位人员日常使用器具。

(四)训练流程

(1)角色扮演,10名学生分别扮演值班站长、行车值班员、客运值班员、站务员、保安和乘客。

(2)扮演值班站长、行车值班员、客运值班员、站务员和保安的学生相互配合,完成车站(运营期间)失火应急处理技能训练。

(3)车站(运营期间)失火应急处理办法。

①火警警报响起时,值班站长通过FAS、BAS确认报警位置,派1名车站员工前往查看。

②车站员工携带手台前往事发地点,找出报警原因;实时通知值班站长是否出现火情,火警是否已触动了防火系统。

③如警报为误报,值班站长要及时通知行车调度员及站内所有员工。

④若出现火情,现场员工视情况需要手动操作防火系统;或在安全的情况下,使用灭火器灭火;与现场保持安全距离,并警告其他人远离该处,直至消防人员到场。

⑤值班站长确定火警警报属实后,若火势较大,应立即通知行车调度员召唤消防人员到场,并遵照车站疏散程序组织乘客撤离。

⑥行车值班员启动车站排烟模式。

⑦乘客疏散完毕后,站务员关闭车站出入口(紧急出入口除外)。

⑧如火势很大,值班站长应组织员工撤离车站到紧急集合地点集中,并安排人员在指定出入口引领消防人员到现场灭火。

⑨消防人员到场后,值班站长汇报有关情况,将灭火工作交给消防人员,并加入到应急处理救援工作中去。

⑩值班站长协助事故调查工作。

⑪值班站长接到可以恢复运营的指令后,应清理现场,恢复运营。

车站在运营期间失火的一般应急处理程序如表 8-5 所示。

车站在运营期间失火的一般应急处理程序　　　　表 8-5

	程序		负责人
事故发生	确认火灾的真实性	火警警报响起时,迅速通过 FAS 确认位置,立即指派一名站务员携带手台到现场确认	值班站长
		立即到现场察看,找出响起警报的原因,若确属火情,立即向值班站长汇报火情的详细位置、火势大小(冒烟、明火);如果可能,查出原因;初步估计车站设备、人员受影响的程度及范围	站务员
	火警属实	启动 FAS 系统,监控 FAS 系统设备的联动情况	行车值班员
		立即赶到事发现场,视情况指示行车值班员向行车调度员汇报以及是否召唤紧急服务	值班站长
	2 立即向行车调度员汇报	报告人的姓名、职务及联系电话	行车值班员
		火警发生的时间(时、分)、准确地点	
		火势大小、烟的浓度	
		起火原因,火势是否可以控制	
		受影响的大概人数、是否影响乘降	
		是否有人受伤,是否有设备损毁	
	3 召唤紧急服务	通过行车调度员召唤紧急服务(地铁公安、119、120)	行车值班员

续上表

程序			负责人
火势可以控制时			
事故处理	1	现场人工灭火	火势较小,在确保安全的情况下,立即人工启动灭火系统或使用灭火器灭火	值班站长、现场员工
	2	操纵环控系统	启动车站排烟模式,设定紧急通风安排,监控环控系统的运转,如果模式不能正常运转,立即通知行车调度员	行车值班员
	3	疏散现场乘客,维持车站秩序	立即到达现场,在确保人员安全的情况下进行灭火,准备组织疏散乘客	站务员
			开启相应的 PA、PIS,使其他人远离起火地点,通过宣传以稳定乘客情绪	行车值班员
			根据情况,实施车站大客流管理措施	站务员
			必要时关闭车站控制室内部空调,避免烟雾弥漫	行车值班员
	4	恢复正常运营	火势扑灭后,与事故处理负责人确认具备运营条件后,恢复正常运营	值班站长
火势无法控制时			
事故处理	1	车站紧急疏散	立即通过手台向所有人员下达车站紧急疏散指示	值班站长
			在车站控制室 IBP 盘上按压紧急停车按钮	行车值班员
			通过 PA、PIS 通知乘客并进行疏散	行车值班员
			通知所有工作人员撤离,并报告集合地点	行车值班员
			向其他邻近车站的值班站长请求人力支援	值班站长
			在车站控制室 IBP 盘上启动紧急模式,按压 AFC 紧急按钮,打开所有闸机扇门	行车值班员
			立即引导乘客离开站台,从各出入口出站,并阻止乘客进站	站务员
	2	关闭车站	确保所有乘客安全离开后,关闭车站出入口并张贴"车站关闭"通告	站务员
	3	等待救援人员抵达现场	担任临时事故处理负责人	值班站长
			在指定出入口等待救援人员,并带他们到达事发地点	站务员
			乘客撤离后,检查站台、站厅是否还有乘客,并将结果上报给事故处理负责人	站务员、值班站长
	4	火灾扑灭后,恢复运营	在火灾扑灭后,根据上级命令,同时根据列车、车站的毁损情况,经消防部门同意后全面或局部重新开站	值班站长

知识点 2　乘客受伤事故处理办法

在地铁运营过程中,乘客在地铁运营范围内感到不适、发病、昏迷或出现因意外事故受伤等事件,车站工作人员应按照下列原则及程序处理。

(1)在处理乘客受伤事件时要以维护地铁公司形象、保护公司最大利益为原则,以人为本,给予乘客必要的帮助。

(2)在处理乘客受伤事件时要在第一时间内进行取证工作,尽可能得到旁证及当事人签字确认。以事实为依据,客观记录,留下原始资料。

(3)及时将事件的处理结果报告给相关部门,以备后续处理。

训练任务 29　乘客受伤事故处理的技能训练

(一)训练目标

掌握乘客受伤事故处理的基本技能。

(二)训练内容

按照各岗位作业内容,正确完成乘客受伤事故处理的模拟训练过程。

(三)训练准备

(1)模拟车站(车站控制室、站厅、站台、客服中心、票务室)。

(2)各岗位人员日常使用器具。

(四)训练流程

(1)角色扮演,10 名学生分别扮演值班站长、行车值班员、客运值班员、站务员、保安和乘客。

(2)扮演值班站长、行车值班员、客运值班员、站务员和保安的学生相互配合,完成扮演乘客的学生受伤处理的技能训练。

(3)乘客受伤的处理程序。

①车站现场工作人员发现或接到受伤乘客求救时,应立即报告值班站长并赶赴现场,了解伤(病)者情况及初步原因。

视伤(病)者的情况,若其意识清醒,询问其是否需要车站协助致电 120 急救中心,征得同意后帮助其拨打 120 急救电话。询问伤(病)者家人联系电话,设法联系其家人尽快来站救护。伤(病)者家人到站后,由其家人将其接走,如车站已致电 120 急救中心,救护人员到达后,车站协助将伤(病)者送至救护车上。如乘客认为是车站原因导致其受伤,要求车站派人同往医院时,车站员工应请示站长及运营单位客伤主管部门,获准后方可派人陪同前去医院。

若伤(病)者情况危急,意识不清,不及时救护可能会有生命危险,车站应及时致电 120 急救中心,同时车站需及时上报行车调度员、车站站长及运营单位客伤主管部门。

②如因地铁设备造成事故,应立即停止该设备运作(影响列车运行的设备除外),并报告车站控制室。

③疏散围观群众,寻找目击证人,收集、记录有关证人资料。

④需要时,对乘客外伤进行简单的包扎处理。

⑤如有调查需要,应保护好现场,必要时对有关区域进行隔离,并用相机记录现场有关情况。

乘客电扶梯受伤
应急处理办法

⑥必要时,根据值班站长安排,站务员到紧急出入口引导急救中心人员进站。

⑦必要时协助警方进行事故调查。

为保证乘客出现伤亡时的及时抢救和快速处理,城市轨道交通运营企业一般设置乘客伤亡紧急处理经费。当初步判断乘客受伤属于地铁公司责任时,车站应立即向有关部门、单位报告,车站可安排员工陪同伤者前往医院检查、治疗,伤者在医院所花费用,经请示同意后,可由车站从有关处理经费中垫付。伤者提出索赔时,车站应配合相关部门人员与当事人协商处理。

知识点3 列车撞人、撞物事故处理办法

1. 地外伤亡事故处理办法

在城市轨道交通运营线路上,发生列车撞轧外部人员或与其他车辆、物体碰撞,造成人员伤亡的事故,即列为地外伤亡事故。地外伤亡事故的现场处置应按以下办法进行。

(1)车站发生伤亡事故,由车站值班站长负责现场指挥工作;区间发生伤亡事故,由列车司机负责现场指挥工作。

(2)车站发生伤亡事故,列车司机必须立即停车,将情况向车站行车值班员汇报,行车值班员应根据情况要求接触轨停电,本着尽快开通线路的原则进行处置,并设法挽留1~2名证人。

(3)区间发生伤亡事故,列车司机应立即停车,向行车调度员或邻近车站行车值班员报告;根据情况要求接触轨停电,在事发地点做好标记,并将伤者送到前方最近车站,交车站妥善处置。对死者要移至不妨碍行车的地点。地面线应对死者尸体进行遮盖,处理完毕后,请求送电,恢复行车。

(4)车站行车值班员接到报告后,应立即上报行车调度员,并通知公安。行车调度员上报值班经理,值班经理接到报告后及时通知公安部门。

(5)对伤亡事故现场不妨碍行车的事故遗留物品采取保护措施。

(6)公安机关、地铁工作人员接到报告后,应迅速赶到现场。

(7)地铁工作人员要协助公安机关调查取证,维护站、车秩序,处理现场,尽快恢复通车。对事故列车,行车调度员要及时调整回段,由公安机关进行勘查。

(8)接触轨停电、送电和列车的移动要服从现场指挥。公安机关、地铁工作人员需要进入运营线路进行勘察、清理现场的,必须经现场指挥许可,工作结束时由现场指挥清点人数后,方可要求接触轨送电。

(9)地铁工作人员应如实向公安机关陈述事故发生经过,其他知情者应及时向公安机关

提供证据。

（10）公安机关依法对事故现场、设备进行勘查。需要时，地铁专业人员给予配合。

（11）发生伤亡事故，地铁客运部门应及时将伤者送往医院进行抢救。死者由公安机关依据有关规定进行处理。

（12）发生伤亡事故，车站行车值班员、列车司机应及时告知乘客。对乘客的广播宣传工作要按以下标准用语执行。

列车广播词："各位乘客请注意，现在是临时停车，由于前方发生人员侵入轨道线路事件，公安机关正在积极处理，列车很快将恢复运行，由此给您带来的不便，请谅解。"

车站广播词："各位乘客请注意，由于发生人员侵入轨道线路事件，公安机关正在积极处理，列车很快将恢复运行，由此给您带来的不便，请谅解。"

（13）发生伤亡事故，需要向媒体发布有关信息时，由城市轨道交通运营企业新闻发言人负责。

（14）伤亡事故的善后处理，由城市轨道交通运营企业根据公安机关出具的事故调查结论，依照《城市轨道交通运营管理规定》处理。

2. 站务岗位人员应急处理程序

车站发生撞人、撞物等事故后，各站务岗位人员应急处理程序如下。

（1）车站发生撞人/物、地外伤亡事故后，行车值班员应立即向行车调度员、公安派出所报告，通知值班站长、站区长等上级领导。

（2）值班站长应立即到达现场并在上级领导及公安人员到达之前担任现场负责人，组织处理以下工作。

①指定专人负责挽留2名以上非地铁员工的目击者作为人证，索取证明材料，证人不能留下时，应记下其工作单位、家庭住址及联系电话等。

②用车站广播设施做好乘客宣传解释工作，劝导乘客改乘其他交通工具。

③售检票人员维护好站厅秩序，依据现场情况采取限制售票或停止售票的方式控制乘客进站。

④需下站台查看及处理时，必须在接触轨停电后由现场负责人指定专人进行。

⑤现场查看时，在发现当事人之前或当事人未死亡的情况下，严禁送电、动车，找到被轧者后应查看其伤亡情况，无法断定是否死亡的一律按伤者处理，应设法将其尽快移至站台。

⑥如被轧者未死亡，尽一切努力避免动车救人，但在只有动车方可救人的情况下，由现场公安人员作出动车决定。

⑦需对伤者进行救护时，应及时通知市急救中心，指派专人到指定出入口迎候救护车辆。

⑧如当事人已经死亡，其位置不妨碍列车运行，可先行送电、通车；如其位置妨碍列车运行，可将尸体移上站台或移至边墙、道沟等不侵界位置，再行送电、通车，必要时再次停电处置，做好标记。

⑨除现场处理以外的其他车站工作人员应做好遣散围观乘客，维护站台、站厅秩序的工作。

（3）车站工作人员应积极协助公安人员的调查工作，涉及刑事案件的地外伤亡事故，应尽量保护现场,尽一切可能留住嫌疑人、知情人及可提供线索者,积极协助公安人员的工作。

知识点4　炸弹及不明气体、物体恐吓/袭击事件应急处理办法

城市轨道交通车站内时常会遇到无主物品,一般为乘客大意遗留或有意丢弃,但也有可能是犯罪分子有意放置的危险物品。对车站、列车范围内的不明物品,地铁工作人员应保持持续的敏感性,严格按照可疑物品处理预案执行,不可麻痹大意,以防延误处理时机,对乘客造成人身、财产的伤害。

训练任务30　炸弹及不明气体、物体恐吓/袭击事件应急处理的技能训练

(一)训练目标

掌握炸弹及不明气体、物体恐吓/袭击事件应急处理的基本技能。

(二)训练内容

按照各岗位作业内容,正确完成炸弹及不明气体、物体恐吓/袭击事件应急处理的模拟训练过程。

(三)训练准备

(1)模拟车站(车站控制室、站厅、站台、客服中心、票务室)。
(2)各岗位人员日常使用器具。

(四)训练流程

(1)角色扮演,10名学生分别扮演值班站长、行车值班员、客运值班员、站务员、保安和乘客。

(2)扮演值班站长、行车值班员、客运值班员、站务员和保安的学生相互配合,完成炸弹及不明气体、物体恐吓/袭击事件应急处理的技能训练。

(3)炸弹及不明气体、物体恐吓事件应急处理程序。

当地铁工作人员接到电话、书面或电子邮件等各种形式的恐吓信息时,应按下列应急预案开展工作。

①接到恐吓信息后,地铁工作人员应立即向其上级领导报告。运营控制中心应立即向公安部门报告该恐吓事件,并通知受影响车站的值班站长、行车线上的列车司机及各紧急救援抢险部门。

②由公安部门确定恐吓信息的真实性,在车站进行不公开或公开的搜索行动。

a. 不公开搜索,无须疏散乘客,由地铁工作人员和公安人员联合进行。

b. 若公安部门已掌握相关信息,或确实已发现可疑物品,须在车站进行公开搜索。搜索

前须局部或完全疏散乘客,并由公安人员单独执行搜索行动。车站工作人员停留在安全的范围内,为搜索人员提供协助。

③车站接到恐吓信息后,不公开搜索程序如下。

a.值班站长安排停止所有清洁工作,依次搜索所有公众范围及所有非公众范围,及时将最新进展通知值班经理。

b.公安人员前往有关车站,参与搜索行动,与值班站长保持密切联系,了解搜索工作的最新进展。

c.若发现可疑物品或有毒气体,值班站长应立即封锁现场,决定局部或完全疏散乘客,并立即通知值班经理。进行疏散前,必须先搜索所有疏散路线,确保疏散乘客的安全。

员工发现可疑物品后,应立刻向上级报告该物品的形态及准确位置,切勿触摸该物品,并留意周围形迹可疑的乘客。且不得在可疑物品 50m 范围内使用手机、无线电对讲机等通信设备,设置警戒区域封锁物品的四周范围,疏散周围乘客。

d.若未发现可疑物品或有毒气体,值班站长应报告公安人员负责人,请示是否进行二次搜索。公安人员负责人向所有搜索人员查询搜索情况,将搜索结果上报上级公安部门。

(4)爆炸事件应急处理程序。

①车站发生爆炸事件后,就近岗位站务员应迅速、准确查明爆炸发生的时间、地点,涉及列车的车次、人员伤亡等情况,立即向行车值班员报告。

②行车值班员接到站务员报告后,应立即向行车调度员、公安派出所报告,通知值班站长、站区长等各级领导。

③值班站长应立即到达现场并在上级领导及公安人员到达之前担任现场负责人,组织现场处理工作。

a.指定专人保护现场,尽量搜集可疑人员、可疑物品等线索,挽留目击证人。

b.将事发地点周围的乘客疏散至安全地带。

c.若有人员伤亡时,将其转移至安全地带设置的候援区,及时通知急救中心,指派专人到指定出入口迎候救护车辆。

d.部署全体在岗人员对车站采取临时封闭措施,疏导站内其他区域的乘客迅速出站,指定专人看守出入口大门,阻止其他乘客进站,同时保证上级领导、公安及抢险人员快速进入车站。

e.利用各种广播设施做好宣传工作,稳定乘客情绪,引导站内其他区域的乘客迅速有序地疏散出站。

f.通知机电人员开启车站送、排风系统,加大通风量。

g.待上级领导到达后,报告现场情况,移交指挥权。

(5)不明气体袭击事件应急处理程序。

①车站发生不明气体袭击事件后,就近岗位站务员应迅速佩戴防护装备,迅速查明事件发生的时间、地点,涉及列车的车次、人员伤亡等情况,立即向行车值班员报告。

②行车值班员接到站务员报告后,应立即向行车调度员、公安派出所报告,通知值班站长、站区长等各级领导。

③行车值班员应立即采取措施,防止其他列车进入车站。

④行车值班员应立即通知机电人员启动防灾应急模式,关闭相关车站送、排风系统。

⑤值班站长应立即到达现场并在上级及公安人员到达之前担任现场负责人,组织现场处理工作。

a. 部署全体在岗人员迅速佩戴防护装备,对车站采取临时封闭措施,疏导站内其他区域的乘客迅速出站,指定专人看守出入口大门,阻止其他乘客进站,同时保证上级领导、公安及抢险人员快速进入车站。

b. 指定专人保护现场,尽量搜集可疑人员、可疑物品等线索。查找不明气体源头,有条件时对可疑物进行遮盖。

c. 当有人员伤亡时,将其转移至安全地带设置的候援区,及时通知急救中心,指派专人到指定出入口迎候救护车辆。

d. 利用各种广播设施做好宣传工作,稳定乘客情绪,引导站内其他区域的乘客迅速有序地疏散出站。

e. 车站所有参与处置工作的工作人员应在疏散乘客、封闭车站工作完毕后,迅速撤离车站,在指定的出入口外集合。

f. 待上级领导到达后,报告现场情况,移交指挥权,积极协助公安人员的调查工作。

> **· 拓展知识 ·**
>
> 搜索可疑物品时,必须采取以下预防措施。
>
> ①在搜索过程中应只凭肉眼查看,切勿移动、摇动或干扰任何物品,留意是否有定时器或时钟运行的声音;
>
> ②停止一切无线电的发送及接收,不得使用手台及手机等通信设备;
>
> ③切勿开关任何电灯及电气设备;
>
> ④搜索过程中不应假定只有一件可疑物品,在疏散乘客的过程中,切勿在广播中提及炸弹或可疑物品,而应说系统、设备等发生故障,以免引起乘客恐慌。

学习任务4　车站自然灾害应急处理办法

知识重点

1. 车站水灾应急处理办法。
2. 车站地震应急处理办法。
3. 车站恶劣天气应急处理办法。

知识点 1　车站水灾应急处理办法

近年来,随着城市化进程的加快,气候变化越来越明显,暴雨天气发生频率和强度也不断增加。暴雨天气在城市交通中会给人们的出行带来极大影响,尤其是作为公共交通工具的地铁,一旦遭受暴雨袭击,很容易发生水灾,使列车运行受阻,导致乘客滞留,出现大面积拥堵。为了保障市民的出行安全,应建立应急处置机制,提高员工的防范意识和应急处理能力,有效应对突发事件的发生。车站工作人员应严格执行水灾应急处理办法,为地铁的安全运行提供可靠的保障。

训练任务 31　车站水灾应急处理的技能训练

水灾应急处理办法

(一) 训练目标

掌握车站水灾应急处理的基本技能。

(二) 训练内容

按照各岗位作业内容,正确完成车站水灾应急处理的模拟训练过程。

(三) 训练准备

(1) 模拟车站(车站控制室、站厅、站台、客服中心、票务室)。

(2) 各岗位人员日常使用器具。

(四) 训练流程

(1) 角色扮演,10 名学生分别扮演值班站长、行车值班员、客运值班员、站务员、保安和乘客。

(2) 扮演值班站长、行车值班员、客运值班员、站务员和保安的学生相互配合,完成车站水灾应急处理的技能训练。

(3) 车站水灾应急处理程序。

①任何岗位人员一旦发现水灾发生,应立即报告值班站长以下情况:水灾发生的位置、流量,水源来自哪里,哪些设备可能会受到影响。

②值班站长向行车调度员报告:本站发生水淹事故,本站受到影响的区域、是否影响乘降及受影响设备的情况。

③值班站长携带防洪装备赶往事发位置,命令站务员和保洁人员前往水灾区域。

④值班站长到达现场后评估情况,向行车调度员汇报最新进展,视情况需要请求机电等部门人力支援。

⑤站务员尝试用防洪板、沙包或其他填充物阻断水源或抑制流量,在周边用提示牌和警戒线布置禁行区。

⑥车站值班员通过 PA、PIS 系统向乘客进行宣传解释。
⑦若水灾可能导致车站设备出现危险或影响运营时,视情况需要封闭车站部分区域。

知识点2　车站地震应急处理办法

地铁隧道及建筑结构的设计能够承受地震烈度为Ⅺ度的地震,等级较强的地震会导致轨道交通车站建筑物、邻近建筑物的损毁及倒塌,轨道线路移位或严重扭曲,列车出轨,车站、列车的电力中断等事故,从而引起沿线乘客的恐慌以及难以控制的地铁人潮,为应对这些严重后果,车站工作人员应严格执行地震应急处理办法。

训练任务32　车站地震应急处理的技能训练

(一)训练目标

掌握车站地震应急处理的基本技能。

(二)训练内容

按照各岗位作业内容,正确完成车站地震应急处理的模拟训练过程。

(三)训练准备

(1)模拟车站(车站控制室、站厅、站台、客服中心、票务室)。
(2)各岗位人员日常使用器具。

(四)训练流程

(1)角色扮演,10 名学生分别扮演值班站长、行车值班员、客运值班员、站务员、保安和乘客。

(2)扮演值班站长、行车值班员、客运值班员、站务员和保安的学生相互配合,完成车站地震应急处理的技能训练。

(3)车站地震应急处理程序。

①地震发生后,值班站长立即向行车调度员汇报是否影响行车;是否有人员、设备、线路、车辆受损;是否需要召唤紧急服务(公安、急救、消防)。

②一旦确定发生Ⅳ度以上强度的地震,值班站长必须安排车站员工做好以下工作。

a. 开启所有隧道灯;

b. 检查所有系统是否运作正常,特别是供电、通信、信号及环控系统运作状况;

c. 在确保自身安全的前提下,巡视车站建筑、设施,巡视出入口及站外情况,若发现任何异常情况,立即通知值班站长。

③值班站长接到车站巡视结果后,立即向行车调度员、故障报警中心报告设备、结构损毁的情况。

④如果站台有列车停车,按照行车调度员指示立即对列车进行清客作业。

⑤停止所有作业,察看是否有工作人员或乘客受伤。若发现有任何人员受伤,则立即展开救助工作。

⑥如发现建筑物损毁或阻塞,应立即疏散、封锁危险区域,安排人员驻守,制止他人接近。

⑦如地震强度较大,建筑物、设备设施损毁严重,则应立即执行车站紧急疏散程序。

• 拓展知识 •

我国地震烈度的划分

我国把地震的烈度划分为12度,采用罗马数字表示,最低为Ⅰ度,最高为Ⅻ度。不同烈度的地震,其影响和破坏力大有区别。

Ⅰ度:无感——仅仪器能检测到;

Ⅱ度:微有感——个别敏感的人在完全静止中有感;

Ⅲ度:少有感——室内少数人在静止中有感,悬挂物轻微摆动;

Ⅳ度:多有感——室内大多数人,室外少数人有感,悬挂物摆动,不稳器皿作响;

Ⅴ度:惊醒——室外大多数人有感,家畜不宁,门窗作响,墙壁表面出现裂纹;

Ⅵ度:惊慌——人站立不稳,家畜外逃,器皿翻落,简陋棚舍损坏,陡坎滑坡;

Ⅶ度:房屋损坏——房屋轻微损坏,牌坊、烟囱损坏,地表出现裂缝及喷沙冒水;

Ⅷ度:建筑物破坏——房屋多有损坏,少数破坏路基塌方,地下管道破裂;

Ⅸ度:建筑物普遍破坏——房屋大多数损坏,少数倾倒,牌坊、烟囱等崩塌,铁轨弯曲;

Ⅹ度:建筑物普遍摧毁——房屋倾倒,道路毁坏,山石大量崩塌,水面大浪扑岸;

Ⅺ度:毁灭——房屋大量倒塌,路基堤岸大段崩毁,地表产生很大变化;

Ⅻ度:山川易景——建筑物普遍毁坏,地形剧烈变化,动植物遭毁灭。

知识点3　车站恶劣天气应急处理办法

大风、沙尘、雨雪等恶劣天气发生时,一方面会对线路、道岔等设备及地面行车带来不利影响,另一方面会引起车站客流的增加,车站工作人员应按照恶劣天气应急处理办法及时采取疏导、限流等措施,消除各种隐患,确保乘客的乘车安全。

训练任务33　车站恶劣天气应急处理的技能训练

(一)训练目标

掌握车站恶劣天气应急处理的基本技能。

(二)训练内容

按照各岗位作业内容,正确完成大风、沙尘、雨雪天气应急处理的模拟训练过程。

(三)训练准备

(1)模拟车站(车站控制室、站厅、站台、客服中心、票务室)。
(2)各岗位人员日常使用器具。

(四)训练流程

(1)角色扮演,10名学生分别扮演值班站长、行车值班员、客运值班员、站务员、保安和乘客。

(2)扮演值班站长、行车值班员、客运值班员、站务员和保安的学生相互配合,完成大风、沙尘、雨雪天气应急处理的技能训练。

(3)大风、沙尘天气应急处理程序。

当风力超过7级时可对车站运营造成影响,接到运营控制中心发布的有关恶劣天气的信息后,车站须检查悬挂物,以免脱落物砸伤乘客及员工;指派专人对站台上的可移动物品进行加固;督促保洁人员清理车站卫生;露天段车站做好停运、客流疏散准备;如有其他异常立即上报运营控制中心。

(4)雪天应急处理程序。

①站务员在出入口、楼梯口铺设防滑垫和提示牌,同时组织人力及时清扫出入口积雪。
②值班站长通知保洁人员注意出入口、楼梯口等区域的卫生状况。
③站务员在客流量较大的出入口疏导乘客进出站。
④行车值班员通过PA、PIS系统向进站乘客宣传安全、防滑的事项。
⑤行车值班员通过CCTV密切关注进出站的客流变化,并随时向值班站长汇报。
⑥值班站长要随时掌握运营现场和天气情况,并随时做好延长运营时间的准备工作。
⑦地面线路有道岔的车站,应做好道岔的清扫及融雪工作。

列车司机在运行中遇大雪、霜冻等恶劣天气时应及时向行车调度员报告,并采取相应措施。运行中要严格控制列车速度,制动时要适当延长制动距离,制动力要尽量小,防止滑行,视其速度,根据情况追加或缓解制动,确保对标停车。

(5)雨天应急处理程序。

①如遇突降大雨,值班站长要立即组织有关人员到出入口等处查看降水情况。
②站务员在各出入口铺设防滑垫,设立警示标志。
③地势较低的车站应立即放置防洪板、沙包,防止雨水灌入车站。若遇雨水较大有可能发生倒灌事故时,应及时通知机电部门做好排水准备。
④值班站长通过BAS系统查看雨水泵开启情况,如有异常立即报修。
⑤行车值班员通过PA、PIS系统向进站乘客宣传安全、防滑的事项。
⑥站务员加强巡视,确保车站出入口、站厅、站台的客流秩序。关注出入口客流情况,向乘客发放一次性雨衣、伞套,宣传疏导其快速出站,不要在出入口停留。

雨天应急处理办法

⑦值班站长要立即准备雨天设备故障、长时间无车等特殊情况下的应急对策;根据现场情况,适当调配人员。做好限流的准备,并及时挂出提示牌、张贴通告。

⑧露天段车站应加强站台巡视,督促保洁人员做好地面清理工作。

学习任务 5　车站站台事故应急处理办法

知识重点

1. 站台紧急停车按钮被触发应急处理办法。
2. 列车内乘客报警按钮被触发紧急处理办法。
3. 车站停电处理办法。
4. 乘客物品掉落轨道的处理办法。

知识点 1　站台紧急停车按钮被触发应急处理办法

紧急停车按钮一般设置在各站站台、站台监察亭和车站控制室 IBP 盘上,可实现紧急情况下对列车的控制。在紧急情况下,可通过按压站台任一位置的紧急停车按钮,或者扳动车站控制室 IBP 盘(或站台监察亭 IBP 盘)上的紧急停车开关,禁止列车自区间进入车站,禁止已停在车站的列车出发进入区间,对于已启动而尚未完全离开车站的列车应实施紧急制动停车,实现车站封锁的功能。

站台上下行每侧各有两个紧急停车按钮,如车站为岛式站台,则本侧紧急停车按钮仅对相应侧的线路实行车站封锁;如为侧式站台,则紧急停车按钮对上下行线路实行车站封锁。

紧急停车按钮为非自复式按钮,需使用钥匙使其复位;设有红色指示灯,当按下紧急停车按钮后,该按钮的指示灯点亮,车站控制室 IBP 盘和站台监察亭内对应站台的指示灯也同时点亮,表示该紧急停车按钮被激活。

如设有站台监察亭,在站台监察亭内对应每侧站台设置 1 个紧急停车开关,并有指示灯。当发现紧急情况需紧急停车时,扳动紧急停车开关至"急停"位置,IBP 盘上对应站台的指示灯和站台监察亭内对应站台的指示灯同时点亮,表示该紧急停车按钮被激活。

训练任务 34　站台紧急停车按钮被触发应急处理的技能训练

(一)训练目标

掌握站台紧急停车按钮被触发应急处理的基本技能。

(二)训练内容

按照各岗位作业内容,正确完成站台紧急停车按钮被触发应急处理的模拟训练过程。

(三)训练准备

(1)模拟车站(车站控制室、站厅、站台、客服中心、票务室)。
(2)各岗位人员日常使用器具。

(四)训练流程

(1)角色扮演,10名学生分别扮演值班站长、行车值班员、客运值班员、站务员、保安和乘客。

(2)扮演值班站长、行车值班员、客运值班员、站务员和保安的学生相互配合,完成站台紧急停车按钮被触发应急处理的技能训练。

(3)站台紧急停车按钮被触发应急处理程序。

①站台岗员工或乘客按下站台上的紧急停车按钮。

②对应的紧急停车按钮指示灯点亮,车站控制室和站台监察亭IBP盘上对应站台的指示灯点亮,车站ATS工作站和运营控制中心调度员工作站对应区域显示紧急停车,显示报警信号。

③车站值班员扳动车站控制室IBP盘上的紧急停车开关至"急停"位置。

④站台岗员工赶往事发地点,采取适当的措施处理该事件,并保持站台、车站控制室、运营控制中心联系畅通,必要时请求协助。

⑤在确定处理完情况后,站台岗员工用钥匙复位被激活的紧急停车按钮,并通知车站值班员,处理完毕后给司机显示"一切妥当"手信号。

⑥车站值班员扳动车站控制室IBP盘上对应的紧急停车按钮至"复位"位置。

⑦车站值班员复位ATS工作站上的按键,使ATS系统复位,并记录该次事件的时间、紧急停车按钮启动的原因及事件处理经过。

知识点2　列车内乘客报警按钮被触发紧急处理办法

地铁车厢内一般设有乘客报警按钮。当乘客在车厢内遇到火灾、晕厥、车厢犯罪等突发情况时,按动此报警按钮,按照面板提示操作便可与司机直接通话,从而让司机及有关方面采取及时、正确的应对措施。

训练任务35　列车内乘客报警按钮被触发紧急处理的技能训练

(一)训练目标

掌握列车内乘客报警按钮被触发紧急处理的基本技能。

(二)训练内容

按照各岗位作业内容,正确完成列车内乘客报警按钮被触发紧急处理的模拟训练过程。

(三)训练准备

(1)模拟车站(车站控制室、站厅、站台、客服中心、票务室)。
(2)各岗位人员日常使用器具。

(四)训练流程

(1)角色扮演,10 名学生分别扮演值班站长、行车值班员、客运值班员、站务员、保安和乘客。

(2)扮演值班站长、行车值班员、客运值班员、站务员和保安的学生相互配合,完成列车内乘客报警按钮被触发紧急处理的技能训练。

(3)列车停在站台还未启动时,乘客触发了车内乘客报警按钮,站台岗值班人员应急处理程序。

①接到列车内乘客报警按钮被触发的信息,立即赶往事发现场并核实报警启动的原因、启动报警按钮的车次或车门,请示值班站长是否需要列车退行。

②使用车内乘客报警按钮扬声器与司机沟通,寻找启动乘客报警按钮的原因,进行乘客救援工作。

③确定情况稳定后,车站员工必须将车内乘客报警按钮复位,离开列车,向司机显示"一切妥当"手信号。

④行车调度员通知列车司机,车站已将车内乘客报警按钮复位。

⑤站台岗员工在日志中详细记录该次事件发生的时间、原因、被启动的乘客报警按钮的编号及事件处理经过。

知识点3　车站停电处理办法

当车站停电时,主要分为车站照明部分熄灭和车站照明全部熄灭两种情况,不同城市轨道交通运营企业处理方法有所不同,以下技能训练以某城市轨道交通运营企业为例。

训练任务36　车站停电处理的技能训练

(一)训练目标

掌握车站停电处理的基本技能。

(二)训练内容

按照各岗位作业内容,正确完成车站停电处理的模拟训练过程。

(三)训练准备

(1)模拟车站(车站控制室、站厅、站台、客服中心、票务室)。

(2)各岗位人员日常使用器具。

(四)训练流程

(1)角色扮演,10名学生分别扮演值班站长、行车值班员、行车调度员、客运值班员、站务员、保安和乘客。

(2)扮演值班站长、行车值班员、行车调度员、客运值班员、站务员和保安的学生相互配合,完成车站停电处理的技能训练。

(3)车站照明部分熄灭应急处理程序。

①事故发生后,值班站长立即向行车调度员报告:车站照明系统部分失效,应急照明是否已经启用,是否影响车站其他设备的正常运作,车站是否有列车停靠及列车的相应位置,车站内乘客滞留情况。

②值班站长或行车值班员联系故障报警中心,获取相应的故障信息,召唤人力支援。

③值班站长立即下达车站紧急疏散指示。

④行车值班员通过PA、PIS系统,通知乘客相关情况,稳定乘客情绪。

⑤站务员就近取用应急照明备品,站于重要位置为乘客提供照明和保护,加强宣传,稳定乘客情绪。

⑥票务岗位员工保管好票款,适时放慢售票速度。根据客流情况,合理关闭部分进站闸机、自动售票机,进行客流控制。

⑦若照明系统无法恢复,所有员工随时做好乘客疏散的准备工作。

(4)车站照明全部熄灭应急处理程序。

①事故发生后,值班站长立即向行车调度员报告:车站照明系统全部失效,应急照明是否已经启用,是否影响车站其他设备的正常运作,车站是否有列车停靠及列车的相应位置,车站内乘客滞留情况。

②值班站长或车站值班员联系故障报警中心,获取相应的故障信息,召唤人力支援。

③值班站长立即下达车站紧急疏散指示。

④车站值班员通过PA、PIS系统,通知乘客进行疏散,稳定乘客情绪,疏导乘客向站台中部靠拢。

⑤站务员就近取用应急照明备品,站于重要位置为乘客提供照明和保护,加强宣传,稳定乘客情绪,密切关注站台边缘地带,确保乘客安全。

⑥票务岗员工立即停止售检票作业,保管好票款及有效票证,做好对乘客的解释工作。

⑦站务员打开全部闸机和应急疏散门,立即引导乘客从各个出入口出站,同时阻止乘客进站,确认乘客全部疏散后,关闭出入口并张贴通告。

⑧进站列车、停靠站台的列车、即将出站的列车均须暂时停止运行,开启列车全部灯光(含前、后大灯),为疏散乘客提供照明,在得到行车值班员允许后方可继续运行。

知识点 4　乘客物品掉落轨道的处理办法

城市轨道交通车站未安装站台门,或站台门发生故障时会发生乘客携带物品坠落至轨道的事件,此时要将掉落的物品分为影响行车和不影响行车两种情况。

训练任务 37　乘客物品掉落轨道处理的技能训练

(一)训练目标

掌握乘客物品掉落轨道的处理的基本技能。

(二)训练内容

按照各岗位作业内容,正确完成乘客物品掉落轨道处理的模拟训练过程。

(三)训练准备

(1)模拟车站(车站控制室、站厅、站台、客服中心、票务室)。
(2)各岗位人员日常使用器具。

(四)训练流程

(1)角色扮演,10 名学生分别扮演值班站长、行车值班员、行车调度员、客运值班员、站务员、保安和乘客。

(2)扮演值班站长、行车值班员、行车调度员、客运值班员、站务员和保安的学生相互配合,完成乘客物品掉落轨道处理的技能训练。

(3)坠落的物品不影响行车处理程序。

①站台岗员工接到报告后,立即赶往现场查看情况,向行车值班员报告该物品不影响行车。若该车站未安装站台门,站台岗员工应在第一时间明确告诉乘客"请勿擅自跳下轨道,工作人员会尽快妥善处理"。

②站务员应立即安抚乘客,告知乘客将在当日运营结束后下轨道拾回物品,请乘客留下联系方式,第二日到车站领回物品。

(4)坠落的物品影响行车(如高出轨面)处理程序。

①站台岗员工接到报告后,立即赶往现场查看情况,若该物品影响行车,则立即按压站台侧紧急停车按钮。

②站台岗员工向行车值班员、值班站长报告该物品影响行车,须立刻处理。

③行车值班员上报行车调度员,经批准后,按动车站控制室内紧急停车按钮,做好防护,通知站务员可以进行拾物处理。

④站务员立即携带夹物钳、隔离带到现场,隔离该处站台门。夹不起的物品,安排人员从

站台两端的楼梯或使用下轨梯进入轨道拾回物品。

⑤站务员将物品取回后,确认线路出清,恢复站台门的使用,向行车值班员汇报。

⑥行车值班员及时取消紧急停车,并向行车调度员汇报。

⑦做好相关记录,将物品归还乘客。

参 考 文 献

[1] 毛保华. 城市轨道交通系统运营管理[M]. 2版. 北京:人民交通出版社股份有限公司,2017.
[2] 谢淑润,靳丽丽. 城市轨道交通客运组织[M]. 北京:人民交通出版社股份有限公司,2016.
[3] 刘莉娜. 城市轨道交通客运组织[M]. 3版. 北京:人民交通出版社股份有限公司,2021.
[4] 吴海军,柴小春. 城市轨道交通客运组织[M]. 重庆:重庆大学出版社,2013.
[5] 赵岚. 城市轨道交通客运组织[M]. 北京:电子工业出版社,2013.
[6] 李志成,周云娣. 城市轨道交通客运组织[M]. 合肥:中国科学技术大学出版社,2014.
[7] 裴瑞江. 城市轨道交通客运组织[M]. 2版. 北京:机械工业出版社,2014.
[8] 张燕. 城市轨道交通车站客运组织与服务[M]. 北京:电子工业出版社,2015.
[9] 申碧涛. 城市轨道交通客运服务[M]. 北京:中国铁道出版社,2012.